新江社区志

《新江社区志》编纂委员会 编

钱毛男 主编

苏州大学出版社

图书在版编目(CIP)数据

新江社区志/钱毛男主编;《新江社区志》编纂委员会编. —苏州:苏州大学出版社,2018.12
 ISBN 978-7-5672-2716-3

Ⅰ.①新… Ⅱ.①钱… ②新… Ⅲ.①社区－概况－苏州 Ⅳ.①D669.3

中国版本图书馆CIP数据核字(2018)第295174号

| 书　　名:新江社区志 |
| 编　　者:《新江社区志》编纂委员会 |
| 主　　编:钱毛男 |
| 责任编辑:倪浩文 |
| 出版发行:苏州大学出版社 |
| 　　　　　(苏州市十梓街1号　215006) |
| 印　　刷:苏州市墨利印刷有限公司 |
| 开　　本:787 mm×1 092 mm　1/16 |
| 插　　页:14 |
| 印　　张:20 |
| 字　　数:499千字 |
| 版　　次:2018年12月第1版 |
| 印　　次:2018年12月第1次印刷 |
| 书　　号:ISBN 978-7-5672-2716-3 |
| 定　　价:198.00元 |

苏州大学版图书若有印装错误,本社负责调换
苏州大学出版社营销部　电话:0512-67481020
苏州大学出版社网址　http://www.sudapress.com
苏州大学出版社邮箱　sdcbs@suda.edu.cn

《新江社区志》编纂委员会

主　　　任　　孙雪昌
副　主　任　　居会根
委　　　员　　徐祥娟　徐平平　金菊华

《新江社区志》编纂委员会办公室

主　　　任　　居会根
副　主　任　　钱毛男
主　　　编　　钱毛男
编写组成员　　钱毛男　金根男　赵福根　汤恒元　潘银泉

《新江社区志》审定单位

苏州市吴中区地方志编纂委员会办公室
中共城南街道新江社区总支委员会
城南街道新江社区居民委员会

1974年前新建大队地图

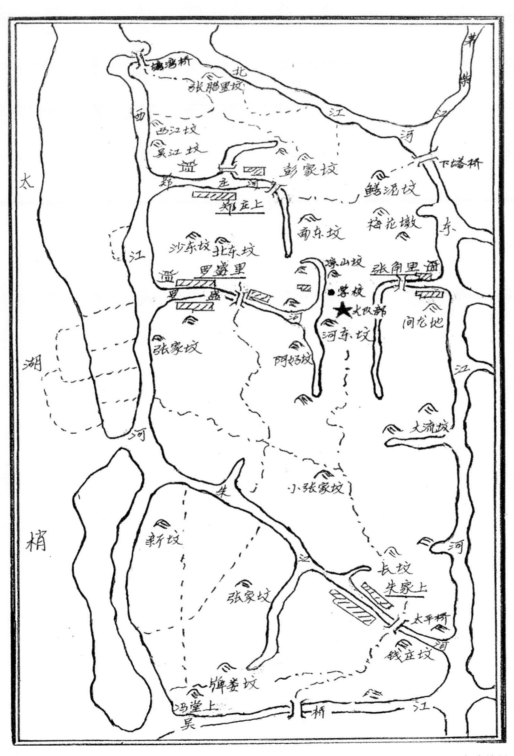

1977年春绘制

1976年新建大队地图

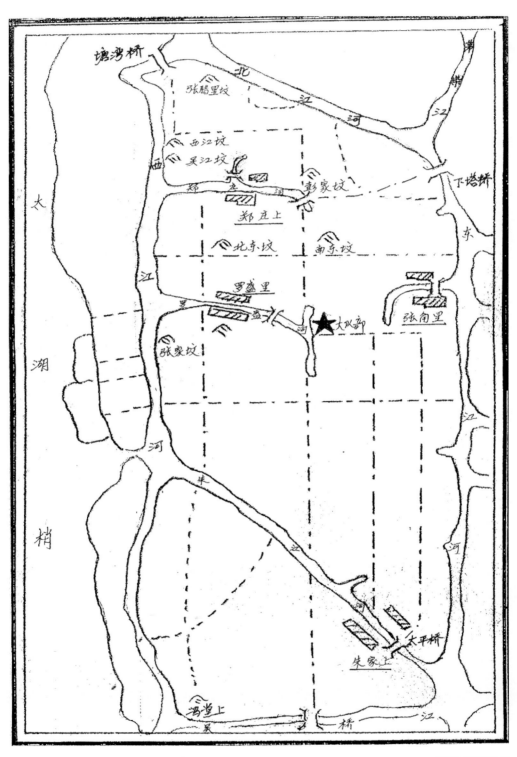

1977年春绘制

1976年后新建大队地图

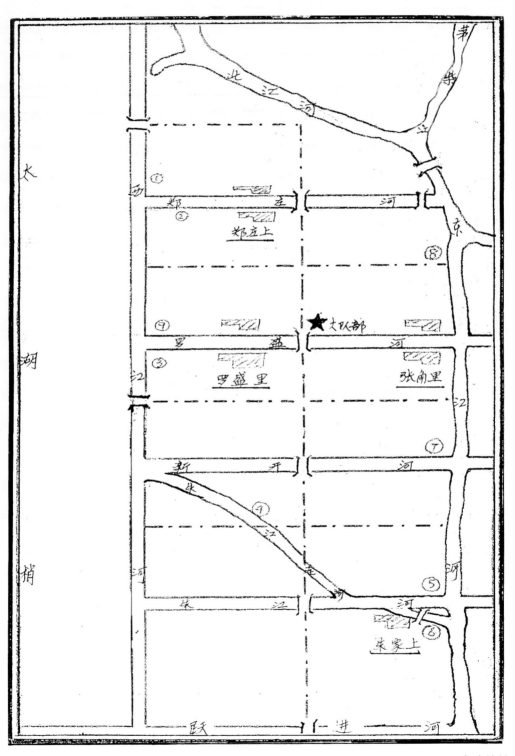

注：①②……⑨为生产队 　　　　　　　　　　1977年春绘制

2015年新江社区境域路河简图

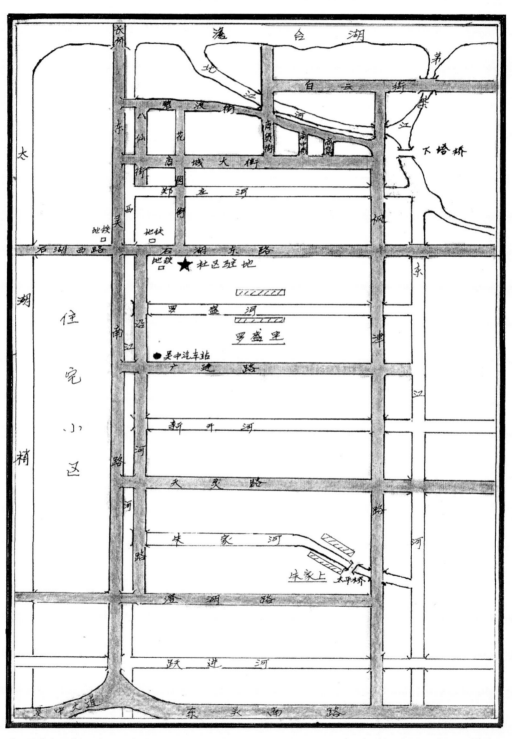

注：原张角里拆迁移址迎春路西侧，更名迎春花园（2001年）。原郑庄上拆迁并入罗盛里（1998年）。2015年夏绘制。

社区新貌

社区居委会大门（2015年摄）

社区办公楼（2015年摄）

东江河（2015年摄）

西江河（2015年摄）

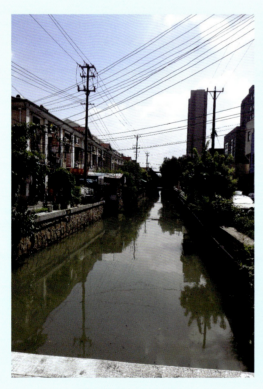
郑庄河（2015年摄）

新开河（2015年摄）

罗盛河（2015年摄）

太平桥（2013年摄）

广建路（2015 年摄）

天灵路（2015 年摄）

澄湖路（2015 年摄）

石湖东路（2015年摄）

沿河路（2015年摄）

碧波街（2015年摄）

商城大街（2015年摄）

【自然村】

旧日农家（1988年摄）

郑庄村（1988年摄）

罗盛里村（2015年摄）

朱家村（2015年摄）

张角村（2001年摄）

迎春花园（原张角村，2005年摄）

【农业作物】

水稻

小麦

油菜

蚕豆

茭白

荸荠

【农具】

水车盘

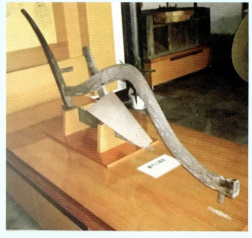

耕田牛拉犁

水车

平田牛拉耙

脚踏脱粒机

掼稻用的稻床

量米的斗、斛

耥稻用的浪耥

舂米用的木臼

风车

磨粉的石磨

拷泥桶

【人民生活】

领取生活保障费（2015年摄）

日间照料中心（2015年摄）

老年活动室、居家养老服务站
（2015年摄）

阅览室（2015年摄）

观看电视（2014年摄）

老年活动室健身房
（2015年摄）

政务活动

发放春节慰问品

党员铲雪

"文化三下乡"评弹巡演

党员活动

党日活动

社区党员大会

主要设施

吴中商城（1998年摄）

吴中区人民法院（2015年摄）

吴中汽车客运站（2015年摄）

建设中的轨交4号线石湖东路站（2013年摄）

轨交2号线石湖东路站2号出口（2013年摄）

吴中小商品市场（2015年摄）

姑苏锦江大酒店（2015年摄）

荣誉

江苏省和谐社区建设示范社区（2015年）

苏州市先锋村（2015年）

新江社区荣誉墙

《新江社区志》编纂

《新江社区志》编纂委员会成员 左起:徐祥娟、金菊华、孙雪昌、居会根、徐平平

《新江社区志》编纂组成员
前排左起:
钱毛男、金根男,后排左起:
赵福根、潘银泉、汤恒元

《新江社区志》评审会

序

方志的编纂，贵在史识，重在致用。

《新江社区志》的编纂，是在中共新江社区党总支、新江社区居委会的领导和支持下进行的，历经一年有余，在我们这一届出版问世，并为其作序，深感荣幸。在此，谨向辛勤笔耕的编修人员，向悉心指导的评审专家，向所有为志书编纂作出贡献的社会各界人士致以衷心的感谢！

一部社区志是一个社区的演变史、发展史。《新江社区志》是一部认识新江、熟悉新江的地情书、资料书和工具书，能激励今人、启迪后人，能发挥"存史、资治、教化"的功能；为当代提供资政辅治的参考，为后世留下堪存堪鉴的记述；将发挥传承历史、展现当今、启引未来的作用，成为新江地域的"精神名片"。

《新江社区志》纵述历史，横陈现状，真实、全面地记述了新江的旧貌、旧情和新中国成立以来的自然风貌及社会历史，还详细记述了新江翻天覆地的发展与变化、前进与停滞、成功与挫折、经验与教训。

《新江社区志》为满足社区居民的意愿，用大量的篇幅对每户居民的历史和现状略作介绍，户户记载、人人入志，使之成为一项上可告慰祖宗，下可惠泽子孙的文化工程。

此次志书的编纂，是新江历史上第一次。尽管资料不全，档案缺失，但编修人员不畏艰难，走家串巷，上门求索，确保史实全面、客观、真实，经得起历史的检验。

新江的过去已载入史册，新江的未来由后人去编写。愿新一代新江人谱写出更加绚丽的新篇章。

中共新江社区总支委员会书记　孙雪昌

新江社区居民委员会主任　居会根

2018 年 11 月 5 日

凡 例

一、本志以马克思列宁主义、毛泽东思想、邓小平理论、"三个代表"重要思想、科学发展观、习近平新时代中国特色社会主义思想为指导，坚持辩证唯物主义和历史唯物主义的立场、观点、方法，客观、系统记述新江社区自然、经济、政治、文化、社会的历史和现状。

二、本志详今略古，上限因事而异，尽力追溯，下限止于2015年12月31日。大事记延至2016年12月31日。

三、本志记述的地域范围为2015年底新江社区所辖区域，以境域或境内表述。

四、本志采用章、节、目结构，横分门类，纵记史实，辅以图表。大事记以编年体为主，辅以纪事本末体，以事件发生时间的先后为序。

五、本志资料选录由有关文献史料、档案、年鉴，以及调查走访和知情人口述等所得。

六、本志纪年方法，中华民国之前用朝代纪年，括注公元年份。中华民国后采用公元纪年。

七、本志所载人物遵循生不立传的原则，以本籍为主，兼收对新江有影响的客籍人物，其他采用以事记人的方式记载。

八、本志计量单位采用国家法定计量单位。历史上用的计量单位名称（如时、亩、斤、石等），按当时记载情况酌情保留。

九、本志数字书写，按照国家标准《出版物上数字用法》（GB/T 15835—2011）的要求执行。

目 录

概述 ··· 1

大事记 ··· 3

第一章　建置区划 ·· 13
　　第一节　建置沿革 ·· 15
　　第二节　行政区划 ·· 16
　　第三节　自然村 ··· 18

第二章　地理环境 ·· 31
　　第一节　地质地貌 ·· 33
　　第二节　气候 ·· 33
　　第三节　自然资源 ·· 35

第三章　人口 ·· 37
　　第一节　人口规模 ·· 39
　　第二节　人口结构 ·· 45
　　第三节　人口控制 ·· 50

第四章　城市化建设 ··· 51
　　第一节　道路 ·· 53
　　第二节　河道 ·· 53
　　第三节　桥梁 ·· 54
　　第四节　供电供水 ·· 56
　　第五节　拆迁移居 ·· 56
　　第六节　吴中商城 ·· 61
　　第七节　苏州服装城 ··· 62
　　第八节　环境保护 ·· 63

第五章　农村生产关系变革和经济体制改革 ·· 65
　　第一节　封建土地所有制 ··· 67

第二节	土地改革	67
第三节	农业合作社	68
第四节	人民公社	68
第五节	家庭联产承包责任制	69
第六节	股份合作	79

第六章　农副业 81
　　第一节　粮油作物 83
　　第二节　经济作物 96
　　第三节　养殖业 99
　　第四节　水利 102

第七章　社区经济 105
　　第一节　村（队）企业 107
　　第二节　运输业 108
　　第三节　劳务业 109
　　第四节　物业出租 109

第八章　基层组织 111
　　第一节　中国共产党组织 113
　　第二节　行政组织 115
　　第三节　经济组织 119
　　第四节　群团组织 119

第九章　教育文化 123
　　第一节　私塾教育 125
　　第二节　幼儿教育 125
　　第三节　小学教育 126
　　第四节　扫盲运动 128
　　第五节　文艺宣传队 128

第十章　卫生健康 131
　　第一节　环境卫生 133
　　第二节　疾病防治 134
　　第三节　医疗机构 136

第十一章　社会 137
　　第一节　居民生活 139
　　第二节　信仰习俗 144

第三节　方言俗语……………………………………………………… 148
　　第四节　民间传说……………………………………………………… 151
　　第五节　古迹…………………………………………………………… 153
　　第六节　社会保障……………………………………………………… 154

第十二章　人物……………………………………………………………… 157
　　第一节　党代表　人大代表　贫协代表……………………………… 159
　　第二节　退伍、转业军人名录………………………………………… 159
　　第三节　大学毕业生名录……………………………………………… 161
　　第四节　荣誉录………………………………………………………… 163

第十三章　居民家庭记载…………………………………………………… 167

编后记………………………………………………………………………… 318

概 述

　　新江社区位于苏州古城南部。东接宝带桥社区,南连红庄社区,西依东吴南路,北临澹台湖。境域呈长方形,南北长2000余米,东西宽750余米,总面积约1.5平方千米。

　　境内地势平坦,水陆交通便捷,东江河、西江河贯通南北,北江河、郑庄河、罗盛河、新开河、朱家河、跃进河横穿东西。道路四通八达,南北向(自西向东)的有东吴南路、沿河路、枫津路;东西向(自北向南)的有白云街、碧波街、商城大街、石湖东路、广建路、天灵路、澄湖路。吴中汽车客运站坐落于境内中心地带,公交线路20余条。轨交2号线和轨交4号线在石湖东路站十字交叉而过。境内北有吴中商城,南有苏州服装城(亦称商贸城)。

　　旧时和新中国成立初期,境域隶属吴江县范隅上乡一都正四图和四图,1950年8月8日划归吴县。

　　1990年前,境域土地均为农田,老百姓全为农民。境内开发建设起步于1991年。1995年10月,境内280户农户,1192名农民全部转为非农户和非农业人口,农民变为市民。

　　改革开放初期,新江社区(村)经济基础薄弱,人均年收入不足200元。后得吴中经济技术开发区之利,发挥区位优势,加快工业小区发展步伐,筑巢引凤和放水养鱼齐步,很快成为投资者看好的一方热土。1997年,各类大小村办企业13家,为村民就业创造了条件。同时,以股份合作为载体,将资本、资产、人才等要素集合起来,提高经济效益,加快了既富民又强村的进程。

　　2015年,境内有一个新江社区居民委员会,9个居民小组,302户居民户,常住总人口1365人。社区收入1188万元,居民年人均收入33165元。

　　新江社区生态环境良好,"环保优先"已成为社区领导发展经济的共识,努力建设生态文明、环境优美的和谐社区是社区领导的奋斗目标。1999—2015年,新江村(社区)先后获得各级政府颁发荣誉称号(有记载的)55项,如:江苏省"卫生村"、苏州市"文明村"、吴中区"和谐社区"、经济开发区"绿色社区"、城南街道"社区先进集体"等。

　　过去的新江:平凡、贫淡、安定;

　　今天的新江:幸福、富庶、舒适;

　　将来的新江:一定会更加繁荣昌盛!

大事记

明弘治元年（1488年）

新江社区境域隶属吴江县范隅上乡。

清宣统三年（1911年）

九月十五日（11月5日）苏州独立，境内宣告清朝统治结束。

1913年

4月3日，晨6时49分地震，门窗台凳均摇荡倾倒，持续约3分钟。

6月20日，浙江海潮浸冲太湖，使湖水混浊异常，历时3小时，随潮冲来带鱼、黄鱼甚多。

1915年

7月27日，晚10时，陡起狂风暴雨，房屋倒塌，大树连根拔起，一片黑暗。

1922年

5月，流行白喉，死者甚多。

1927年

2月3日，12时许，突然地动约3分钟。下午1时复震2分钟。

1928年

7月17日，晚6时左右，大批蝗虫飞临境内，自西向东，连续数日不辍。

1931年

夏，阴雨连绵。至9月雨势不止，河水骤涨，几成泽国。

1932年

2月22日，境域及周边地区上空发生空战。国民政府军政部航空学校美籍飞行教官劳勃脱·萧特架机与6架日机激战，重创日机1架，击毙日军飞行员1名；萧特座机坠毁于车坊高垫镇，萧特不幸罹难。

1933年

2月，境内发生伤寒、天花、霍乱、白喉等传染病。

6月27日，苏（州）嘉（兴）公路通车，通过境内。

1934年

6月26日，气温高达38.6℃，创60年来6月份最高纪录。

夏，入梅以来，滴雨未降，水田龟裂，河道搁浅，班轮停航，水井枯竭，太湖显底。

11月，实行区、乡（镇）制，乡以下设保、甲。境内属于5保和6保。

1935年

2月22日，境内苏（州）嘉（兴）铁路动工兴建。次年7月15日建成通车。1944年3月被日军拆除。

1936年

3月11日，夜1时许，大雨滂沱，天空忽生五色缤纷之怪异闪电，似镁光灯，历时七八秒钟，闪电过后，雷电大作。

1937年

3月11日，夜1时许，大雨滂沱。罕见。

1942年

7月下旬，霍乱蔓延，死亡率达44%。

1944年

2月,脑膜炎在境内流行。

5月20日,米价狂涨,每石高达3300元(时币),米店停售,爆发米荒。

1949年

4月27日,苏州解放。

5月1日,境域属吴江县城厢区人民政府管辖。

10月1日,中华人民共和国成立,老百姓游行集会。次日庆建国盛典。

12月,举办冬学,入学人员主要是农民。

1950年

4月15日,尹山乡改称尹西小乡。

5月24日—6月13日,掀起捕捉螟蛾运动。

8月8日,原隶属吴江县湖东乡划归吴县尹西小乡,之后境域属吴县管辖。

9月,开展土地改革运动。

10月中旬,开展镇压反革命运动。

是月,掀起抗美援朝运动。

12月,重组区、乡、镇建制,境域隶属吴县尹西小乡。

1951年

4月22日,吴县第四次各界人民代表会议召开,境内开展镇压反革命,进行大生产运动。

年底,开展兴办互助合作运动。

1952年

1月7日,境内开展反贪污、反浪费、反官僚主义的"三反"斗争。

是年,境内始办张阁学堂,后即改称张阁小学。1958年更名新建小学。1987年又更名新江小学。1995年秋并入碧波小学。

12月,开展捕鼠、灭蚊和灭苍蝇挖蛹运动。

1953年

4月,贯彻吴县第七次各界人民代表大会决议精神,开展互助合作、爱国增产运动和反官僚主义、反命令主义、反违法乱纪的"三反"斗争。

是月,境内开展《婚姻法》宣传运动月活动。

5月19日,久旱无雨,太湖水位降至2.4米。

7月1日,全国开展第一次人口普查,以0时普查点为准。境内常住户165户,常住人口639人,户均人数3.89人。

10月,粮食、油料实行统购统销,实行粮食计划供应。

秋,开展第一次普选活动。

1954年

春,开展初级农业生产合作社运动,境内以自然村为单位成立4个农业生产初级社。

5月,发生梅雨型特大洪涝灾害,5月至7月降雨量768毫米,8月25日又遭台风袭击,大片农田受淹。

是年,尹西乡成立扫盲委员会,开展扫盲活动。各自然村办起夜学和识字班。

1955年

1月13日，首次征集义务兵，境内无人被征。

1956年

1月，开展高级农业生产合作社运动。境内建金星二十一高级农业生产合作社，后改称东风十二高级农业生产合作社。

2月中旬，开展血吸虫病治疗工作。

3月，长桥小乡和尹西小乡合并为长桥乡，境域隶属长桥小乡。

1957年

3月，吴县撤区并乡，长桥小乡并入郭巷乡，境域隶属郭巷乡。

5月，开展整风运动，发动乡干部、教师等知识分子参加"大鸣大放"运动，提意见。11月转入反"右派"斗争。

7月上旬，遭受暴雨袭击，稻田受涝，鱼池沉没。

9月，开展以粮食问题为中心的社会主义教育运动，至1958年底结束。

1958年

1月，全面查钉螺工作结束。

6月25日，基本消灭血吸虫病。春季开始，组织三次综合性查灭钉螺，对患者进行治疗，91%患者治愈。

7月1日，全县社社开通电话。新建大队部开通手摇电话1台。

8月，对总人口95%以上的人员进行粪检，以防血吸虫病的反复。

是月，境内大办民兵，实行全民皆兵，提出"行动军事化、生活集体化"口号，青壮年集体住宿。

10月，郭巷人民公社成立，实行工农商学集一体、政社合一的体制。新建隶属郭巷人民公社。

是月，建立中国共产党新建大队党支部，时有党员9名。

是月，新建大队各生产队开始大办食堂，提出"放开肚皮吃饭，鼓足干劲生产""吃饭不要钱"等口号。同时，实行营建制。

12月，新建大队成立中国共产主义青年团支部。

1959年

1月下旬，境内出动干部、基干民兵、群众参加太浦河工程建设。

1960年

2月18日，防治浮肿病，大队开办疗养所。

是月，境内第二次出动基干民兵参加修建太浦河水利工程。

7月26日，在基层干部中开展"新三反"（反对贪污盗窃、投机倒把和官僚主义）运动。

是年，粮食、副食品供应紧张，政府动员抗灾开荒，生产自救。

1961年

1月23日，吴县四级干部会议闭幕。纠正公社化以来出现的"五风"（共产风、浮夸风、瞎指挥风、干部特殊风、强迫命令风）错误，决定退赔"一平二调"款，部署整风整社等工作。

5月，境内大队干部、生产队干部参加郭巷人民公社召开的三级干部会议，学习党中央《农村人民公社工作条例（草案）》（"农业60条"）。会后，解散食堂。

6月,商店出售高价糖果、糕点、面饭等。每粒糖果价达1元。秋季,山芋每500克售价0.6元左右。

1962年

是年,试种双季稻。

9月5—7日,遭14号台风袭击,低田、鱼塘被淹。

是年,农村实行统筹医疗,农民看病每人每次只需支付挂号费5分钱,看病取药均不需要付钱,医疗费由政府、大队集体负担。

1963年

9月12—13日,遭12号台风袭击,大批农作物倒伏,且有旧房坍塌。后,大旱。

12月,强调阶级斗争,开展社会主义教育活动,同时开展"四清"(清政治、清经济、清思想、清组织)工作。

1964年

2月,郭巷人民公社召开三级干部会议,要求公社、大队干部带头实行计划生育。

7月1日,全国开展第二次人口普查。以零时普查时间为准。境内常住户193户,常住人口825人,户均4.27人。

是年,郭巷人民公社依法规定地主、富农、反革命分子、坏分子(简称"四类"分子),对其实行监督改造。境内认定地主1人、坏分子1人。

1965年

开办新建大队饲料加工厂,为境内首家企业。

是年,境内开始种植双季稻三熟,即每年种植两茬水稻、一茬小麦,1983年后逐年减少。

12月,新建大队由郭巷人民公社划入蠡墅人民公社,随之改称长桥人民公社。新建大队隶属长桥人民公社。

1966年

5月,"文化大革命"开始。

6月,陆续召开"声讨会",张贴大字报,中小学停课闹革命,掀起大批判高潮。

8月下旬,掀起"破四旧"(旧思想、旧文化、旧风俗、旧习惯)高潮,全面开展抄家、戴高帽子、揪斗、游斗"四类分子",没收家藏文物和金银饰品等。

冬,境内成立"造反队""战斗队",以"踢开党委闹革命"为口号,揪斗大队主要干部。

1967年

1月,受上海"一月风暴"影响,境内风行"夺权"。

3月,公社武装部主持公社工作,大队党、政工作由民兵营长主持。

4月,受苏州造反组织影响,境内组织分裂为支派和踢派(围绕支持和反对苏州市革命委员会而形成支派和踢派组织)。两种对立观点发展成文攻武斗的派仗。

9月,境内两派群众组织实行革命大联合。

1968年

6月24日,吴县革命委员会发出"复课闹革命"的紧急通知,中小学逐渐恢复上课。

8月,境内掀起"三忠于"(忠于毛主席、忠于毛泽东思想、忠于毛主席革命路线)风潮,强调每天出工前早请示、收工后晚汇报,还组织社员跳忠字舞,向毛主席"献忠心"。同时在各家外墙绘画毛主席像,写毛主席最高指示(毛主席语录)。人人有毛主席语录本,身背语录袋,胸前佩戴毛主席像章。

8月底,吴县首届"活学活用"毛泽东思想积极分子大会在浒墅关镇召开,境内派人参加。

9—10月,响应毛主席知识青年"上山下乡"号召,境内接收来自鼋墅镇的知青3人,来自木渎镇的知青4人。

是月上旬,吴县1万多名生产队以上干部(称万人大会)在龙桥大队参加农业学大寨的学习班。

1969年

12月,大队建立合作医疗室。

1970年

2月中旬,长桥公社开展"一打三反"(打击现行反革命分子、反对贪污盗窃、反对投机倒把、反对铺张浪费)运动。期间,进行大检举、大批判、大清理,凡涉嫌经济问题者皆为运动对象。

3月12日,晚,气候突变、打雷下雪。积雪17厘米左右。

9月,恢复中共长桥人民公社委员会,各大队重建党支部。

1971年

2月18日,开展深挖"5·16反革命阴谋集团"的群众运动。

10月18日,机关党员干部、大队支部书记集中公社大会堂,听取吴县县委传达林彪"九一三"叛国外逃事件的有关文件。月底传达群众,掀起批判林彪、陈伯达反革命集团的热潮。

1972年

5月,在罗盛里自然村东侧建造大队大会堂。

11月29日,组织民兵参加常熟白茆河拓浚工程。

1973年

秋,试行开挖鼠道排水沟,俗称暗沟。

1974年

2月,开展批林(林彪)批孔(孔子)运动。

4月22日8时29分,江苏溧阳上沛发生5.5级地震,境内有震感。

1975年

年初,响应毛主席"农业学大寨"号召,广泛开展农业学大寨运动。

8月,响应毛主席号召,开展农业水利大生产运动,开挖河道,平整土地。

11月15日,组织基干民兵参加浏河拓浚工程。

1976年

7月,在现长桥址,始建一座跨径30米左右水泥桥,结束了靠摆渡过河的历史。

8月20日,受唐山大地震影响,境内纷纷搭建简易防震棚,夜晚留宿窝棚,数月后人心渐趋稳定。

9月9日,毛泽东主席逝世。在大队大会堂设置灵堂,供群众吊唁。

1977年

1月31日,大雪纷飞,严寒,港浜封冻。

6月27日,组织基干民兵构筑东太湖防洪大堤,为期2个月。

9月11日，下午2—3时，8号台风袭击境内，风力达11级，连降暴雨，毁房淹田。

1978年

1月10月，基干民兵参加东太湖复堤工程施工。

11月下旬，基干民兵参加太浦河二期工程施工。

是年，境内基本消灭血吸虫。

1979年

2月17日，对越自卫反击战于2月17日凌晨开始，境内钱根元、汤林水参加。

1980年

8月16—20日，连续阴雨，河水骤涨，境内数百亩农田被淹。

是年，新建大队更名新江大队。

1981年

3月，开展"五讲"（讲文明、讲礼貌、讲卫生、讲秩序、讲道德）、"四美"（心灵美、语言美、行为美、环境美）和"学雷锋、树新风"活动。

1982年

7月1日，全国第三次人口普查。以0时标准统计时间为准。境内常住户246户，常住人口1069人，户均人数4.35人。

12月，推行联户到劳责任制，分田到组。

1983年

3月，全面推行家庭联产承包责任制，分田到户。

7月31日，晚上19时至次日上午7时，降水量达144毫米，农田被淹。

8月，村级体制改革，新江大队和各生产队改称新江村民委员会和村民小组。

10月4—23日，连续降雨250毫米左右，农田再次被淹。

是年，长桥乡颁发农村宅基地证。

1984年

1月17日，11时开始降雪至19日8时止，电线压断，部分房屋压塌。

5月21日，23时39分，南黄海发生6.3级地震，境内有感。

1985年

11月，开展第一个五年普法教育，简称"一五"普法教育。

1986年

12月15日，撤乡建镇，长桥乡改称长桥镇，新江隶属长桥镇。

1987年

10月，境内年满16周岁以上的常住人口始发居民身份证。

1988年

6月，中旬，持续高温10多天，大旱。

1989年

7月，汛期水位高涨，境内40%农户进水被淹。

9月，开挖姚家墩自然村至北越来溪新运河。1991年通航。

1990年

2月10日，夜1时58分，常熟、太仓间发生5.1级地震，境内有震感。

4月，始建长桥，9月29日主体工程竣工。桥为混凝土梁式，全长430米，宽40米，每孔跨径40—50米，总投资1200多万元。

7月1日，全国开展第四次人口普查，以0时标准统计时间为准。境内常住户280户，常住人口1096人，户均人数3.91人。

8月31日，15号台风过境，风力达11级，连降暴雨，农田受淹，旧房倒塌。

9月6日，遭17号台风袭击，河水猛涨，低田受淹。

是年，开始实施大病风险医疗制度。

1991年

6月2—20日，全境暴雨，农田受淹，组织基干民兵抢险。

是年，开展第二个五年普法教育，简称"二五"普法教育。

10月8日，通过全境的十（一圩）苏（州）王（江泾）改道公路（称十苏王公路）通车，其中长桥南至越湖路北一段称东吴南路。

是年，吴中商城奠基。

1992年

1月，60周岁以上的老人由村集体第一次发放失地农民生活保障费，人均每月10元，至2015年调整到人均每月810元。

2月，吴县新源特种线缆厂在新江开业。

6月28日，吴县苏州服装城（商贸城）在广建路南奠基，1995年5月1日土建基本结束。

7月29日，气温高达39.2℃，创1949年以来最高纪录。

8月17日，属长桥镇的新江村划归吴县经济技术开发区，9月5日交接。

10月26日，吴中商城开业暨1992年吴县金秋经济技术合作洽谈会在展销馆开幕。

是年，在罗盛里村东侧建老年活动室，平房4间，120平方米。

是年，郑庄村河北岸西侧7户人家始拆迁，移址罗盛里村南侧。

1993年

3月27日，吴县第一个汽车专业市场在吴中商城开业。

6月17日，因国家建设征用土地，经人民政府批准，撤销新江村第一、二、三、七、八、九村民小组建制，561人就地转为非农业人口。

6月26日0时，境内电话全部实现程控自动交换。

是年，在西江河东侧、石湖路北侧建造新江村委办公楼1幢。

1994年

2月，吴县经济技术开发区管委会迁至境内枫津路40号。

4月12—17日，1994全国针纺织品交易会在吴中商城举行。

10月25日至11月2日，1994吴县金秋经济技术合作洽谈会在吴中商城举行，签订合资项目155个，其中外资项目112个，总投资4.54亿元，合同利用外资6.19亿美元；内联项目43个，总投资3.74元。

1995年

10月，境内280户，1192人，全部由农业人口转为非农业人口，农民变为市民。

1996年

是年，开展第三个五年普法教育，简称"三五"普法教育。

大事记

1997年

5月，在东吴南路228号建造五层综合楼，占地2840平方米，建筑面积2860.68平方米，时为吴县长桥净化设备厂。

1998年

7月，郑庄自然村（一队、二队）全部拆除，移址罗盛里村南和村北。

1999年

6月入梅以来，境内普降大雨，至27日上午8时，平均降雨450毫米，太湖水位超过警戒水位1.09米。境内部分人家屋内进水被淹。

2000年

11月1日，全国开展第五次人口普查，以0时标准时间为准。境内常住户299户，常住人口1153人，户均人数3.86人。

2001年

6月2日，受2号（飞燕）台风影响，境内连降暴雨，日降水量达169毫米。

年底前，张角里自然村（七队、八队）全部拆除，移址龙南社区下塔里自然村东侧，迎春路西侧处，自然村名改称迎春花园。

2002年

9月，新江村所属村民小组全部更名为新江村居民小组。

2003年

1月，在东吴南路（沿河路）228—234号，建造6层门面综合楼（兄弟阁），建筑面积4238.8平方米，占地1313.4平方米。

3月，在枫津路南建造1—3、5、7、9、11号5幢标准厂房，建筑面积15109.58平方米，占地29180平方米。

2004年

2月18日，吴中经济技术开发区人力资源市场在吴中商城开业。2014年搬迁至吴中汽车站西侧。

3月，迎春花园116—120号建造门面房1幢，建筑面积1406.3平方米，占地452.5平方米。

4月6日，吴县汽车站搬迁至吴中开发区广建路10号，站名更名为"吴中汽车客运站"。

12月，吴中区成立城南街道，新江村隶属城南街道。

2005年

3月，经上级批准，撤销第四、第六村民小组建制。

5月，在迎春花园北侧，建造楼房1幢，建筑面积975.6平方米，占地487.8平方米。

7月，在原老年活动室基础上，翻扩建2层新楼，二层为老年活动室，内设麻将室、棋牌室、阅览室、录像室、乒乓室、健身室和聊天室（2015年10月，移入一层）。一层为社区医疗室（2015年12月移址社区办公楼一楼东侧）。总建筑面积564.7平方米。

8月6—7日，台风"麦莎"过境，降雨量112.6毫米。

是年，吴中经济开发区管委会迁至越溪北溪江路2号。

2006年

3月，朱家上原老河道填埋后，建造简易门面房20间，建筑面积453.54平方米，占地面积460平方米。

3月,在罗盛里自然村西北侧建造三层社区办公楼1幢,建筑面积1246.57平方米,占地435.8平方米。

6月4日,中国共产党新江村总支委员会,建立3个支部,有党员50名。

8月23日,经吴中区人民政府批准,撤销新江村居民委员会,建立新江社区居民委员会。

2008年

3月,在罗盛里村东北侧,建造社区用房(万客隆超市)1幢,建筑面积2649.17平方米,占地1472.6平方米。

8月7日至10月11日,对罗盛里、朱家上、迎春花园3个自然村进行污水处理改造,污水管网总长6700余米。

2009年

8月,在罗盛里、朱家上、迎春花园3个自然村实现亮化全覆盖工程,安装路灯102盏。

2010年

6月25日,苏州轨交2号线石湖东路站于下午7时围栏,6月26日上午破土开挖。

11月1日,全国开展第六次人口普查,以0时标准时间为准。境内常住户302户,常住总人口1306人,户均人数4.32人。

2011年

9月,在罗盛里、朱家上、迎春花园3个自然村安装监控探头233只。监控室24小时有专人值班。

2013年

3月22日,轨交4号线石湖东路站开始围栏,开挖。

9月,轨交2号线试运行,12月28日上午11时18分正式运行。

是年,在盛南路宝信工业坊一期建造1号厂房,建筑面积6125.44平方米,占地4356平方米。

2014年

8月,新江社区成立虚拟养老组织,"苏州市吴中区养老服务援助"为社区37位80周岁以上老人服务。

2015年

6月,轨交4号线全线贯穿。境内有一站,即石湖东路站。

11月17上午,新江社区日间照料中心在原村老年活动室(面积120平方米)正式开业,为全社区80周岁以上老年人(49人)提供就餐,彻底解决了年老体弱者的就餐困难。

12月11日,城南街道社区卫生服务新江站在社区办公楼一楼正式开始对外服务。

2016年

9月3日,新江社区党总支换届选举,孙雪昌任党总支书记,居会根任党总支副书记。

11月18日,新江社区居民委员会换届选举,居会根任居委会主任,钱伟伟任居委会副主任。

第一章 建置区划

新江社区位于吴中区城南街道北部,东与宝带桥社区相接,南连红庄社区,以跃进河(吴桥港)为界,西依西江河(东吴南路),北临澹台湖。境域呈长方形,南北长约2000米,东西宽约750米,总面积约1.5平方千米。

第一节 建置沿革

秦始皇二十六年（前221年）置吴县，新江境域属吴县，隶属会稽郡。

隋开皇九年（589年），平定吴地，取苏州西姑苏山之名，改吴州为苏州。

武周万岁通天元年（696年），析吴县东部地置长洲县，境域属长洲县。

后梁开平三年（909年），析吴县东部地置吴江县。境域属吴江县，经宋、元、明三朝未变。

明弘治元年（1488年），县以下设乡、里、甲。后改都、图、村制。清袭明制，保留都、图、村，增建保、甲、牌制。时，境域为吴江县范隅上乡。

清光绪三十二年（1906年），吴县、长洲县、元和县隶属苏州府。境域隶属吴江县。

清宣统三年八月十九日（1911年10月10日），辛亥革命爆发。九月十五日（11月5日）江苏巡抚程德全在苏州宣布独立。同日，在苏州成立中华民国苏军都督府及苏州军政府，程德全自任都督。

1912年1月，苏州改称吴县，县署称苏州民政长署。8月13日，易名为吴县民政长署。12月10日，苏州市政府正式宣布成立。境域隶属吴江县范隅上乡一都正四图和四图。

1929年8月，根据江苏省政府训令，实行区、乡（镇）制，境域隶属吴江县第一（城厢）区盛庄小乡。

1930年3月，撤销苏州市政府，其辖区复归吴县。5月16日，吴县县政府正式接收苏州市政府。

1937年7月7日，抗日战争爆发。7月19日，苏州沦陷。国民党吴县县政府随军撤离苏州城，迁至无锡荡口、甘露附近，成为流亡政府。11月，日军侵占苏州后，在苏州境内先后成立市、县两级汪伪政权。

1941年7月，并编区，伪吴县第八（尹郭）区并入第十一（车坊）区。时，境域隶属伪吴江县第一（城厢）区。

1945年8月15日，日本投降。9月2日，国民党吴县政府接受汪伪政权。各区、乡（镇）的名称与界限仍恢复至1937年前的状况。

1946年，吴江县第一（城厢）区改称城区，境域隶属吴江县城区湖东乡。

1948年2月，吴江县城区的湖东乡，越西乡合并为越溪乡。境域隶属吴江县城区越溪乡。

1949年4月27日，苏州解放。5月1日，重设区、乡（镇），境域隶属吴江县城厢区越溪乡。

1950年1月，吴江县拆编乡（镇），越溪乡析分为湖东乡、湖西乡。境域隶属吴江县城厢区湖东乡。

1950年8月8日，吴江县湖东乡北部区域划归吴县。时，境域隶属吴县枫桥区尹西小乡。

1954年4月，尹西乡复归吴县车坊区。

1956年1月，长桥（小）乡、尹西（小）乡合并为长桥小乡，境域隶属吴县车坊区长桥小乡。

1957年3月，撤区并乡，长桥（小）乡并入郭巷乡，境域隶属郭巷乡。

1958年10月，成立郭巷人民公社，境域成立"新建生产大队"，简称"新建大队"，下设生产小队。隶属郭巷人民公社。

1965年12月，原隶属郭巷人民公社西部（京杭大运河以西）的长桥大队、新华大队、新建大队、金星大队、红庄大队、钢铁大队、卫星大队划归蠡墅人民公社，并改称长桥人民公社。新建境域隶属长桥人民公社。

1980年，江苏省村名普查时，由吴县普查办定名，新建大队更名为"新江大队"。

1983年7月，政社分设，恢复乡、村建制。长桥人民公社改称长桥乡，新江大队改称新江村村民委员会，生产小队改称村民小组。

1986年12月，撤乡建镇，实行镇管村体制。

1992年8月17日，新江村、龙南村、宝南村、宝尹村划归吴县经济技术开发区，新江村隶属吴县经济技术开发区。

1995年6月8日，经国务院批准，7月12日正式宣布撤销吴县，更名吴县市。新江村隶属吴县市。

2001年2月28日，撤销吴县市，设立吴中区、相城区。新江村隶属吴中区。

2004年12月，吴中区成立城南街道，新江村隶属城南街道。

2006年8月23日，新江村居民委员会更名新江社区居民委员会。

2015年，新江社区驻地罗盛里自然村西北侧228号。

第二节　行政区划

明弘治元年（1488年），县以下设乡，乡以下设都、图、村。境域辖2个连界图，分别隶属吴江县范隅上乡一都四图和一都正四图。一都四图辖朱家上河南岸半个自然村。一都正四图辖朱家上河北岸半个自然村和罗盛里、郑庄上、塘湾里（现属龙南社区）、张角里，共四个半自然村。

1929年8月，实行区、乡（镇）制。境域内的朱家上、罗盛里、郑庄上、张角里和龙南社区的塘湾里共五个自然村隶属吴江县第一（城厢）区盛庄小乡。

1934年，境域隶属吴江县第一（城厢）区湖东乡田北小乡，以下为保、甲。朱家上、张角里为田北小乡第五保，塘湾里、郑庄上、罗盛里为田北小乡第六保。除各保有保长外，各自然村都有甲长1—2名。

1941，建立伪吴江县第一（城厢）区，以下组织不变。

1946年境域隶属吴江县城区湖东乡。

1947年2月，境域隶属吴江县城区。

1948年2月，湖东乡、越西乡合并为越溪乡，境域隶属吴江县城区越溪乡。

1949年中华人民共和国成立初期，沿用旧制。境域仍隶属吴江县城区越溪乡。

1950年8月8日前，境域隶属吴江县（城厢）区湖东乡。

1950年8月8日后，境域全部划归吴县，隶属吴县枫桥区尹西小乡。

新江社区自然村区位图

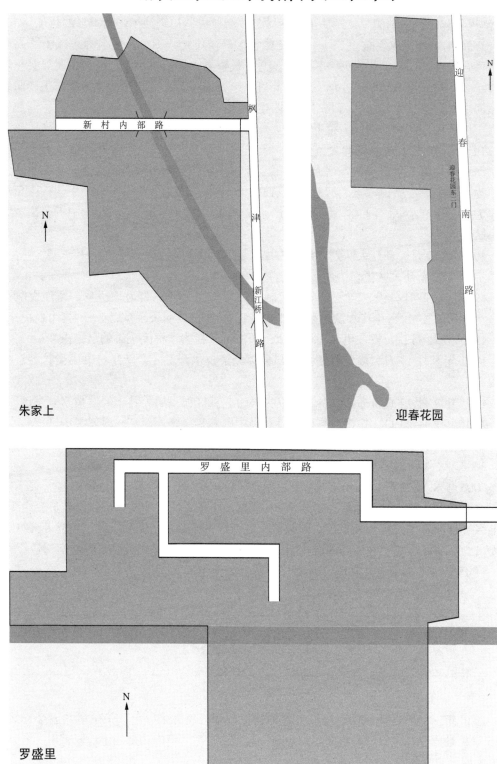

1954年4月,境域划归吴县车坊区尹西小乡,以自然村为单位建立四个初级农业生产合作社,分别为:"三合村"初级社(朱家上自然村)、"新合村"初级社(罗盛里自然村)、"塘湾里"初级社(塘湾里、郑庄上自然村)、"新建村"初级社(张角里自然村)。

1956年1月,成立金星二十一高级农业生产合作社,不久,更名为东风十二高级农业生产合作社。同年,撤乡并乡,尹西乡并入长桥乡,称长桥小乡。境域隶属吴县车坊区长桥小乡。时,设八个生产小队:朱家上河北岸为第一生产队,河南岸为第二生产队;张角里河南岸为第三生产队,河北岸为第四生产队;罗盛里河南岸为第五生产队,河北岸为第六生产队;郑庄上河南岸为第七生产队,河北岸为第八生产队。

1958年10月,成立郭巷人民公社,建立新建大队,下设八个生产小队,分别是:郑庄上河北岸为第一生产小队,河南岸为第二生产小队;罗盛里河南岸为第三生产小队,河北岸为第四生产小队;朱家上河北岸为第五生产小队,河南岸为第六生产小队;张角里河南岸为第七生产小队,河北岸为第八生产小队;1959年,从第三生产小队中拆分出第九生产小队。

1965年12月,新建大队划归蠡墅人民公社,后即更名为长桥人民公社。

1980年,新建大队更名为新江大队。

1983年,政社分设,恢复乡、村建制。长桥人民公社更名为长桥乡,新江大队更名为新江村村民委员会,生产小队更名为村民小组。新江村隶属长桥乡。辖一到九个村民小组。

1986年12月,长桥乡更名为长桥镇,新江行政村名和村民小组的名称未变。

1992年8月17日,新江村境域划归吴县经济技术开发区,新江村隶属吴县经济技术开发区。

1995年7月12日,撤销吴县,设立吴县市,新江村隶属吴县市经济技术开发区。

2001年2月28日,撤销吴县市,设立吴中区和相城区。新江村隶属吴中区。

2002年9月,新江村村民小组更名为新江村居民小组。

2004年,12月,吴中区成立城南街道办事处,新江村隶属城南街道。

2006年8月23日,苏州市吴中区人民政府发布文件吴政复〔2006〕6号《关于撤销新江村居委会,建立社区居委会的请示》:根据《中华人民共和国城市居民委员会组织法》和上级文件的有关规定,经审核,同意撤销城南街道原新江居民委员会,建立新江社区居民委员会。居民委员会驻地为迎春花园116号。新江社区居民委员会隶属城南街道。

自1956年1月到2015年12月底,境域辖区至今未变。

第三节　自然村

1956年前,新江境域内有郑庄上、罗盛里、塘湾里、朱家上、张角里共五个自然村。1956年1月成立高级社时,塘湾里划出新江境域,之后,境内为郑庄上、罗盛里、朱家上、张角里四个自然村。

1992年—1998年7月,郑庄上自然村全部拆除,并入罗盛里自然村的村南和村北两地。

至此，境内为罗盛里、朱家上、张角里三个自然村。

1998—2001年，张角里自然村全部拆除，移址龙南社区下塔里自然村东侧、迎春南路西侧处，张角里更名为迎春花园。

2015年底，新江境域为罗盛里、朱家上、迎春花园三个自然村，至今未变。

一、郑庄上

亦称陈庄上、郑庄郎、陈庄郎。位于新江境域北部，东与张角里相邻，南与罗盛里相接，西依西江河(东吴南路)，北以北江河为界。1998年拆迁时，自然村域面积约0.016平方千米。

1950年8月8日前，属吴江县(城厢)区湖东乡，后为吴江县范隅上乡一都正四图。

1950年，郑庄自然村共有29户，101人。其中河北岸12户，40人。河南岸17户，61人。河北岸12户的户主：钱三妹、钱长根、钱好根、顾寿宝、顾才根、钱小弟、金木林、金新根、金腊利、金阿新、金福林、钱三大。

河南岸17户的户主：钱长法、石根寿、钱木根、钱阿五、钱火根金、钱火林、钱根泉、钱木根火、钱连根、钱水根、钱福根、钱根水官、钱土金、钱和尚、钱大福根、钱三根、钱金元。

1954年春，属吴县车坊区尹西小乡，建第三塘湾里初级农业生产合作社(辖塘湾里、郑庄上两个自然村)。

1956年1月，属吴县车坊区长桥小乡金星二十一高级农业生产合作社，后改称东风十二高级农业生产合作社。时，河北岸为第七生产小队，河南岸为第八生产小队。

1958年10月属郭巷公社新建大队，时，河北岸为第一生产小队，河南岸为第二生产小队。1983年7月，生产小队改称村民小组。2002年9月，村民小组改称居民小组，延续至今。

1976年前，村中有一条东西走向的郑庄老河，一直延伸至村东侧向南拐弯约150米，断头不通。另有老河中段(村西侧)有一条小河浜向北拐弯再折东约200米，断头不通。1976年兴修水利时，在老河基础上将自西江河至东江河全长750米的郑庄河拉直开通(亦称15号河)。

村中原有小石桥两座，村东侧一座，用两块长4米，宽0.6米的条石作为桥面，贯通南北岸。1976年开通河道时拆除，向南拐弯的小河浜被填埋。另一座在河北岸村西侧，也有两块长3米、宽0.5米的条石作为桥面，沟通东西通道，1998年村庄搬迁时拆除。向北拐弯的小河浜于1980年被填埋。

二、张角里

亦称张阁里。位于境域东北部，东靠东江河，南与朱家上相接，西与罗盛里相连，北依无名小溇梢浜为界。2001年拆迁时，自然村域面积约0.016平方千米。

1950年8月8日前，属吴江县(城厢)区湖东乡，后为吴江县范隅上乡一都正四图。

1950年，张角自然村共有39户，146人。其中河南岸18户，78人。河北岸21户，68人。

河南岸18户的户主：徐根福、赵连和、徐金生、徐寿高、王水根、王菊生、王奎生、赵毛乱(火根)、徐福根、赵连宝大、赵长福、徐木根、赵根泉、赵金水、赵新根、赵根林、徐寿发、赵仁金。

河北岸 21 户的户主：徐纪根、徐火根金、徐水金、徐根金、徐兴高、徐松三、徐兴发、徐工先、徐根火、徐根宝、徐福林、徐土金、徐寿金、徐木老火、徐毛毛、徐官福、徐会根、徐和尚、徐土泉、赵根水、徐小木根。

1954 年春，属吴县车坊区尹西小乡，建第四新建村初级农业生产合作社（辖张角里自然村）。1956 年 1 月，属吴县车坊区长桥小乡金星二十一高级农业生产合作社，后改称东风十二高级农业生产合作社。时，河北岸为第四生产小队，河南岸为第三生产小队。1958 年 10 月，属郭巷公社新建大队，时，河南岸为第七生产小队，河北岸为第八生产小队。1983 年 7 月，生产小队改称村民小组。2002 年 9 月，村民小组改称居民小组。

1976 年前，村中有一条自东向西至村西侧拐弯向南的东溇梢浜，全长 200 米，断头不通。1976 年兴修水利时，在村南侧新开挖一段河道，与罗盛河相通，即 16 号河。

村中有一座小木桥，后改成楼板桥面的水泥桥，是沟通南北岸的通道。

附注：2001 年原张角里自然村整体搬迁至迎春南路西侧，紧靠迎春南路。同时民房全部建成别墅，故把张角里自然村名更名为"迎春花园"。

迎春花园东紧靠迎春南路，南、西连龙南社区下塔里自然村，北依广厦公寓教师住宅小区，村域面积 0.019 平方千米。

三、罗盛里

亦称芦场里。位于境域中部，东与张角里相邻，南与朱家上相连，西依西江河（东吴南路），北与郑庄上相接。1998 年 7 月，郑庄上拆迁并入后，村域面积有所扩大。自然村占地面积约 0.034 平方千米。

1950 年 8 月 8 日前，属吴江县（城厢）区湖东乡，后亦称范隅上乡一都正四图。

1950 年，罗盛里自然村共有 56 户，228 人。其中：河北岸 22 户，87 人。户主：王火根、汤三寿、汤水金、汤根元、汤多金、汤金狗、汤毛男、汤根宝、汤才元、汤根生、汤白男、顾根福、顾长才、顾根宝、顾杏全、顾木根、孙长林、孙爱妹、徐招大、徐招寿、陆水金、王全生。

河南岸 34 户，141 人。户主：汤金云、汤寿林、金木根、汤阿木、孙长兴、孙寿大、孙关根、徐关狗、赵水生、徐关林、徐水泉、徐关寿、陆小弟、陆长寿、赵阿三、徐长金、徐根泉、顾毛豆、顾寿根、顾根宝、陆三寿、陆木泉、徐木根、汤根和、顾全金、顾阿三、汤根男、汤福根、汤长根、徐根水、徐四福、朱进才、顾好妹、朱保全。

1954 年春，属吴县车坊区尹西小乡，建第二新合村初级农业生产合作社（辖罗盛里自然村）。

1956 年 1 月，属吴县车坊区长桥小乡金星二十一高级农业生产合作社，后改称东风十二高级农业生产合作社。时，河南岸为第五生产小队，河北岸为第六生产小队。

1958 年 10 月属郭巷人民公社新建大队，时，河南岸为第三生产小队，河北岸为第四生产小队。1959 年，从第三生产小队中拆分出第九生产小队（河南岸和河北岸混杂）。1983 年 7 月，生产小队改称村民小组。2002 年 9 月，村民小组改称居民小组，延续至今。

1976 年前，村中有一条东西走向的罗盛里老河，延伸至村东侧向南和向北拐弯，均断头不通。其中：向南段小河浜称西溇梢浜，长约 300 米；向北段小河浜无名，长约 150 米。1976 年兴修水利时，在老河道基础上将自西江河至东江河全长 750 米的罗盛河拉直开通，西出口向南移约30米（亦称16号河）。1976年，向南和向北的两条小河浜均被填埋。

村中老河道中段有木桥一座，后向东移址30米左右，改建成石墩水泥楼板桥面。2004年填埋老河道时，桥被拆除。

四、朱家上

亦称储家郎、朱江郎、朱家浪。位于境域南部，东至东江河为界，南至跃进河（吴桥港），西至西江河（东吴南路）为界，北与罗盛里相连。自然村域面积约0.026平方千米。

1950年8月8日前，河南岸属吴江县（城厢）区湖东乡，后为吴江县范隅上乡一都四图。河北岸为吴江县范隅上乡一都正四图。

1950年，朱家自然村共有37户，152人。其中河北岸19户，73人。河南岸18户，79人。

河北岸19户的户主：莫五保、计火金、莫连保、莫大保、陈阿三、汝福林、方根保、潘龙夫、汝连大、潘根水、陈寿保、储龙祥、储老虎、潘长泉、王根金、莫根福、陈小和尚、潘大妹、储木根。

河南岸18户的户主：潘寿妹、潘锦祥、马龙水、马采堂、潘长福、潘仁林、许才庆、马进才、马连根、马根金、马根火、许官福、许和尚、许根金、许全保、莫海祥、许留福、许三男。

1954年春，属吴县车坊区尹西小乡，建第一三合村初级农业生产合作社（辖朱家上自然村）。1956年1月，属吴县车坊区长桥小乡金星二十一高级农业生产合作社，后改称东风十二高级农业生产合作社，时，河北岸为第一生产小队，河南岸为第二生产小队。1958年10月，属郭巷人民公社新建大队，时河北岸为第五生产小队，河南岸为第六生产小队。1983年7月，生产小队改称村民小组。2002年9月，村民小组改称居民小组。

1976年前，村中有一条西北斜向东南的朱家老河，自西江河贯通东江河。村西侧有一条向南拐弯的小河浜，称百花溇，全长200米，断头不通。1976年兴修水利时，在老河道基础上将自西江河至东江河全长750米的朱家河拉直贯通,西出口向南移约300米（亦称18号河）。1976年，向南拐弯的小河浜被填埋。

村中老河道东段有座梁式古石桥，桥名为"太平桥"，今还在。

郑庄上自然村住宅分布示意图（1998年）

第一章 建置区划

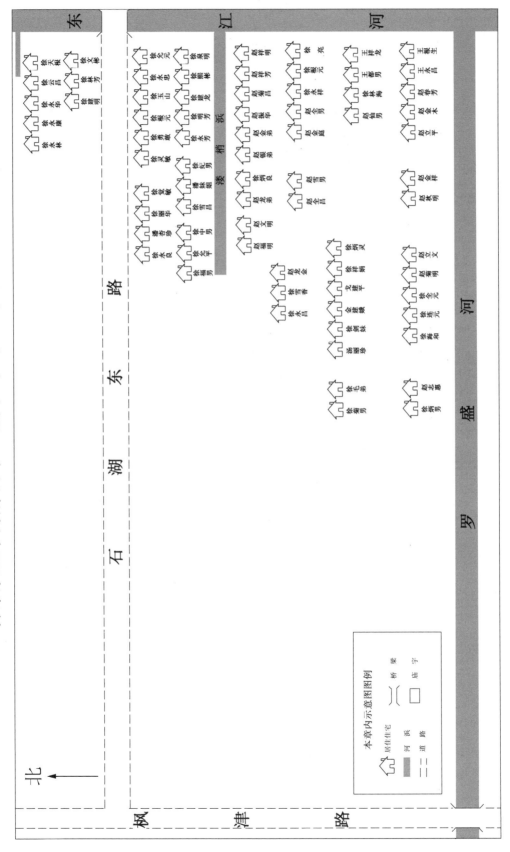

平 面 图 （2015年）

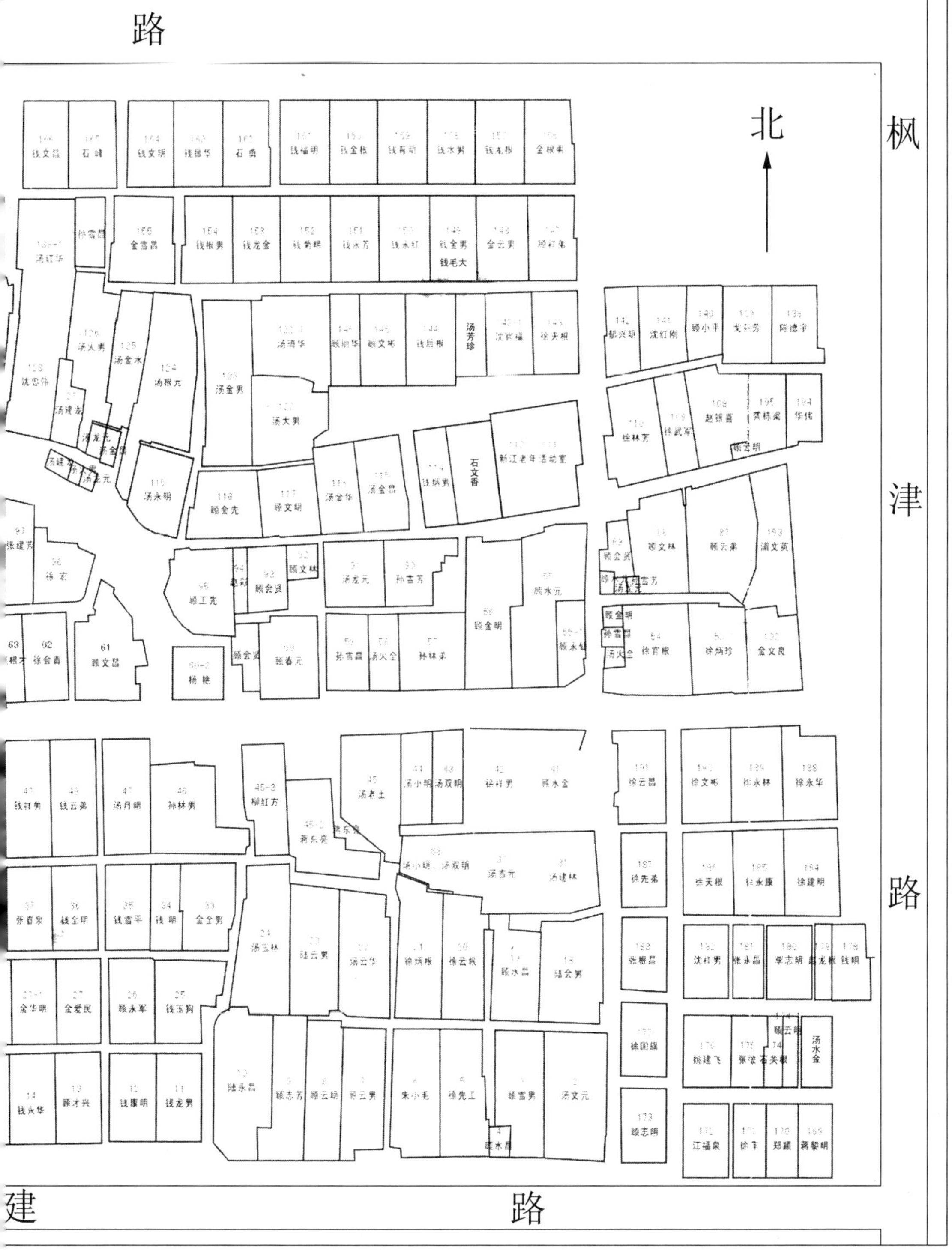

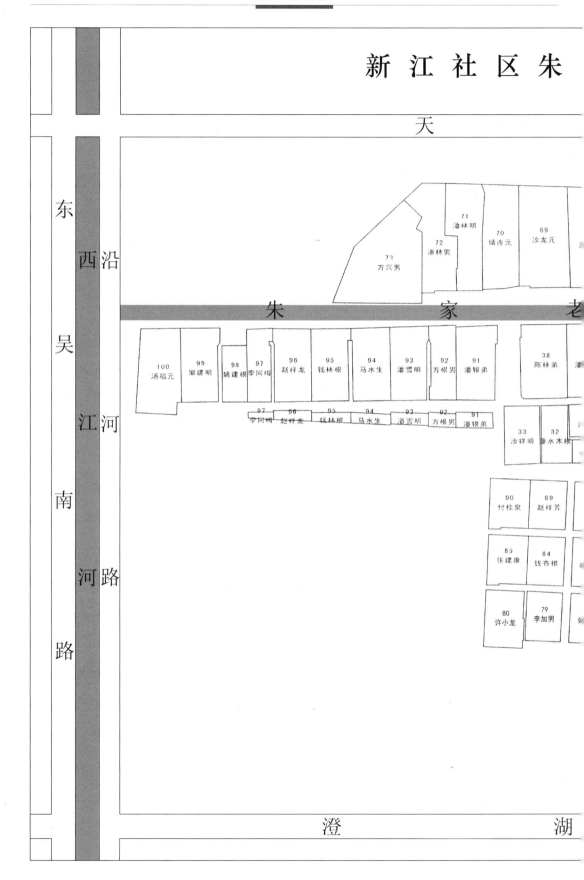

平 面 图 （2015年）

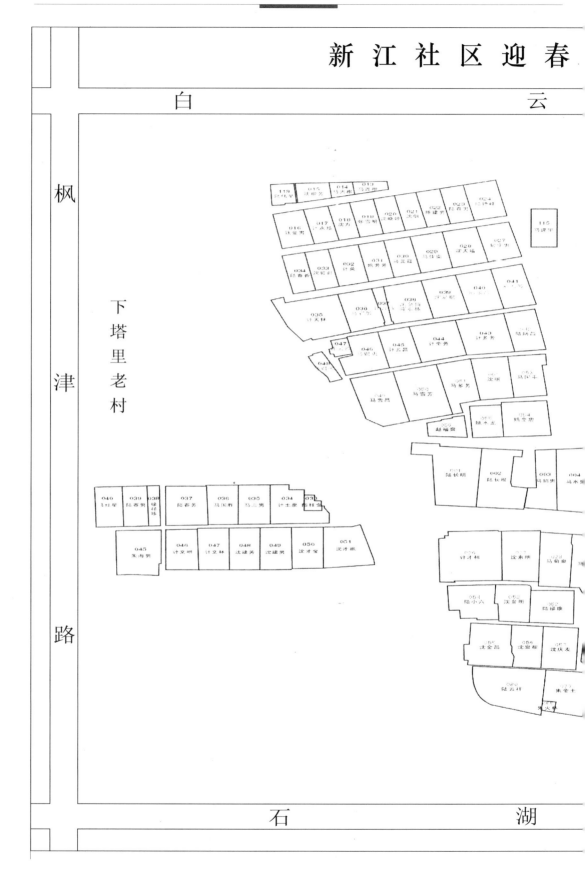

平面图 (2015年)

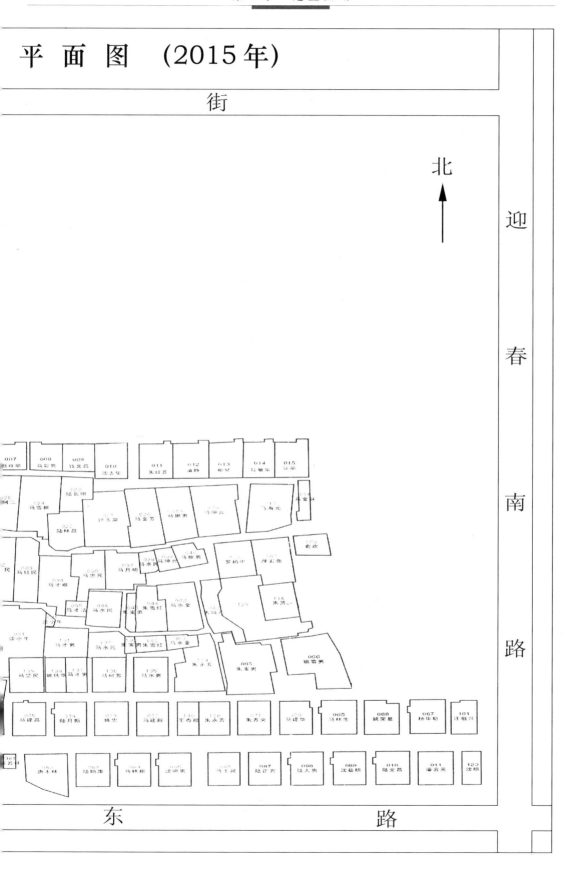

第二章 地理环境

新江社区位于苏州古城南郊,是吴中经济技术开发区的中心。东依京杭大运河,西靠东吴南路,南接红庄社区,北傍澹台湖,与吴中区政府隔湖相望。境域总面积 1.5 平方千米。

境域地势低平,河道纵横交织,四季分明,温暖湿润,属北亚热带季风气候。

东西向的轨交 2 号线与南北向的轨交 4 号线在石湖东路站十字交叉而过;吴中汽车客运站坐落境内中心地带,公交线路 20 余条,通往苏州大市全域和外域的四面八方;2 条南北走向、6 条东西走向的河道纵贯新江全境,陆路便捷,水路畅通。

今天的新江是一个既有水乡特色,又具现代文明、现代城市风貌的新型社区。境域内工业、商业、金融、农贸、教育、文娱、餐饮等配套齐全,区域条件得天独厚。

第一节 地质地貌

新江社区地质构造属扬子准地台、下扬子—钱塘褶皱带东部，断层错综叠加，地质块间接近很多，受力点不易集中，故境内地质构造不易积累巨大能量，地震都为中小型，属地震基本烈度六度区。全境处地质断裂带东侧，是由寒武系、奥陶系等下古生界地层组成的复式背斜，侧为第四系冲湖积平原。

区域内地质结构比较简单，基地底层断层很少，土质情况良好，地耐力一般在20吨/平方米左右。基底地层稳定，均为良好的建筑基地。

新江社区地处滨湖水网平原，境内地势平坦，自西北向东南微倾，地面均为平田。海拔平均为2.5米左右。水网疏密有限，原老河道纵横交错，弯曲浅窄，断头河、断头浜较多，水面占陆地面积的15.3%。地面组成为湖积相物质，先后由东太湖淤积成陆，部分地面成陆仅数百年，沉积物为湖沼相，由灰黄色黏土夹粉砂组成。土壤肥沃，肥力较高，适宜农作物生长。水资源极为丰富，能充分满足生产、生活的需要。

第二节 气　　候

境域属北亚热带湿润性季风气候，受太湖水体调节，光照充足，雨水丰沛，无霜期长，四季分明，温暖湿润，有利水稻、三麦生长，是苏南农业的高产区之一。

一、四季特征

1. 春季

初春，境域上空冷暖气团活动频繁，气温回升缓慢，且冷暖交替，天气多变，时有暴热骤冷天气、春雷、晚霜出现。春季是雨日最多的季节，平均雨日为42天，占全年总雨日的31%；连续阴雨天长的达半月以上，并偶有暴雨或大暴雨。5月中旬，多连晴少雨和高温低湿天气。春季是冬夏季风交替的季节。

2. 夏季

初夏，境内为梅雨期，连日阴雨，日照少，常有大雨和暴雨。一般为6月17日左右入梅，7月10日左右出梅，平均梅期24天。梅雨期结束即进入盛夏，受副热带高气压控制，除地方性雷雨和台风阵雨外，多连续晴天和酷暑天气，日照强烈，蒸发旺盛，常有伏旱发生。7、8两个月平均气温在25℃以上，个别年份会出现"凉夏"。

3. 秋季

夏秋之交是台风影响的盛期，台风常带来特大暴雨。进入秋季，冷空气趋于活跃，9月中旬常出现寒露风，暖空气势力渐退，降温迅速，常是"一场秋雨一阵寒"。9月份常有一段连续阴雨天气,俗称"秋黄梅"。10—11月有一次气温明显回升过程,俗称"小阳春"天气。有的年景降水不多,常有秋旱发生。

4. 冬季

冬季,境内的天气过程表现为一次又一次的冷空气活动。北方冷空气频频南下,气温迅速下降。低于-5℃的严寒,平均每年2—4天。一年中以小寒、大寒两个节气为最冷,日平均气温为3.2℃—3.5℃。寒潮为冬季最显著的天气现象,平均每年有2—3次寒潮过程。冬季是一年中降水最少的季节,且有三分之一的年份出现冬旱,常常连续两个月无透雨。下大雪次数也不多,地面积雪平均每年只有6天。

二、气象要素

1. 气温

新江境域年平均气温为15.7℃—16℃,温差较小,平均年较差为25.2℃。1月份平均气温为2.9℃—3.3℃,为最冷月;该月中旬又为最冷旬,日平均气温为3.1℃。极端最低气温平均为-6.6℃—-5.6℃,年平均为2—4天。7月份平均气温为28.1℃—28.4℃,为最热月;7月下旬又为最热旬,日平均气温为28.2℃,极端最高气温平均为36.5℃—36.8℃,年平均为8—13天。

2. 日照

境内年平均日照时数2005—2179小时,日照率为45%—49%。夏季日照时数最多,为658—726小时。冬季日照时数最少,仅为404—435小时。日照时数最多的是8月,为225—279小时;日照时数最少的是2月,仅123小时。

3. 雨量

境内降水一般集中在4—9月份,10月份开始降水骤减。2月起降水量逐渐增多,4月里有桃花雨,常见连续阴雨天气。一般春季是雨日最多的季节,6月中旬到7月上旬是梅子黄熟季节,俗称梅季。有些年份梅雨量较大,也有一些年份是空梅。秋季,多数年份降水不多,常有秋旱发生;也有三分之一的年份阴雨较多,影响秋种。冬季降水最少,降水量只占全年降水量的14%。

三、水文

1. 水位

境内水位略低于太湖水位,其水流由西向东,随境内2竖6横8条河道汇入京杭大运河。水位变化受太湖水制约,并与降水季节分配基本一致。域内河流为平原河,水面比较小,流速、水位变化不大。水位变幅正常年份在1米左右,一般河道流速在0.5米/秒以内。6至10月为丰水期,12月至来年2月为枯水期,其他月份为平水期。

根据苏州地区水文站(觅渡桥测量站)39年(1919—1937年、1952—1971年)的资料统计,境内的水文情况(均以吴淞标高为准)是:正常水位2.8米,警戒水位3.5米,平均水位最高年3.27米(1954年),最低年2.28米(1934年)。历史上最高洪水位发生在1999年7月9日,为4.6米,超过1954年的洪水位高度和持续时间。最低枯水位发生在民国23年(1934年)8月27日,为1.89米。高水位都发生在汛期(6—9月);低水位出现的季节没有固定规律,有的出现在汛期,有的发生在冬、春季节,一般以冬、春季节占多数。

一般年份的冬季，河水、湖泊的水温在0℃以上，基本不出现封冻现象。

2. 地下水

境域地下水比较丰富，属弱富水区。有第四系孔隙含水层，以第一承压水组为主。含水层岩性以粉砂为主，顶板埋深130—170米，含水层厚度10—20米，单井涌水量1000—1500吨/日，水质良好。地表水均为2—3米，渗水层一般初见于1米左右。

第三节 自然资源

新江社区地处享有"人间天堂"之誉的苏州古城南郊，有天时、地利之优，自然资源雄厚，特产丰富，是真正的"鱼米之乡"。境内除盛产水稻、小麦、油菜籽外，烂田经济作物、水产养殖、家禽家畜饲养也较盛。特别是茭白、灯芯草、鲜藕、慈姑、荸荠等是20世纪70年代前境内农户的主要经济来源之一，也是著名特产。

80年代，境内土地、野生植物、野生动物、水资源基本保持原状，变化不大。1990年7月，始被土地征用，之后逐年被征用，到2000年6月，境内土地全部被征用。境内的野生动植物基本绝迹。水资源仍较丰沛，但水质欠佳。

一、土地资源

根据1980年普查资料显示，境域总面积为1.5平方千米，耕地总面积1622.059亩。其中：粮田1261.8亩，烂田233亩，湖田57亩，旱地24.759亩，杂地55.5亩。

表2-1 1957—2000年境内土地资源一览表

单位：亩

年份	1957	1959	1960	1961	1963	1964—1978	1979—1982	1983—1990
总面积	1440	1364	1367.5	1330.5	1282.8	1257.3	1261.8	1168.5
年份	1991	1992	1993	1994	1995	1996	1997	2000
总面积	1053.2	605.4	293.4	154	118	58	28	/

表2-2 1990—2000年境内被征用土地一览表

单位：亩

年份	1990	1991	1992	1993	1994	1995
总面积	7.66	209.63	447.725	313.373	38.72	422.861
年份	1996	1997	1998	1999	2000	
总面积	30.47	8.70	92.051	15.20	35.669	

二、植物资源

1990年以前，人工种植和野生植物种类有200余种，主要的有：籼稻、粳稻、糯稻、大麦、元麦、小麦、玉米、高粱、山芋、油菜、红花草、芝麻、花生、向日葵、蓖麻、大豆、黄豆、蚕豆、赤豆、绿豆、豇豆、豌豆、四季豆、刀豆、长豇豆、青菜、白菜、荠菜、菠菜、花菜、苋菜、芹菜、雪菜、甜菜、荠菜、榨菜、香菜、蕹菜、卷心菜、黄芽菜、大头菜、韭菜、莼菜、雪里蕻、金花菜、花菜、洋葱头、香葱、胡葱、大蒜、马兰头、紫角叶、枸杞头、马铃薯、胡萝卜、白萝卜、红萝卜、番茄、茄子、辣椒、莴苣、蘑菇、香菇、生姜、芋艿、慈姑、荸荠、茭白、葫芦、扁蒲、莲藕、红菱、木耳、金针菇、西瓜、香瓜、南瓜、冬瓜、生瓜、黄瓜、丝瓜、甘蔗、葡萄、金橘、橙子、枇杷、白杨、枫杨、水柳、旱柳、银杏、梧桐、泡桐、冬青、香樟、玉兰、水杉、雪松、五针松、罗汉松、侧柏、刺柏、龙柏、榆树、桑树、槐树、桧柏、桃树、橘树、梅树、朴树、刺槐、榉树、楝树、枣树、柿树、梅花、牡丹、山茶、月季、荷花、兰花、棕竹、杜鹃、桂花、菊花、海棠、迎春、吊兰、米兰、君子兰、文竹、龟背竹、万年青、美人蕉、鸡冠花、凤仙花、仙人球、仙人掌、一串红、芍药、紫薇、长青藤、石榴、木芙蓉、六月雪、蔷薇、玫瑰、茉莉、夹竹桃、蟹爪兰、苏铁、爬山虎、紫穗槐、紫红英、田菁、酢浆草、青草、稗草、夏枯草、狗食草、鸡眼草、蛇含草、蛇莓、水花生、水葫芦、鹅不食草、车前草、灯芯草、女贞子、半边莲、蒲公英、金银花、野菊花、半枝莲、马齿苋、仙鹤草、艾叶、地丁、金钱草、凤尾草、臭梧桐、狗脊草、苍耳子、益母草、菖蒲、浮萍、鸭舌草、芦苇、天门冬、荞麦、土茯苓、石蒜、百部等。

三、动物资源

1990年以前，人工养殖和野生的动物种类主要有：鹅、鸽、水牛、黄牛、山羊、绵羊、猪、兔、狗、猫、蚕、黄鼠狼、刺猬、老鼠、蝙蝠、野兔、野鸡、天鹅、黄雀、燕子、麻雀、乌鸦、喜鹊、画眉、八哥、白头翁、鹌鹑、蛇、黄鳝、青蛙、蟾蜍、壁虎、蜈蚣、白蚁、蜜蜂、地鳖虫、蝴蝶、蜻蜓、蟋蟀、蚂蚁、蚯蚓、蚱蜢、蝗虫、蜗牛、金龟子、蚜虫、红铃虫、跳蚤、虱螟虫、黏虫、卷叶虫、蜘蛛、苍蝇、蚊子、牛虻、蝼蛄、纺织娘、知了、螳螂、萤火虫、蟑螂、蚂蟥、稻飞虱、稻叶蝉、稻苞虫、瓢虫、鲫鱼、鲤鱼、鳊鱼、鲢鱼、青鱼、黑鱼、白鱼、鳜鱼、鲶鱼、鳘鲦鱼、甲鱼、乌龟、河虾、河蚌、河蟹、蚬、螺蛳、泥鳅、鳑鲏鱼、田螺、花鳟鱼、黄颡鱼等。

第三章 人口

1950年，境内有4个自然村，常住户161户，常住户籍人口627人，其中：男性309人，女性318人。均为农业人口。

1990年，境内土地始被国家征用，79人由农业人口转为非农业人口（占总人口的7.2%），之后，外来人员快速增长，境域人口密度持续上升。1995年，境内1192名常住户籍人口全部转为非农业人口。

2015年底，新江社区境内常住户籍人口1365人，外来人员13158人，总人口14523人，人口密度9685人/平方千米。

第一节 人口规模

一、人口总量

中华人民共和国成立之后，全国进行了6次人口普查，新江社区人口普查情况分别为：

1953年7月1日0时，第一次全国人口普查。境内有常住户165户，常住户籍人口为639人，其中男性316人，女性323人。性别比为97.83%，户均人数为3.89人。

1964年7月1日零时，第二次全国人口普查。境内有常住户193户，常住户籍人口为825人，其中男性399人，女性426人。性别比为93.66%，户均人数为4.27人。

1982年7月1日0时，第三次全国人口普查。境内有常住户246户，常住户籍人口为1069人，其中男性524人，女性545人。性别比为96.14%，户均人数为4.35人。

1990年7月1日0时，第四次全国人口普查。境内有常住户280户，常住户籍人口为1096人，其中男性543人，女性553人。性别比为98.19%，户均人数为3.91人。

2000年11月1日0时，第五次全国人口普查。境内有常住户299户，常住户籍人口为1153人，其中男性572人，女性581人。性别比为98.45%，户均人数为3.86人。

2010年11月1日0时，第六次全国人口普查。境内有常住户302户，常住户籍人口为1306人，其中男性648人，女性658人。性别比为98.48%，户均人数为4.32人。

2015年12月31日，境内常住户302户，常住户籍人口1365人，其中男性668人，女性697人，均为汉族。

表3-1　1950—2015年新江境域常住人口统计表

年份	户数（户）	人口（人）			性别比例（女=100）	平均每户人数（人）	非农业人口	
		合计	男	女			人数（人）	总占人口（%）
1950	161	627	309	318	97.16	3.89	/	/
1953	165	639	316	323	97.83	3.89	/	/
1957	176	791	390	401	97.25	4.49	/	/
1958	189	807	398	409	97.31	4.27	/	/
1959	196	805	395	410	96.34	4.11	/	/
1960	204	776	382	394	96.95	3.80	/	/
1961	204	765	376	389	96.65	3.75	/	/
1962	191	776	380	396	95.95	4.06	/	/
1963	193	796	385	411	93.67	4.12	/	/
1964	193	825	399	426	93.66	4.27	/	/
1965	188	854	413	441	93.65	4.54	/	/

续表

年份	户数（户）	人口（人）			性别比例（女=100）	平均每户人数（人）	非农业人口	
		合计	男	女			人数（人）	总占人口（%）
1966	189	827	410	417	98.32	4.38	/	/
1967	189	906	436	470	92.76	4.79	/	/
1968	172	920	438	482	90.87	5.35	/	/
1969	179	958	436	522	83.52	5.35	/	/
1970	212	981	479	502	95.41	4.63	/	/
1971	203	988	480	508	94.48	4.87	/	/
1972	205	1006	483	523	92.35	4.91	/	/
1973	213	1013	488	525	92.95	4.76	/	/
1974	211	1010	482	528	91.28	4.79	/	/
1975	211	1006	485	521	93.09	4.77	/	/
1976	200	1015	489	526	92.96	5.08	/	/
1977	215	1016	487	529	92.06	4.73	/	/
1978	229	1019	505	514	98.24	4.45	/	/
1979	228	1018	498	520	95.76	4.46	/	/
1980	232	1032	504	528	95.45	4.45	/	/
1981	241	1050	514	536	95.89	4.36	/	/
1982	246	1069	524	545	96.14	4.35	/	/
1983	247	1062	528	534	98.87	4.30	/	/
1984	246	1061	526	535	98.31	4.31	/	/
1985	253	1063	529	534	99.06	4.20	/	/
1986	262	1077	529	548	96.53	4.11	/	/
1987	269	1082	531	551	96.37	4.02	/	/
1988	272	1086	532	554	96.02	3.99	/	/
1989	278	1090	536	554	96.75	3.92	/	/
1990	280	1096	543	553	98.19	3.91	79	7.20
1991	280	1082	536	546	98.16	3.86	79	7.20
1992	280	1098	546	552	98.91	3.92	79	7.20
1993	280	1092	544	548	99.27	3.90	640	58.60
1994	280	1201	590	611	96.56	4.29	640	58.60
1995	280	1192	583	609	95.73	4.26	1192	100
1996	292	1193	586	607	96.54	4.09	1193	100
1997	292	1198	587	611	96.07	4.10	1198	100

续表

年份	户数（户）	人口（人）			性别比例（女=100）	平均每户人数（人）	非农业人口	
		合计	男	女			人数（人）	总占人口（%）
1998	292	1165	580	585	99.14	3.99	1165	100
1999	292	1182	584	598	97.65	4.05	1182	100
2000	299	1159	572	587	97.44	3.87	1159	100
2002	268	1072	533	539	98.88	4.00	1072	100
2005	302	1281	632	649	97.38	4.24	1281	100
2010	302	1306	648	658	98.48	4.32	1306	100
2011	302	1316	653	663	98.49	4.36	1316	100
2012	302	1324	656	668	98.20	4.38	1324	100
2013	302	1329	658	671	98.06	4.40	1329	100
2014	302	1343	665	678	98.08	4.45	1343	100
2015	302	1365	668	697	95.83	4.52	1365	100

表 3-2　1953—2015 年新江人口自然变动一览表

年份	总人口数	出生		死亡		自然增长率（%）
		人数	占比（%）	人数	占比（%）	
1953	639	7	1.10	3	0.47	0.63
1957	791	12	1.52	2	0.25	1.27
1958	807	20	2.48	4	0.49	1.99
1959	805	5	0.62	7	0.86	−0.24
1960	776	2	0.25	31	3.99	−3.74
1961	765	2	0.26	13	1.70	−1.44
1962	776	13	1.67	2	0.25	1.42
1963	796	22	2.76	2	0.25	2.51
1964	825	33	4.00	4	0.48	3.52
1965	854	31	3.63	2	0.23	3.40
1966	827	20	2.42	5	0.60	1.82
1967	906	27	2.98	8	0.88	2.10
1968	920	25	2.71	6	0.65	2.06
1969	958	28	2.89	7	0.73	2.16
1970	981	32	3.26	9	0.92	2.34
1971	988	22	2.22	10	1.01	1.21

续表

年份	总人口数	出生		死亡		自然增长率（％）
		人数	占比（％）	人数	占比（％）	
1972	1006	17	1.69	15	1.49	0.20
1973	1013	16	1.58	12	1.18	0.40
1974	1010	5	0.50	18	1.78	−1.28
1975	1006	6	0.60	13	1.29	−0.69
1976	1015	11	1.08	10	0.99	0.09
1977	1016	5	0.49	8	0.79	−0.30
1978	1019	12	1.18	9	0.88	0.30
1979	1018	20	1.96	5	0.49	1.47
1980	1032	8	0.78	3	0.29	0.49
1981	1050	26	2.48	3	0.28	2.20
1982	1069	20	1.87	4	0.37	1.50
1983	1062	2	0.19	12	1.13	−0.94
1984	1061	4	0.38	11	1.04	−0.66
1985	1063	14	1.32	9	0.85	0.47
1986	1077	20	1.86	7	0.65	1.21
1987	1082	15	1.38	8	0.74	0.64
1988	1086	25	2.30	6	0.55	1.75
1989	1090	11	1.01	9	0.83	0.18
1990	1096	17	1.55	9	0.82	0.73
1991	1082	12	1.11	13	1.20	−0.09
1992	1098	25	2.28	5	0.46	1.82
1993	1092	22	2.01	6	0.55	1.46
1994	1201	15	1.25	4	0.33	0.92
1995	1192	10	0.84	17	1.43	−0.59
1996	1193	10	0.84	12	1.00	−0.16
1997	1198	9	0.75	11	0.92	−0.17
1998	1165	8	0.69	13	1.12	−0.43
1999	1182	5	0.42	3	0.25	0.17
2000	1153	4	0.35	9	0.78	−0.43
2001	1168	6	0.51	4	0.34	0.17
2002	1072	10	0.93	12	1.12	−0.19
2003	1153	6	0.52	4	0.35	0.17

续表

年份	总人口数	出生 人数	出生 占比（%）	死亡 人数	死亡 占比（%）	自然增长率（%）
2004	1204	13	1.08	5	0.42	0.66
2005	1281	11	0.86	4	0.31	0.55
2006	1283	9	0.70	8	0.62	0.08
2007	1290	9	0.69	9	0.70	−0.01
2008	1298	14	1.08	7	0.54	0.54
2009	1301	11	0.85	14	1.08	−0.23
2010	1306	28	2.14	9	0.69	1.45
2011	1316	13	0.99	11	0.84	0.15
2012	1324	23	1.74	8	0.60	1.14
2013	1329	16	1.20	10	0.75	0.45
2014	1343	18	1.34	13	0.97	0.37
2015	1365	14	1.03	12	0.88	0.15

表3-3　1958—2015年各生产队（居民小组）选年人口情况表

年份	一队 户数	一队 人数	一队 男	一队 女	二队 户数	二队 人数	二队 男	二队 女	三队 户数	三队 人数	三队 男	三队 女	四队 户数	四队 人数	四队 男	四队 女	五队 户数	五队 人数	五队 男	五队 女
1958	16	68	33	35	20	86	42	44	18	78	39	39	25	107	53	54	21	89	44	45
1961	16	61	30	31	20	82	40	42	19	81	40	41	27	98	48	50	21	85	42	43
1978	21	84	41	43	23	113	56	57	25	114	59	55	27	119	54	55	27	118	60	58
1982	22	89	47	42	24	112	60	52	22	116	56	60	22	114	55	59	31	129	65	64
2000	27	99	49	50	30	129	65	64	32	113	61	52	33	122	59	63	36	137	68	69
2015	27	141	67	76	31	144	67	77	30	128	69	59	31	148	72	76	39	168	79	89

年份	六队 户数	六队 人数	六队 男	六队 女	七队 户数	七队 人数	七队 男	七队 女	八队 户数	八队 人数	八队 男	八队 女	九队 户数	九队 人数	九队 男	九队 女	合计 户数	合计 人数	合计 男	合计 女
1958	22	93	46	47	25	106	53	53	23	99	49	50	19	81	39	42	189	807	398	409
1961	23	92	45	47	27	90	44	46	27	87	43	44	24	89	44	45	204	765	376	389
1978	27	127	65	62	30	121	60	61	25	113	56	57	24	110	54	56	229	1019	505	514
1982	29	125	51	74	33	134	66	68	29	126	66	60	27	124	58	66	246	1069	524	545
2000	30	135	67	68	37	141	71	70	38	150	70	80	36	127	62	65	299	1153	572	581
2015	34	168	79	89	39	151	80	17	38	149	72	77	33	168	85	83	302	1365	668	697

二、人口变动

1. 人口增长

新江社区历来人口自然增长比较稳定。由于区域条件的制约，区划没有多大变化，人口迁移性变化不大，也不频繁。

1950—1972年，境内人口属于高自然增长期，从627人增至1006人，净增379人。1959年—1961年因自然灾害等原因，形成了人口发展的低谷期，自然增长率为-3.74%。1964年后，出现人口剧减后补偿性生育高峰，1964年新出生33人，自然增长率升至3.5%，为1950年—2015年间自然增长率最高年。1966年后，自然增长率年均在2%以上。

1971年始，大力开展计划生育工作，人口猛增势头得到控制，人口出生率显著下降，人口再生产过渡为低自然增长率时期。

1950—2015年的65年中，有17年为负自然增长年。

2015年，新江社区常住人口为1365人，新出生人口为14人，出生率为1.03%；死亡人口为12人，死亡率为0.88%，自然增长率为0.15%。

2. 人口迁移

新江社区人口迁徙比较平稳，主要为学生升学迁出，毕业后迁入，青年应征入伍迁出，复员、退伍、转业迁入、婚嫁、支边、下乡插队等迁出迁进。城市化后人口迁移开始增多。

1959—1960年8月12日期间，外迁支边人员共10人，其中男性6人，女性4人，分2批赴疆支边。1959年第一批支边人员：孙志惠、孙爱娣（女）、徐抱妹（女）、汝会元（1962年7月返家）、孙火泉（1961年返家）、徐云林（女，1961年返家），共6人，男性3人，女性3人。

1960年第二批支边人员：孙才法、徐纪根、王全生、顾木根妹（女），共4人，男性3人，女性1人。

10名支边人员中，孙火泉、徐云林1961年返家，1962年汝会元返家，其余7人至今仍留新疆。

1968年10月，新建大队为响应"知识青年上山下乡"号召，接纳下乡知识青年共7人，均为男性，其中来自吴县木渎镇的知青3人：方兆成、高永泉、陈水金。来自长桥公社蠡墅镇的知青4人：庄剑敖、周连元、王三林、张丙元。分别插入：第二生产队（周连元）、第三生产队（高永泉）、第四生产队（张丙元）、第五生产队（庄剑敖）、第六生产队（王三林）、第七生产队（陈水金）、第八生产队（方兆成）。1978—1979年，7名知青全部从农村返回市镇。

1992年，新江村从长桥镇划入吴县经济技术开发区后，土地被国家征用，世代以农耕为生的农民为失地农民，部分劳动力转为征土工外迁苏州市区。不久，企业实行转制，征土工失业下岗，户口又回迁原居住地。该期间，境内人口移动频率较高，许多外地人员以各种途径将户口迁入境内，造成人口数量、人口性质急剧变动。

3. 外来人员

1990年起外来人员在新江境内少量出现，约50人。1991年外来人员1345人，其中：云龙工艺品厂98人，新江制衣厂37人，4个自然村1210人。之后，逐年增加。2012年境内外来人员达15200人，是1990年到2015年的26年中的最高年。

表 3-4　1990—2015 年新江社区境内外来人口统计表

单位：人

年份	人数	年份	人数	年份	人数	年份	人数
1990	50	1997	5300	2004	13900	2011	14830
1991	1345	1998	6100	2005	14980	2012	15200
1992	1820	1999	9500	2006	13110	2013	13560
1993	2450	2000	10780	2007	12500	2014	14147
1994	3170	2001	13840	2008	12980	2015	13158
1995	4930	2002	13850	2009	13670		
1996	5012	2003	12880	2010	14560		

2015年12月31日，境内外来人员13158人，其中暂住一年以上的为5820人，分别为：四川182人，福建16人，安徽1200人，湖南51人，河北50人，湖北120人，山东162人，陕西96，甘肃41人，新疆4人，辽宁8人，云南77人，贵州27人，台湾1人，河南945人，浙江55人，广西32人，广东13人，宁夏3人，内蒙古2人，上海2人，青海6人，重庆56人，黑龙江63人，山西136人，吉林9人，江苏其他县市2392人。

三、人口密度

中华人民共和国成立初期，境域虽紧靠古城，但因四周环河，交通闭塞，属偏僻地区，人口比较稀少，在1.5平方千米的境域内居住着总人口627人，人口密度为418人/平方千米，低于吴县420.2人/平方千米的人口密度。1976年为676.66人/平方千米，1987年为721.3人/平方千米。略高于吴县719.4人/平方千米和省619人/平方千米，但低于长桥镇874.2人/平方千米。1991年，常住人口1082人，加上外来人员1345人，人口总数为2427人，人口密度达1618人/平方千米，大大超过省、县、镇的人口密度。2015年新江社区常住户籍人口1365人和外来人员13158人，总人口14523人，人口密度9682人/平方千米。

第二节　人口结构

一、民族

中华人民共和国成立以来，到2015年12月31日，境内常住户籍人口均为汉族。

二、年龄

六次人口普查对比的结果显示，境内常住户籍人口年龄构成的变化很大。0—14岁的少年儿童：1953年为245人，占总人口的38.34%，属于年轻人口型；1964年为255人，占总人口的 30.90%；1982 年为 283 人，占总人口的 26.47%；1990 年为 256 人，占总人口的 23.35%；2000 年为 238 人，占总人口的 20.64%；2010 年为 223 人，占总人口的 17.07%；2015 年为 207 人，占总人口的 15.16%。占比逐年下降，从 1953 年的 38.34% 到 2015 年的 15.16%，相差 23.18%，社会进入老龄化。

80—89 岁以上老人：1953 年有 1 人，女性；1964 年 3 人，男性 1 人，女性 2 人；1982 年 8 人，男性 3 人，女性 5 人；1990 年 17 人，男性 7 人，女性 10 人；2000 年 24 人，男性 11 人，女性 13 人；2010 年为 30 人，男性 13 人，女性 17 人；2015 年 28 人，男性 9 人，女性 19 人。

2015 年 90 岁以上老人为 10 人，男性 1 人，女性 9 人。最高龄为马小妹，99 岁（1917 年出生）。

表 3-5　2015 年新江社区 80 岁—89 岁老人名录

序号	姓名	性别	出生年份	住址
1	钱龙珠	女	1928	新江社区罗盛里 154 号
2	赵根水	男	1928	新江社区迎春花园 254 号
3	徐福根	男	1928	新江社区迎春花园 190 号
4	赵云珠	女	1930	新江社区迎春花园 45 号
5	钱福根	男	1929	新江社区罗盛里 153 号
6	许长姐	女	1928	新江社区朱家上 10 号
7	汤才元	男	1929	新江社区罗盛里 119 号
8	徐水林	女	1930	新江社区罗盛里 133 号
9	徐长姐	女	1927	新江社区迎春花园 155 号
10	钱长姐	女	1928	新江社区罗盛里 25 号
11	朱杏妹	女	1927	新江社区罗盛里 136 号
12	汤彩金	女	1931	新江社区罗盛里 73 号
13	汤老土	女	1931	新江社区罗盛里 125 号
14	金新根	男	1932	新江社区罗盛里 33 号
15	钱金元	男	1932	新江社区罗盛里 160 号
16	马水妹	女	1932	新江社区朱家上 1 号
17	钱桂林	女	1933	新江社区罗盛里 17 号
18	许招妹	女	1933	新江社区朱家上 18 号
19	孙二保	女	1933	新江社区罗盛里 46 号
20	金杏英	女	1933	新江社区罗盛里 29 号
21	许金土	男	1934	新江社区朱家上 22 号
22	许福全	男	1934	新江社区朱家上 26 号
23	钱保根	女	1934	新江社区罗盛里 153 号
24	陆丫同	女	1934	新江社区罗盛里 1 号

续表

序号	姓名	性别	出生年份	住址
25	王妹林	女	1934	新江社区罗盛里137号
26	顾才福	男	1934	新江社区罗盛里147号
27	汝根妹	女	1935	新江社区朱家上54号
28	顾根妹	女	1935	新江社区罗盛里147号

表3-6　2015年新江社区90岁以上老人名录

序号	姓名	性别	出生年份	住址
1	马小妹	女	1917	新江社区朱家上8号
2	徐阿多	女	1919	新江社区迎春花园156号
3	许毛头	女	1921	新江社区朱家上18号
4	徐连保	女	1922	新江社区罗盛里54号
5	徐金姐	女	1923	新江社区迎春花园180号
6	顾福妹	女	1924	新江社区罗盛里26号
7	徐招寿	男	1924	新江社区罗盛里97号
8	徐狗妹	女	1925	新江社区迎春花园194号
9	王三妹	女	1926	新江社区迎春花园69号
10	徐金英	女	1926	新江社区罗盛里110号

表3-7　2015年新江社区居民各年龄段一览表

单位：人

年龄段（岁）	合计（人）	男（人）	女（人）
0—4	97	47	50
5—9	69	39	30
10—14	45	23	22
15—19	34	19	15
20—24	90	46	44
25—29	114	53	61
30—34	87	44	43
35—39	75	38	37
40—44	96	40	56
45—49	151	75	76
50—54	112	58	54
55—59	99	49	50

续表

年龄段（岁）	合计（人）	男（人）	女（人）
60—64	102	53	49
65—69	65	30	35
70—74	62	30	32
75—79	28	14	14
80—84	17	5	12
85—89	12	4	8
90—100	10	1	9
合计	1365	668	697

三、姓氏

据常住户籍姓氏统计，1950年境内共161户，627人，有姓氏20个，分别为：

徐131人、汤80人、钱72人、赵56人、顾47人、潘30人、马28人、许27人、王23人、陆23人、孙20人、金18人、莫18人、陈12人、储10人、汝9人、计8人、朱6人、方6人、石3人。徐姓居首。

其中：郑庄上29户，101人，4个姓，分别为：钱72人、金17人、顾9人、石3人。

罗盛里56户，228人，9个姓，分别为：汤80人、徐46人、顾38人、陆23人、孙20人、赵8人、朱6人、王6人、金1人。

朱家上37户，152人，10个姓，分别为：潘30人、马28人、许27人、莫18人、陈12人、储10人、汝9人、计8人、方6人、王4人。

张角里39户，146人，3个姓，分别为：徐85人、赵48人、王13人。

2000年，境内共299户，1159人，有姓氏62个，分别为：

徐219人、钱142人、汤116人、赵87人、顾83人、潘65人、马50人、许42人、莫36人、金36人、孙34人、陆33人、王32人、汝27人、张11人、陈11人、储11人、计11人、方11人、朱10人、李9人、沈7人、石7人、周5人、冯5人、吴4人、袁3人、江3人、刘3人、费3人、姚2人、丁2人、杨2人、邹2人、戈2人、何2人、俞2人、严2人、夏2人、邱2人、磨2人、唐1人、蔡1人、薛1人、胡1人、翁1人、居1人、梁1人、吕1人、董1人、尤1人、秦1人、曹1人、缪1人、邓1人、褚1人、浦1人、司1人、房1人、洪1人、鲍1人、嵇1人。徐姓居首。

2015年12月31日，境内共302户，1365人，有姓氏92个，分别为：

徐223人、钱139人、汤131人、顾91人、赵90人、潘66人、马57人、许45人、金43人、王42人、陆37人、孙37人、莫36人、张28人、汝24人、朱18人、陈17人、储15人、方15人、李15人、计14人、沈13人、吴11人、周9人、石8人、姚7人、杨7人、蒋6人、查5人、刘5人、袁5人、冯4人、胡4人、俞4人、费3人、高3人、何3人、卢3人、夏3人、邹3人、江3人、宋3人、安2人、蔡2人、戴2人、丁2人、董2人、洪2人、严2人、姜2人、宓2人、磨2人、秦2人、邱2人、嵇2人、唐2人、肖2人、戈2人、谢2人、叶2人、郁2人、钮2人、鲍1人、曹1人、褚1人、邓1人、房1人、韩1人、杭1人、居1人、孔1人、梁1人、林1人、柳1人、罗1人、缪1人、倪1人、濮1人、浦1人、施1人、司1人、陶1人、卫1人、温1人、翁1人、尤1人、于1人、占1人、钟1人、葛1人、黎1人、黄1人。徐姓居首。

四、文化程度

1940年，境内开设私塾教育后，始有文化人。到中华人民共和国成立初期，4个自然村仅有文化人8名，郑庄上钱德明，罗盛里徐关狗、徐招寿、陆水金，朱家上潘寿妹，张角里徐毛毛、徐松山、徐兴法。均为男性。

1952年，始办"张阁学堂"，但儿童入学率低，读书子女极少。成年人中尤其是女性大多不识字，均为文盲或半文盲。

1953年后，响应政府号召，开展"人人学文化，个个学识字"活动，一度冬学班、夜校、识字班应运而生。到1984年，境内50周岁以下的文盲、半文盲均达到识1500字左右，非文盲率达88.9%。

1975年，由推荐选送的工农兵大学生2名：赵立文、徐联冠。

1988年，境内出现由参加高考录取的第一名大学生：徐允平，毕业于徐州矿业大学。

2011年12月31日止，境内总人口为1316人。其中：文盲和半文盲为189人，占总人口的14.36%；小学为266人，占总人口的20.21%；初中、高中、中专为643人，占总人口的48.86%；大专为23人，占总人口的1.75%；大学本科为39人，占总人口的2.96%；学前儿童为156人，占总人口的11.85%。

2015年12月31日止，境内常住户籍总人口为1365人，其中：学前儿童97人，占总人口的7.11%；文盲和半文盲为151人，占总人口的11.06%；在校学生（小学、中学、大学）为238人，占总人口的17.44%；已参加工作的初中、高中、中专生665人，占总人口的48.72%；已毕业的大学生为196人，其中：研究生3人，大学本科生100人，大专生93人，占总人口的14.35%。

五、劳动力

1950年，境内总人口为627人，总劳动力为363人，占总人口的58.04%，100%均从事农业生产，到1979年，行业变化不大。

1980年，总劳动力为599人，男性334人，女性265人，81.63%的劳动力仍以农业生产为主，18.37%的劳动力从事运输业（80人）和劳务业（30人）。

其后，由于经济体制的改革，推行家庭联产承包责任制，劳动力的从业结构也随着经济的发展和经济结构的调整而发生了变化。

1991年，总劳动力为675人，有150人在村办企业就业，222人在乡（镇）办企业就业，占劳动力的55%。还有45%的劳动力分别为：建筑业45人，运输业50人，劳务业27人，经商、服务业60人，劳动力年龄内的学生63人，丧失劳动能力（失劳人员）的25人，家务劳动22人，其他11人。

1992年，总劳动力为648人，其中：征土工（失地劳动力）424人，自谋职业105人，劳动力年龄内的学生60人，家务劳动26人，失劳人员23人，其他10人。

2000年，总劳动力为624人，在职职工386人，自谋职业94人，劳动力年龄内学生106人，家务劳动 20 人，失劳人员 18 人。

2010 年，总劳动力为 647 人，在职职工 405 人，自谋职业 83 人，劳动力年龄内学生 112 人，家务劳动 23 人，失劳人员 24 人。

2015 年，总劳动力为 689 人，在职职工 414 人，自谋职业 103 人，劳动力年龄内学生 124 人，家务劳动 32 人，失劳人员 16 人。

第三节　人口控制

旧时，村民受传统生育观念的影响，早婚、早育、多子女现象十分普遍。尽管受经济条件的制约，夫妻终生平均生育 5—6 胎的比较多。

20 世纪 50 年代中期，提倡"人口众多是极大的好事"，鼓励夫妇多胎生育，称"光荣妈妈"，曾一度出现生育高峰，人口增长迅速。

1971 年，贯彻执行国务院和江苏省革命委员会文件精神，发动群众制订晚婚节育规划，重点控制多胎。

1974 年，执行"晚、稀、少"的计划生育政策。晚：青年结婚规定男 25 周岁，女 23 周岁；稀：二胎应间隔 48 个月以上；少：每对夫妇生两个孩子为宜。人口增长过快得到控制，自然增长率为 –1.28‰。

1979 年 1 月，按照公社计划生育领导小组和妇联制定的《关于计划生育工作的几项规定》，其中，对愿意终生只生一胎并落实节育计划措施的夫妇，发给"独生子女证"，每年发放独生子女费 30 元 / 人，至独生子女满 14 周岁为止。并在招工、医疗、产假、口粮、自留地、住房面积等方面给予优待。当年，出生新生儿 20 人，均符合计划生育要求，无一超生，并全部领取了"独生子女证"。

1980 年 9 月 25 日，中共中央致全体共产党员、共青团员的公开信发表后，境内全面实施一对夫妇只生育一个孩子的政策。

1981 年 5 月后，根据江苏省人民政府制定的生育政策，对确有实际困难的三类一孩夫妇准予生育第二胎。

1982 年，新江大队成立计划生育领导小组，并相应出台了大队计划生育的奖罚措施。

2014 年起，实施"单独二孩"的政策。

2015 年 10 月，中共十八届五中全会提出实行"全面二孩"政策，12 月，全国人大常委会审议通过，于 2016 年 1 月 1 日实行。

第四章 城市化建设

历史上的新江是一个四周围河、陌生人难进难出的孤岛。东有东江河、西有西江河，南有吴桥港，北有澹台湖。人烟稀少，交通闭塞。苏州古城虽近在咫尺，但只能隔湖相望，有事外出要摆渡过湖，运送货物全靠肩挑船运。村民以种田为生，收入微薄、生活拮据，村庄建设滞缓。中华人民共和国成立后，虽先后开展过新农村建设，但终因规划不妥，布局零乱，经济基础差，到1990年，仍进程不快，变化不大。

境内城市化建设始于1991年，自横跨澹台湖的长桥竣工，十苏王公路（境域段称东吴南路）通车之时，开发建设始启动。特别是境域划归吴县经济技术开发区之后，建设速度加快，至2001年，1.5平方千米境域内基础设施基本完成。在这10年巨变的进程中，域内1622亩田地自1991年开始被征用，到2000年6月全部被国家征用完毕。郑庄村（1998年）、张角村（2001年）两个自然村被拆迁移址。到1995年7月境内1192名常住农业人口全部被转为非农业人口。

现今，在1.5平方千米的境域内机关学校、文化娱乐、医疗卫生、商业贸易、工业企业、居民住宅等功能明晰、布局合理；交通运输、邮电通讯、医疗设施、金融服务、集贸市场、供电供水等设施齐全，与苏州古城区相映生辉，浑然一体，已成为既有水乡特色、又有现代化都市风貌的新型城镇。

第四章　城市化建设

第一节　道　路

2015年底，新江境域内有主要街路9条，为二纵七横。

二纵（自东向西为序）：

枫津路　1992年10月建成。南北向，南至越湖路，北至白云街。境域段长1743米，宽40米，六车道，有快慢车道和人行道，沥青路面。

沿河路　1994年10月建成。南北向，南至澄湖路，北至石湖东路，与东吴南路隔河并行，全在境域内，长约1200米，人车混合，沥青路面。

七横（自北向南为序）：

白云街　1995年12月建成。东西向，东至枫津路，西至德敏花园小区。境域段长约700米，宽25米，四车道，有人行道，沥青路面。

碧波街　1992年8月建成。东西向，东至枫津路，西至东吴南路，境域段长约750米，宽40米，人车混合，有人行道，沥青路面。

商城大街　1991年建成。东西向，东至枫津路，西至东吴南路，境域段长约750米，宽40米，人车混合，有人行道，沥青路面。

石湖东路　1991年8月建成。东西向，东至枫津路，西至东路南路，境域路段长约750米，宽40米，六车道，有快慢车道和人行道，沥青路面。

广建路　1992年10月建成。东西向，东至枫津路，西至东吴南路，境域段长约750米，宽40米，四车道，有快慢车道和人行道，沥青路面。

天灵路　1993年12月建成。东西向，东至枫津路，西至东吴南路，境域段长约750米，宽40米，四车道，有快慢车道和人行道，沥青路面。

澄湖路　1993年10月建成。东西向，东至枫津路，西至东路路，境域段长约750米，宽40米，四车道，有快慢车道和人行道，沥青路面。

第二节　河　道

境内原有自然河道7条，1976年新开挖1条，共8条。其中南北向2条，即东江河和西江河，分别长约2000米；东西向6条，即：北江河、郑庄河、罗盛河、新开河、朱家河、跃进河，分别均长约750米。

1975—1976年，分别对境内7条老河道进行拓浚改造，使之河道流水畅通，方便农耕生产。

2015年，新江境内有两纵六横八条河道，它是集排灌、运输、储水为一体的综合河道，也是关系到旱涝保收、调节水源的主要河流。涝年，承上游来水，经6条东西向的河道，宣泄京杭大运河；旱年，引太湖水经两条南北向的河道向境内灌流。这些河流与骨干河道相接，与大运河、太湖相通，组成纵横交叉的河网水系，兴吞吐、蓄纳、引泄、灌溉、航行之利；同时也为送肥上田、种植收割等各种农事活动提供水上运输的方便。

一、新开河道

境内新开河道一条，取名就叫新开河，位于罗盛村与朱家村中间地段（称南荒田），人工开挖，为生产河道，贯通东江河和西江河，境域段全长约750米。

二、拓浚河道

郑庄河 1976年始亦称15号河。从西江河向东延伸，在郑庄自然村中心穿过，到村东侧断头不通。1976年兴修水利时，挖通东段，贯通东江。境域段全长约750米。

罗盛河 1976年始亦称16号河。从西江河东南斜向，在罗盛自然村中心穿过，到村东侧断头不通。1976年兴修水利时，河的西出口向南移位30米，挖通东段，贯通东江河，境域段全长约750米。

朱家河 1976年始亦称18号河。从西江河东南斜向，在朱家自然村中心穿过，贯通东江河。老河道弯曲不齐，宽窄不一，斜向度太大。1976年兴修水利时，河的西出口向南移位约200米，填埋西段老河道，截齐弯曲段，境域段全长约750米。

跃进河 亦称吴桥港。东西向是新江社区与红庄社区的界河。1976年，在原吴桥港的基础上拓浚开挖而成。东西流向，自西石湖经新江境域直通京杭大运河，全长5.1千米。

三、改造河道

西江河 紧靠东吴南路，南接跃进河，北通澹台湖，境域段全长约2000米。1976年兴修水利时，对部分凹凸不齐、弯曲不直的河段进行移位、开挖、填埋、拉直。1992年，境域划归吴县经济技术开发区之后，河两岸的土坡逐步改成石驳岸。

东江河 是新江社区与宝带桥社区的界河，南接跃进河，北通澹台湖，境域段全长2000余米。是自然河道，基础至今未变。2000年以后，河两岸的土坡逐步改造成石驳岸。

北江河 是新江社区与龙南社区的界河。东西向，东接东江河，西向北拐弯通澹台湖，境域段全长约600米。北江河为自然河道，1990年后，河道两岸的土坡逐步改成石驳岸。

第三节 桥 梁

中华人民共和国成立初期，新江境域内有桥梁五座，其中：郑庄上自然村两座，均为花岗石板桥。罗盛里、张角里自然村各有一座木板桥。朱家上自然村有一座花岗石石梁桥，为古石桥，据说是一家姓储的大户人家出资建造（建造时间不详），桥长9.5米，宽约2米，跨朱家上河，今还在。

据2015年12月统计，新江境内有桥梁22座，其中公路桥16座，人行桥6座。

桥梁建造日期分别为：1975年2座，1978年1座，1991年1座，1992年6座，1993年1座，

1994年9座，1995年2座，古桥1座，合计24座（见表4-1），其中已拆除2座。

表4-1　境内桥梁一览表

序号	名称	桥址	座落	座向	跨度（米）	宽度（米）	类型	质地	建造日期	建造单位或现状
1	枫津1号桥	跨跃进河	枫津路南端	南北	13	30	公路桥	水泥	1992年	吴县人民政府
2	枫津2号桥	跨16号河	枫津路北端	南北	7.5	30	公路桥	水泥	1992年	吴县人民政府
3	枫津3号桥	跨17号河	枫津路中端	南北	8	30	公路桥	水泥	1992年	吴县人民政府
4	朱家上桥	跨朱家上老河	枫津路中端	南北	13	30	公路桥	水泥	1992年	吴县人民政府
5	古塘桥	跨东江河	水电解厂北侧	东西	27	35.5	公路桥	水泥	1995年	吴县人民政府
6	罗盛西桥	跨西江河	吴县工业小区	南北	8.3	18	公路桥	水泥	1994年	吴县人民政府
7	宝圣桥	跨西江河	吴县工业小区	东西	7	3.4	人行桥	石拱	1994年	吴县人民政府
8	天灵桥	跨西江河	天灵路三岔口	东西	11	53	公路桥	水泥	1994年	吴县人民政府
9	沿河桥	跨西江河	服装城沿河	南北	8.5	18	公路桥	水泥	1994年	吴县人民政府
10	宝盛桥	跨西江河	服装城沿河	东西	6	3.4	人行桥	石拱	1994年	吴县人民政府
11	张角桥	跨东江河	泰盛绿岛北	东西	43	30	公路桥	水泥	1992年	吴县人民政府
12	枫津4号桥	跨15号河	公交1路终点旁	南北	8.5	30	公路桥	水泥	1992年	吴县人民政府
13	新江桥	跨西江河	石湖路四岔口	东西	11	53	公路桥	水泥	1991年	吴县人民政府
14	宝藏桥	跨西江河	罗盛村西	东西	3.3	7	人行桥	石拱	1994年	吴县人民政府
15	罗盛桥	跨西江河	罗盛村西	南北	8.5	18.2	公路桥	水泥	1994年	吴县人民政府
16	广建桥	跨西江河	广建路西	东西	11	53	公路桥	水泥	1995年	吴县人民政府
17	阳山路桥	跨朱塔浜	朱塔浜	南北	6	8	公路桥	水泥	1993年	吴县人民政府
18	服装城西1号桥	跨18号河	朱家上北	南北	7.5	18	公路桥	水泥	1994年	吴县人民政府
19	服装城西2号桥	跨16号河	罗盛里村	南北	3	8.5	人行桥	砖拱	1978年	长桥人民政府
20	罗盛里4号桥	—	—	—	—	—	人行桥	砖拱	—	已拆
21	服装城3号桥	跨17号河	服装城	南北	7.5	18	公路桥	水泥	1994年	吴县人民政府
22	朱家上2号桥	跨朱家上河	朱家上	南北	3.5	2.5	人行桥	砖拱	1975年	新江村
23	跃进河1号桥	跨朱家上河	枫津路西侧	南北	6	3	人行桥	砖拱	1975年	已拆
24	太平桥	跨朱家上河	朱家上东	南北	3.5	2.5	人行桥	梁式	—	古桥

第四节　供电供水

一、供电

旧时和中华人民共和国成立初期,境内不通电。1964年始装有一台30KVA的变压器。时,农户基本照明点菜油灯(称油盏),少数富裕人家用煤油灯,婚丧喜事有条件的人家租用汽油灯。农耕时节,耕田靠牛耕,大部分人家靠人力翻耕;戽水主要用牛拉水车、人工手拉水车、人力脚踏水车、风力顺风水车。之后,逐步以燃油抽水机和电动抽水机。20世纪70年代以后,农户电器设备逐步增多,用电行业数量不断扩大。1991年以后,开发建设加快,村办企业兴起,总的用电容量不断攀升,到2015年底,境内有变压器21台,其中250千伏安2台,315千伏安5台,400千伏安11台,500千伏安2台,630千伏安1台,总用电容量为8105千伏安。

二、供水

旧时和中华人民共和国成立初期,新江境域农户一般饮用河水。20世纪60年代中期,境内结合血吸虫病防治工作,大力开挖水井,每个生产队开挖公井1—2口,60%以上的农户自挖家井。1987年境内始开通由苏州自来水厂的供水,1999年改为由吴县自来水厂供水。2015年底,新江社区三个自然村共装有自来水表386只,月供水73652吨,其中:朱家上,水表104只,月供水20883吨;罗盛里,水表207只,月供水39247吨;迎春花园,水表75只,月供水13522吨。

第五节　拆迁移居

1992—1993年,郑庄上自然村河北岸(1组)西侧7家住户始拆迁移址,即:金永昌、钱玉平、钱玉泉、金爱明、金华明、金福昌、钱祥男,移至罗盛里自然村南侧。之后,逐年小批量拆迁移址。1998年7月,河北岸(1组)26户(先前已拆7户),118人;河南岸(2组)28户,128人,全部拆迁移址完毕,均移至罗盛里自然村的南侧和北侧两处。

2001年7月,张角里自然村河南岸(7组)38户、159人;河北岸(8组)36户,139人,全部拆迁移址完毕,均移址于龙南社区下塔里自然村东侧、迎春路西侧处。移址后,张角里自然村更名为"迎春花园"。其中有8户人家于1998年6月移址于罗盛里自然村的东侧。(见表4-3)

表4-2 1998—2001年新江社区自然村拆迁移居一览表

序号	户主	人口数	组别	祖居	移居
1	金永昌	6	1	郑庄上	罗盛里
2	钱玉泉	4	1	郑庄上	罗盛里
3	钱玉平	4	1	郑庄上	罗盛里
4	钱祥男	5	1	郑庄上	罗盛里
5	金福昌	5	1	郑庄上	罗盛里
6	金华明	4	1	郑庄上	罗盛里
7	金爱明	4	1	郑庄上	罗盛里
8	金福明	4	1	郑庄上	罗盛里
9	钱文明	5	1	郑庄上	罗盛里
10	钱龙根	5	1	郑庄上	罗盛里
11	金根男	5	1	郑庄上	罗盛里
12	顾祥弟	6	1	郑庄上	罗盛里
13	金云男	5	1	郑庄上	罗盛里
14	金雪昌	5	1	郑庄上	罗盛里
15	顾丽华	3	1	郑庄上	罗盛里
16	顾文彬	5	1	郑庄上	罗盛里
17	金根木	4	1	郑庄上	罗盛里
18	金福新	5	1	郑庄上	罗盛里
19	顾永军	5	1	郑庄上	罗盛里
20	钱玉狗	5	1	郑庄上	罗盛里
21	顾才兴	5	1	郑庄上	罗盛里
22	钱小毛	5	1	郑庄上	罗盛里
23	钱建新	5	1	郑庄上	罗盛里
24	金全男	5	1	郑庄上	罗盛里
25	金建娥	3	1	张角里	迎春花园
26	钱祥福	1	1	郑庄上	自购房
27	钱水火	5	2	郑庄上	罗盛里
28	钱振华	5	2	郑庄上	罗盛里
29	戈建平	3	2	张角里	迎春花园
30	钱文昌	6	2	郑庄上	罗盛里
31	石 峰	4	2	郑庄上	罗盛里
32	石 勇	4	2	郑庄上	罗盛里

续表

序号	户主	人口数	组别	祖居	移居
33	钱金明	5	2	郑庄上	罗盛里
34	钱金根	4	2	郑庄上	罗盛里
35	钱育明	5	2	郑庄上	罗盛里
36	钱水男	4	2	郑庄上	罗盛里
37	钱毛大	5	2	郑庄上	罗盛里
38	钱永红	4	2	郑庄上	罗盛里
39	钱永芳	4	2	郑庄上	罗盛里
40	钱菊明	4	2	郑庄上	罗盛里
41	钱龙金	5	2	郑庄上	罗盛里
42	金根男	5	2	郑庄上	罗盛里
43	钱后根	5	2	郑庄上	罗盛里
44	钱云弟	6	2	郑庄上	罗盛里
45	钱雪平	5	2	郑庄上	罗盛里
46	钱全明	4	2	郑庄上	罗盛里
47	张荣福	4	2	郑庄上	罗盛里
48	钱文元	4	2	郑庄上	罗盛里
49	钱雪根	5	2	郑庄上	罗盛里
50	钱菊男	4	2	郑庄上	罗盛里
51	钱龙男	5	2	郑庄上	罗盛里
52	钱康明	5	2	郑庄上	罗盛里
53	钱永华	4	2	郑庄上	罗盛里
54	钱永明	4	2	郑庄上	罗盛里
55	钱金昌	4	2	郑庄上	自购房
56	汤丽珍	3	3	张角里	迎春花园
57	王根生	5	7	张角里	迎春花园
58	赵春芳	5	7	张角里	迎春花园
59	赵金木	3	7	张角里	迎春花园
60	赵立平	5	7	张角里	迎春花园
61	赵金祥	3	7	张角里	迎春花园
62	赵明秋	3	7	张角里	迎春花园
63	赵立文	3	7	张角里	迎春花园
64	赵菊明	4	7	张角里	迎春花园

续表

序号	户主	人口数	组别	祖居	移居
65	徐全元	5	7	张角里	迎春花园
66	徐连元	5	7	张角里	迎春花园
67	徐海和	4	7	张角里	迎春花园
68	赵志惠	5	7	张角里	迎春花园
69	徐炳男	4	7	张角里	迎春花园
70	王祥龙	5	7	张角里	迎春花园
71	王都男	5	7	张角里	迎春花园
72	徐林海	5	7	张角里	迎春花园
73	赵仙男	5	7	张角里	迎春花园
74	赵雪男	5	7	张角里	迎春花园
75	赵全昌	3	7	张角里	迎春花园
76	徐炳灵	3	7	张角里	迎春花园
77	徐祥娟	3	7	张角里	迎春花园
78	徐亮	5	7	张角里	迎春花园
79	徐根元	4	7	张角里	迎春花园
80	徐永祥	5	7	张角里	迎春花园
81	赵全男	3	7	张角里	迎春花园
82	赵金庭	4	7	张角里	迎春花园
83	赵祥明	4	7	张角里	迎春花园
84	赵祥芳	4	7	张角里	迎春花园
85	赵菊昌	5	7	张角里	迎春花园
86	赵振华	4	7	张角里	迎春花园
87	赵金弟	5	7	张角里	迎春花园
88	赵银弟	3	7	张角里	迎春花园
89	徐炳良	3	7	张角里	迎春花园
90	赵文明	5	7	张角里	迎春花园
91	赵福明	5	7	张角里	迎春花园
92	王永昌	6	7	张角里	迎春花园
93	徐剑妹	2	8	张角里	迎春花园
94	徐毛弟	5	8	张角里	迎春花园
95	徐菊男	4	8	张角里	迎春花园
96	赵龙弟	4	8	张角里	迎春花园

续表

序号	户主	人口数	组别	祖居	移居
97	赵龙金	3	8	张角里	迎春花园
98	徐雪香	3	8	张角里	迎春花园
99	徐永昌	4	8	张角里	迎春花园
100	徐泉明	6	8	张角里	迎春花园
101	徐熙彬	3	8	张角里	迎春花园
102	徐建龙	5	8	张角里	迎春花园
103	徐明芳	4	8	张角里	迎春花园
104	徐永芳	4	8	张角里	迎春花园
105	徐纪男	5	8	张角里	迎春花园
106	潘妹姐	2	8	张角里	迎春花园
107	徐雪昌	3	8	张角里	迎春花园
108	徐秋方	5	8	张角里	迎春花园
109	徐永元	3	8	张角里	迎春花园
110	徐永忠	5	8	张角里	迎春花园
111	徐玉山	2	8	张角里	迎春花园
112	徐根元	5	8	张角里	迎春花园
113	徐勇敏	3	8	张角里	迎春花园
114	徐灵敏	3	8	张角里	迎春花园
115	徐觉敏	5	8	张角里	迎春花园
116	徐丽华	5	8	张角里	迎春花园
117	潘杏珍	2	8	张角里	迎春花园
118	徐永良	3	8	张角里	迎春花园
119	徐福男	4	8	张角里	迎春花园
120	徐允平	3	8	张角里	迎春花园
121	徐林芳	4	8	张角里	罗盛里
122	徐云昌	4	8	张角里	罗盛里
123	徐文彬	5	8	张角里	罗盛里
124	徐永林	5	8	张角里	罗盛里
125	徐永华	5	8	张角里	罗盛里
126	徐建明	4	8	张角里	罗盛里
127	徐永康	3	8	张角里	罗盛里
128	徐天根	4	8	张角里	罗盛里

第六节 吴中商城

吴中商城，位于新江社区的北部，东至东江河，与龙南社区下塔里自然村相连；南至石湖东路，与罗盛里自然村相接；西与东吴南路相依；北靠澹台湖。始建于1991年。第一期征地0.055平方千米，第二期征地0.034平方千米。之后区域逐步扩大，现今辖区占地面积0.227平方千米。

1991年初始阶段，仅在商城大街西出口，建造门楼一座，门楼上由时任吴县县委书记沈长全书写"吴中商城"四个大字刻在门楼上。2010年门楼被拆除。

初时，门楼两侧仅建1—3层楼房5座。南侧2座，其中靠近门楼的1座为办公用房，后改为吴中经济开发区人才人力资源中心，往南另一座驻有惠客隆大卖场、阿贵休闲中心、野味馆饭店。北侧3座，其中靠近门楼的1座为展销馆，往北第二座为红房子大酒店，再往北第三座为碧波浴室、紫琅舞厅和中国银行。

门楼往东为商城大街，两边建有数十家简易门面房。不久，又建有国税大楼（18层）、天河宾馆、吴中小商品市场等主要建筑。之后，整个商城区域大面积铺开，数百家商店先后开张营业。

1991—1995年，吴中商城区域建有路、街12条，东西向的4条：碧波街、商城大街、白云街、石湖路，南北向的8条：八仙街、花园街、商贸街、商中街、商住街、上海街、香港街、第三大街。

一、市场主体

2015年底，吴中商城区域有商店455家，企业、公司309家。涉及行业：眼镜、彩票、果品、美容、美发、健身、养生、保健、足浴、鲜花、烟酒、茶叶、布艺、家具、金银、干洗、棋牌、广告、中介、刻字、日用品、家电维修、通信器材、文具用品、电信手机、装饰材料、水暖油漆、汽车修理、制衣缝绒、花圈寿衣、法律咨询等。

超市5家：世纪联华、金阳光鞋服大卖场、华联、什物谷、百家姓。

酒店4家：姑苏锦江大酒店（2015年更名为雅杰大酒店）、东昌贵宾楼酒店（2014年更名为东昌好缘酒店）、川福楼酒店、兄弟阁酒家。

宾馆旅店5家：左邻右里假日宾馆、江锦园宾馆、九洲商务宾馆、天河宾馆、莫泰168连锁酒店。

娱乐场所3家：大上海国际娱乐会所、姑苏锦江大酒店桑拿会所、南国唛田量贩KTV。

医院诊所4家：碧波医院、惠民医院、苏州瑞金医院、佳康医院。

银行5家：中国银行、中国建设银行、中国农业银行、中国工商银行、中国交通银行。

公益设施2家：大筑城市广场、澹台湖公园。

菜场1家：碧波集贸市场。

典当1家：吴中典当。

其他：小型超市 30 余家、服饰鞋帽店 163 家、饮食小吃店 65 家、摄印照相店 9 家、小型宾馆旅社或招待所 15 家、大小药房 12 家。

二、住宅小区

据 2015 年统计资料显示，属吴中商城区域的住宅小区有 31 个，分别为：碧波花园、碧波二村、碧波三村、公交一村、白云一村、泰盛绿岛、香格里拉、德敏花园、华韵花园、吴中花园、商城花园、吴商雅苑、远洋花园、吴中商城、丽都国际、碧水湾花园、建安别院、兰园公寓、热电小区、盛丰苑、新盛花园、公交苑、员工楼、凯悦、石湖星城、苏州溢泰、上河原墅、威尼斯花园、朗诗东吴绿郡、天誉生活广场、2015 年在建的海星生活广场（原国税大楼旧址）。

第七节　苏州服装城

苏州服装城，亦称吴中商贸城。东至东江河，南至澄湖路，西与东吴南路相依，北与罗盛里自然村相连。位于新江社区的中心地段，始建于 1992 年。第一期征地 0.043 平方千米，第二次征地 0.023 平方千米。之后，区域面积逐年扩大，现今辖区占地面积 0.267 平方千米。

1992—2001 年，服装城区域内建有 7 个区位小区，均为砖混结构的二层简易门面房，大部分门面房出租给外地人员开店经商。

一、市场主体

2015 年底，服装城辖区内有店家 1217 家，企业公司 310 家。其中服装城内有店家 606 家，分别为：各类商店 78 家、私营小加工厂 48 家、五金维修店 25 家、各种手工经营户 314 家、宾馆旅店 26 家、食品生产厂 13 家、面馆饭店 17 家、小吃店 44 家、棋牌网吧 19 家、广告制作店 11 家、仓库 11 家。暂住人口为 6576 人。

超市 3 家：华润万家、什物谷、好百客。

酒店 2 家：开源大酒店、鲤鱼门大酒店。

宾馆旅店 1 家：格林豪泰酒店。

娱乐场所 1 家：东方国际娱乐会所。

医院诊所 2 家：苏州康立医院、吴中锡金医院。

银行 2 家：中国农业银行、苏州银行吴中支行。

公益设施 1 家：吴中汽车客运站。

菜场 1 家：商贸城农贸市场。

其他：小型超市 35 家、鞋帽服装店 65 家、饮食小吃点 75 家、摄印照相 6 家、小型宾馆（含旅社、招待所）26 家、诊所药房 18 家、模具加工 52 家。

涉及行业：玻璃、眼镜、渔具、宠物、棋牌、模具、日用品、汽车配件、机械加工、机电维修、办公用品、汽车装潢、广告设计、布艺商行、家电维修、足浴沐浴、美容美发、水果店行、贸易商行、服饰干洗、中介服务、信息咨询、厨房设备、门窗灯具、塑胶制品、烟酒杂货、书报杂志、保健养生、保洁服务、劳保用品、水电安装、油漆涂料、废品回收等。

二、住宅小区

2015年属服装城区域内的住宅小区有10个,分别为:桂苑小区、桂苑二区、港澳桂苑、仁泰花园、东兴花园、南城丽景、广枫苑、阳光水榭、华锦苑、城南印象住宅小区。

第八节　环境保护

一、污染和防治

新江社区位于苏州南大门。旧时,境内天空蔚蓝,空气清新;河浜清澈见底,河水入口微甜。虽生活清苦,但一派天蓝水清的田园风光。

20世纪70年代后,因境域紧靠苏州市,常受市内工厂、企业污水、污气的侵袭,特别是苏纶纺织厂、苏州漂染厂等工厂的污水排放,使境内河水发黑发臭,死鱼死虾常漂浮于水面。另有苏州化工厂(俗称骨粉厂)等工厂排放的废气废尘,使境域的天空整天漂浮着灰白色的粉尘和恶臭的气味,老百姓掩鼻度日。90年代后期,污染源工厂企业逐步关闭搬迁,使境内污水、污气大有改观。

1977年起,境内逐步发展村办工业,先后办起了眼镜片厂、镀锌铁丝厂和日用液糖淀粉厂,这3个厂流出的废水未经处理,直接排放到村庄河道中,加上农田大量使用化肥和农药,一经下雨,也全都泄入河道,致使境内河道变成臭水沟,以地面水污染最为严重。

1989年后,工厂污水经蓄储、沉淀、脱色等方法处理后,才可排放入河道。1993年后,必须经过生化一级处理后,方可排放。至此,污染有所改善。经吴县环保局测试,水质达到国家规定的排放标准。之后,环境保护工作均由吴中经济技术开发区统一管理。

二、绿化

境域为江南水网地区,传统习惯临河建村,住宅前后种植各种乔木,空闲地块种植花果蔬菜。

1963年,政府号召全民植树造林,一时,家前屋后弃菜种树。"农业学大寨"时,以粮为纲,砍伐树木,垦荒造田。党的十一届三中全会后,政府提倡农田林网化,在机耕道旁、灌溉两用沟边、河道两岸种植行道树,一时,境内农田林网绿化面积达0.04平方千米,成活率为68%。

1991年后,随着城市化建设,吴中商城,吴中商贸城(苏州服装城)的启动,境内绿化均由开发区规划、种植和管理。

2015年,境内建有一座占地面积3万平方米的澹台湖休闲公园一座,80%以上为绿化面积。境内总绿化面积为95280余平方米,其中道路绿化面积70281平方米,企事业单位绿化面积25000余平方米。

三、排污管网

1992年前,境内4个自然村无雨污管道,地面雨污废水均自然渗入地下。1992年春,由时新江村集体出资在4个自然村始开挖简易下水道,但雨污废水全部排入村中河道。因技术、质量低劣,渗漏严重,排水效果不佳。

2008年8月7日,对境内3个自然村(郑庄村已拆除)的雨污管网进行彻底改造,总长为6700余米。接通城南污水处理厂的管网,自此,境内河道水质逐渐变好、变清。

第五章 农村生产关系变革和经济体制改革

实行土地改革前,境内土地多归地主、富户私人所有,贫雇农仅靠租田耕种或做长工、雇工养家糊口,生活极为艰难。中华人民共和国成立后,人民政府进行土地改革,没收地主、富农的土地,分给贫雇农。自此,农民有了自己的土地,生活有了保障,生产积极性大大提高。1953年始,政府根据农村仍有部分农民因缺少劳动力、资金和生产资料,在生产、生活上存在一定困难的现状,组织农民展开生产互助,掀起了农业合作化高潮。期间,农民通过合作生产,收益逐年提高。1958年人民公社化后,农村土地、生产资料为人民公社、生产大队、生产队三级所有。通过逐步发展农业机械化,农业生产、社员收入逐年提高。1983年,农村开始推行家庭联产承包责任制,集体土地发包给农民家庭耕种,呈现单家独户分散生产的状态。20世纪90年代因地制宜推行适度规模经营。

　　2000年6月后,境内土地逐步被征用。

　　2010年成立股份合作社。

第五章　农村生产关系变革和经济体制改革

第一节　封建土地所有制

中华人民共和国成立前，土地归私人所有，可以买卖，可以放租。占人口少数的地主和比较富裕的中农（新江域内无富农）占地比较多，而无地、少地的贫雇农则依靠租田耕种和出卖劳动力维持生计。

地主剥削农民，主要靠出租土地，收取地租。地租形式主要有定租制、活租制两类。定租制即长年租，由地主按田块远近、土质好坏确定租额。租额一般为每亩麦三斗、每亩稻（米）六斗，最高为麦五斗、米一石。麦上场交麦，稻上场交米。不管年成好坏和佃户经济状况如何，地租照收不欠。活租制即不定租额，按每熟实际产量，双方商定地租标准收取，一般为倒三七分（佃三主七）。地主除收取正额地租外，还用逾期（交租限期）加成、虚田实租（以七八分田算一亩）、大斗小秤收取租米，或每百斤少两至三千克的秤放债等方法剥削农民。不管何种田租形式，均是以维护地主阶级利益出发的，其剥削花样繁多而残酷。1949年土改前，境内90%为佃户。

地主还通过雇工进行剥削。雇工有长工、忙工、小伙计等多种形式。长工全年吃住在地主、富裕人家，正月半上工，腊月廿四结束。其年工资一般为米六至八石或银圆五至七块。忙工，指年底或春二三月家中缺粮断炊，到地主、富裕人家去做"忙月"。一般以四至六斗米一次性结付月工资。根据农事需要，做"忙月"的农民必须随叫随到。农忙时，必须先为地主、富裕人家做满一个月农活。小伙计（牧童工），指为地主、富裕人家放牛和割草的杂差。他们吃住在地主、富裕人家，年工资一般为米一石半至两石。贫苦农民交不起地租，就到地主、富裕人家做雇工，以工抵租。

第二节　土地改革

中华人民共和国成立后，境内开展了清匪反霸和减租退押运动，在斗争中建了农村基层政权、农民协会和民兵组织，提高了广大贫雇农的觉悟，为开展土地改革运动准备了条件。1950年6月，中央人民政府颁布了《中华人民共和国土地改革法》。9月，吴县土地改革委员会和中共枫桥区委派出的土改工作队来到境内尹西小乡，协助乡人民政府和村农民协会开展土地改革运动，每乡两至三人，每村一人。整个土改过程分思想发动，划分阶级，没收、征收、分配土地，总结检查四个阶段。在运动中，坚决执行依靠贫雇农、团结中农、孤立富农、打击地主的阶级路线。境内多次召开反封建斗争的大小会议，参加诉苦、斗争会的群众有数百人次。1951年1月（即农历年底前），土地分配结束。1951年8月，进行政策复查，纠正土改中发生的错划、漏划等失误，颁发土地证，历时一年，土地改革全面完成。封建土地所有制彻底废除。

第三节　农业合作社

农业生产互助组　土地改革后，原来无地、少地的贫雇农分得了土地，生产热情高涨。但是，由于家底薄，一家一户分散生产，耕牛、农具、资金及抗灾人力、物力不足，出现了个别贫困户出卖分得土地的现象。为解决这一问题，各自然村在伴工收种、搭班车水的基础上，形成了以亲邻好友为主的伴工组、换工组。1951年，吴县县委、县政府根据"自愿互利、自由结合、等价交换、民主管理"的原则，因势利导，引导农民走互助合作道路。

互助组实行组内劳力、耕牛和农具互助互济，折算报酬。1952年夏，贯彻中央《互助合作的决议（草案）》，掀起了互助合作和爱国增产高潮。1953年为贯彻"积极领导、稳步前进、宁缓勿急"的方针，对常年性互助组进行了整顿。

初级农业生产合作社（简称初级社）　1954年春，境内成立第一三合村初级社（朱家浪自然村）、第二新合村初级社（罗盛里自然村）、第三塘湾里初级社（陈庄上、塘湾里自然村）、第四新建村初级社（张角里自然村，现迎春花园）。初级社实行土地入股，耕牛、大型农具折股入社，生产统一经营，劳动评工记分，收益按劳动力占55%、土地占40%、公积金提留占5%的原则统一分配。是年，稻、麦单产达352千克，较互助组高30—40千克，比单干户高45—50千克。由于产量大幅提高，农民收益增加，使互助组合单干户对初级社发生了很大兴趣。

高级农业生产合作社（简称高级社）　1956年1月，境内4个初级合作社合并组建金星二十一高级社，时间不长，后即改称东风十二高级社。高级社取消土地分红，实行按劳分配，大型农具折价归社，土地私有制改革为集体所有制。同时，耕地实行三定一奖（定工、定本、定产、超产奖励、减产赔偿）；男女劳动力分等定级，评工记分；现金按社员全年工分和投肥数分配，集体提留一定的公积金和公益金，用于扩大再生产和集体福利。并以自然村为单位，划建成生产队。由社员代表大会选举产生管理委员会和监理委员会，统一经营管理、监理集体资产。

1957年，根据中共中央《整顿农业生产合作社》的指示精神，经过多次整顿，改善经营管理，贯彻"勤俭办社、民主办社"的方针，掀起了生产高潮，高级社得到巩固。

第四节　人民公社

1958年8月，中共中央颁布了《关于在农村建立人民公社问题的决议》，毛主席发出"还是办人民公社好"的指示。同年10月，郭巷人民公社成立，撤销乡镇建制，实行政社合一体制。地主、富农通过本人申请、上级批准，吸收为候补社员。公社建立管理委员会，高级社改称为生产大队，"新建大队"自此成立，生产小队不变。实行组织军事化、生产战斗化、生活集体化,以公社为经济核算单位,实行粮食供给制,宣布吃饭不要钱,社员自留地收归集体,以自然村为单位开办大食堂。当时,走到哪里都有饭吃,造成用粮难以控制,严重超计划,刮起了"共产风"。当时,对生产队土地、劳动力、集体财产以及社员私有财产进行"一平二调",严重挫伤了社员的生产积极性,造成粮食减产,社员生活水平下降。1959年,开展整风整社,进行算账退赔,生产秩序逐步恢复正常。1961年,确定了以生产大队为基础的经济管理体制,开始纠正无偿调用生产资料的"共产风"和干部浮夸风、瞎指挥、强迫命令、特殊化等,并于当年取消了供给制,解散了食堂,粮食分到户,收到群众的热烈拥护。1962年,按照中共中央《关于改变农村人民公社基本核算单位问题的指示》,正式确立了"三级所有,队为基础"的核算原则,以生产队为基本核算单位,大队将收益分配权、耕畜农具所有权和经济核算权下放给生产队。同时,贯彻按劳分配原则,回复自留地、饲料地,鼓励社员发展家庭副业,增加了农民收入,稳定社员情绪,农业生产开始恢复。

1965年12月,新建大队由郭巷人民公社划归蠡墅人民公社,改称长桥人民公社。境内开展了清政治、清经济、清组织、清思想的"四清"运动。期间,以"阶级斗争为纲",将一些搞活农村经济、有利于发展农业生产和改善农民生活的私有养殖业、种植业作为"资本主义倾向"加以批判。1966年,"文化大革命"开始,把自留地、自由市场作为"资本主义尾巴"大加批判。1975年冬,传达全国第一次"农业学大寨"会议精神,掀起了以开河筑渠、平整土地为重点的农田基本建设高潮。1976年冬,第二次"农业学大寨"会议后,改变了原来以工种、时间、劳动力强弱定额记工的方法,开始推行以政治思想为标准的大寨式记工方法,每晚集中社员"自报互评",并逐渐形成劳动力不分强弱、工种不分轻重、干活不讲质量、只要出勤就"按日头记工"的现象,大大挫伤了社员的生产积极性,造成拖沓、浪工。1977年起,双季稻种植面积逐步减少,改变了原来"高产量、高成本、低分配"的状况,农、副、工三业日渐兴旺。

1983年,经过体制改革,人民公社体制结束,恢复了乡人民政府建制,改生产大队为村民委员会、生产队为村民小组。1986年,长桥乡改称长桥镇,行政村、村民小组名称不变。

第五节 家庭联产承包责任制

1978年,党的十一届三中全会后,根据中央《关于加快农业发展若干问题的决定》,农村进行经济体制改革。1981年推行农、工、副三业分开,实行"联产到组"责任制。1982年,推行"联产到劳责任制",实行定产、定工、定本和超产奖励、减产扣工、节本归己、超本自负的奖励机制。

1982年秋,境内实行"家庭联产承包责任制",土地所有权与使用权相对分离,土地归集体所有,由农户承包经营。承包户与村签订"农业生产责任制"合同,核定粮油合同定购任务,并按承包土地面积向村缴纳水电费、脱粒费、机耕费和"两金一费"(公积金、公益金、管理费）后，其余全部归农户所有。

土地承包实行"四田制"，即口粮田、责任田、饲料田、自留田。其中：口粮田和饲料田由村统一标准分配，口粮田人均0.55亩，饲料田按上级派购的猪只任务数，每头0.1亩；但责任田和自留田因各生产小组农田面积不同而不同。责任田按劳动力分配，分别为：一组0.735亩，二组0.497亩，三组0.735亩，四组1.21亩，五组1.33亩，六组0.92亩，七组0.73亩，八组0.7亩，九组0.61亩。

自留田按在册户籍人口平均分配，分别为：一组0.045亩，二组0.08亩，三组0.076亩，四组0.0685亩，五组0.1亩，六组0.09亩，七组0.072亩，八组0.072亩，九组0.05亩。

全村总承包面积为1280.11亩，其中口粮田585.81亩，责任田544.6亩，猪饲料田62亩，自留田87.7亩。

表5-1　1983年新江村联产到户耕地面积一览表

一组

编号	户主姓名	人数	口粮田（亩）	劳动力人数	责任田（亩）	自留田 人数	自留田 亩	合计
1	钱金弟	5	2.75	4	2.94	6	0.27	5.96
2	顾才福	6	3.30	2	1.47	6	0.27	5.04
3	顾永军	4	2.20	2	1.47	5	0.23	3.90
4	顾才兴	6	3.30	5	3.67	7	0.32	7.29
5	顾木军	5	2.75	2	1.47	5	0.23	4.45
6	金锦男	4	2.20	3	2.20	4	0.18	4.58
7	金云男	7	3.85	6	4.41	8	0.36	8.62
8	钱龙根	4	2.20	2	1.47	5	0.23	3.90
9	钱玉狗	3	1.65	2	1.47	4	0.18	3.30
10	钱长根	2	1.10	/	0.55	3	0.14	1.79
11	钱好根	5	2.75	2	1.47	6	0.27	4.49
12	金根法	3	1.65	1.5	1.10	3	0.14	2.89
13	金根男	3	1.65	3	2.20	3	0.14	3.99
14	金福昌	3	1.65	2	1.47	4	0.18	3.30
15	金根木	5	2.75	3	2.20	5	0.23	5.18
16	钱祥兴	4	2.20	4	2.94	4	0.18	5.32
17	钱根兴	3	1.65	3	2.20	4	0.18	4.03
18	金雪昌	5	2.75	1	0.73	6	0.27	3.75
19	钱祥福	1	0.55	1	0.73	1	0.05	1.33
20	金永昌	3	1.65	2	1.47	4	0.18	3.30
21	金泉男	4	2.20	2	1.47	4	0.18	3.85
22	钱祥男	3	1.65	2	1.47	4	0.18	3.30
合计		88	48.4	54.5	40.57	101	4.55	93.52

二组

编号	户主姓名	人数	口粮田（亩）	劳动力人数	责任田（亩）	自留田		合计
						人数	亩	
1	钱根林	6	3.30	4	1.99	6	0.48	5.77
2	钱炳男	5	2.75	3	1.50	5	0.40	4.65
3	钱金水	5	2.75	4	1.99	5	0.40	5.14
4	钱根男	3	1.65	2	1.00	4	0.32	2.97
5	钱后根	4	2.20	2	1.00	5	0.40	3.60
6	钱金昌	5	2.75	4	1.99	6	0.48	5.22
7	钱纪根	5	2.75	3	1.50	5	0.40	4.65
8	钱会根	3.5	1.95	2	1.00	3.5	0.28	3.21
9	钱土金	1	0.55	/	/	3	0.24	0.79
10	钱菊男	5	2.75	3	1.50	6	0.48	4.73
11	钱进发	5	2.75	3	1.50	5	0.40	4.65
12	钱龙金	5.5	3.03	2	1.00	6.5	0.52	4.55
13	钱泉元	8	4.40	5	2.49	8	0.64	7.53
14	钱福明	6	3.30	4	1.99	6	0.48	5.77
15	石关根	6	3.30	4	1.99	7	0.56	5.85
16	钱火根	6	3.30	4	1.99	6	0.48	5.77
17	钱水男	4	2.20	2	1.00	5	0.40	3.60
18	钱水火	4	2.20	2	1.00	5	0.40	3.60
19	钱毛男	5	2.75	3	1.50	5	0.40	4.40
20	钱毛大	4	2.20	2	1.00	5	0.40	3.60
21	徐云弟	5	2.75	2	1.00	5	0.40	4.15
22	钱文元	3	1.65	2	1.00	4	0.32	2.97
23	钱龙男	3	1.65	2	1.00	4	0.32	2.97
24	钱金根	3	1.65	2	1.00	4	0.32	2.97
25	钱菊明	3	1.65	2	1.00	4	0.32	2.97
26	石文香	2	1.10	1	0.49	3	0.24	1.83
合计		111	63.28	69	34.42	131	10.48	108.18

三组

编号	户主姓名	人数	口粮田（亩）	劳动力人数	责任田（亩）	自留田 人数	亩	合计
1	赵福根	5	2.75	5	3.65	5	0.38	6.78
2	徐建平	3	1.65	2	1.47	4	0.30	3.42
3	徐建林	3	1.65	2	1.47	4	0.30	3.42
4	汤新根	5	2.75	3	2.20	6	0.46	5.41
5	莫祥根	3	1.65	1	0.74	3	0.23	2.62
6	陆水根	6	3.30	4.5	3.30	6	0.46	7.06
7	汤泉男	4.5	2.48	4	2.57	4.5	0.34	5.39
8	汤坤元	5	2.75	2	1.47	6	0.46	4.68
9	汤金元	3	1.65	2	1.47	4	0.30	3.42
10	赵金才	3.5	1.93	2	1.47	4.5	0.34	3.74
11	汤云根	4	2.20	2	1.47	5	0.38	4.05
12	汤泉根	7	3.85	6	4.40	7	0.53	8.78
13	汤菊男	3.5	1.93	2	1.47	4.5	0.34	3.74
14	孙火泉	7	3.85	6	4.40	7	0.53	8.78
15	陆雪根	2	1.10	1	0.74	2	0.15	1.99
16	孙祥龙	4.5	2.48	4	2.57	4.5	0.34	5.39
17	孙才法	2	1.10	/	/	2	0.15	1.25
18	徐建生	4.5	2.48	4	2.94	4.5	0.34	5.76
19	孙林福	4	2.20	2	1.47	5	0.38	4.05
20	孙根福	4	2.20	2	1.47	5	0.38	4.05
21	徐进根	2	1.10	1	0.64	2	0.15	1.89
22	徐进昌	4	2.20	2	1.47	5	0.38	4.05
23	赵根才	4.5	2.48	4	2.94	4.5	0.34	5.76
24	徐建华	5	2.75	2	1.47	6	0.46	4.68
25	汤新元	3	1.65	2	1.47	4	0.30	3.42
26	莫祥弟	3	1.65	2	1.47	4	0.30	3.42
合计		111	57.78	71.5	50.20	126	9.04	117.02

四组

编号	户主姓名	人数	口粮田（亩）	劳动力人数	责任田（亩）	自留田 人数	亩	合计
1	汤火泉	1	0.55	1	1.21	1	0.07	1.83
2	汤火男	4	2.20	2	2.43	4	0.27	4.90
3	孙雪方	4	2.20	4	4.84	4	0.27	7.31
4	顾春元	5	2.75	4	4.84	5	0.34	7.93
5	汤才元	2	1.10	1	1.21	2	0.14	2.45
6	顾水法	3	1.65	2	2.42	3	0.20	4.27
7	汤大男	3	1.65	2	2.42	4	0.27	4.34
8	汤金水	4	2.20	2	2.42	5	0.34	4.96
9	汤老虎	5	2.75	1	1.21	6	0.41	4.37
10	汤龙弟	6	3.30	5	6.05	6	0.41	9.76
11	顾文昌	8	4.40	4	4.84	8	0.54	9.78
12	顾水元	5	2.75	3	3.63	5	0.34	6.72
13	顾木根	5	2.75	2	2.42	5	0.34	5.51
14	汤根元	5	2.75	3	3.63	6	0.41	6.79
15	孙长林	3	1.65	1	1.21	3	0.20	3.06
16	顾金男	3	1.65	2.5	3.02	3	0.20	4.87
17	顾元才	5	2.75	4	4.84	5	0.34	7.93
18	汤水金	1	0.55	/	/	1	0.07	0.62
19	汤龙金	5	2.75	2	2.42	5	0.34	5.51
20	汤水男	4	2.20	2	2.42	4	0.27	4.89
21	汤老土	3	1.65	2	2.42	3	0.20	4.27
22	王木金	5	2.75	2	2.42	6	0.41	5.58
23	徐福金	6	3.30	2.5	3.02	6	0.41	6.73
24	顾工先	3	1.65	2	2.42	4	0.27	4.34
25	汤永明	3	1.65	2	2.42	4	0.27	4.34
26	孙林弟	3	1.65	2	2.42	4	0.27	4.34
27	孙雪昌	3	1.65	1.5	1.81	4	0.27	3.73
28	汤火金	1	0.55	/	/	1	0.07	0.62
29	顾文明	3	1.65	2	2.42	3	0.20	4.27
30	汤金昌	5	2.75	2	2.42	5	0.34	5.51
合计		116	63.80	69	79.25	124	8.50	151.55

五组

编号	户主姓名	人数	口粮田（亩）	劳动力人数	责任田（亩）	自留田 人数	自留田 亩	合计
1	方会昌	5.25	2.89	4	5.31	2.25	0.53	8.72
2	芳根男	3.25	1.79	2	2.65	4.25	0.43	4.86
3	汝会元	5	2.75	3	3.98	6	0.60	7.33
4	潘金泉	4	2.20	2	2.65	4	0.40	5.25
5	潘龙夫	2	1.10	/	/	2	0.20	1.30
6	顾多根	4	2.20	2	2.65	5	0.50	5.35
7	汝建元	2	1.10	0.5	0.66	2	0.20	1.96
8	汝福男	4	2.20	2	2.65	4	0.40	5.25
9	汝祥弟	3	1.65	1.5	2.00	4	0.40	4.05
10	汝三根	6	3.30	5	6.64	6	0.60	10.54
11	王木男	4	2.20	4	5.31	4	0.40	7.91
12	徐文林	4	2.20	2	2.65	5	0.50	5.35
13	莫长泉	3	1.65	1	1.33	3	0.30	3.28
14	汝木根	3	1.65	/	/	3	0.30	1.95
15	汝连元	3	1.65	2	2.65	4	0.40	4.70
16	莫连根元	4	2.20	2	2.65	4	0.40	5.25
17	汝天和	3	1.65	2	2.65	4	0.40	4.70
18	莫长才	6	3.30	3	3.98	7	0.70	7.98
19	陈云根	5	2.75	3	3.98	6	0.60	7.33
20	方泉男	4.25	2.34	2	2.65	4.25	0.43	5.41
21	陈五福	4	2.20	3	3.98	4	0.40	6.58
22	计连官	3	1.65	3	3.98	3	0.30	5.93
23	计水男	4	2.20	2	2.65	5	0.50	5.35
24	计水元	4	2.20	2	2.65	4	0.40	5.25
25	莫五保	5	2.75	2	2.65	6	0.60	6.00
26	计仁金	4	2.20	2	2.65	5	0.50	5.35
27	潘银泉	3	1.65	2	2.65	4	0.40	4.70
28	汝才发	4	2.20	4	5.31	4	0.40	7.91
29	汝福林	5	2.75	2	2.65	6	0.60	6.00
30	潘水木根	3	1.65	3	3.98	4	0.40	6.03
31	方兴男	3.25	1.79	2	2.65	0.43	0.43	4.86
32	潘雪根	3	1.65	2	2.65	4	0.40	4.70
33	潘银弟	3	1.65	2	2.65	4	0.40	4.70
合计		126	69.30	74	98.14	144	14.40	181.84

六组

编号	户主姓名	人数	口粮田（亩）	劳动力人数	责任田（亩）	自留田 人数	自留田 亩	合计
1	莫根泉	4	2.20	3	2.77	4	0.36	5.33
2	潘允昌	4	2.20	2	1.84	5	0.45	4.49
3	马连根	5	2.75	2	1.84	6	0.54	5.13
4	许福泉	2	1.10	/	/	2	0.18	1.28
5	马四根	4	2.20	3	2.77	4	0.36	5.33
6	许三男	5	2.75	2	1.84	6	0.54	5.13
7	马宝根	7	3.85	5.5	5.07	7	0.63	9.55
8	许金土	5	2.75	4	3.68	5	0.45	6.88
9	许泉宝	2	1.10	/	/	2	0.18	1.28
10	许林根	3	1.65	2	1.84	4	0.36	3.85
11	许官根	4	2.20	3	2.77	4	0.36	5.33
12	许火根	5	2.75	4	3.68	5	0.45	6.88
13	马火林	3	1.65	2	1.84	4	0.36	3.85
14	潘文昌	4	2.20	2	1.84	5	0.45	4.49
15	马来元	3	1.65	3	2.77	3	0.27	4.69
16	马多男	3.5	1.93	2	1.84	4.5	0.41	4.17
17	马根元	4.5	2.48	3	2.77	4.5	0.41	5.65
18	莫纪林	4	2.20	3	2.77	4	0.36	5.33
19	马火水根	7	3.85	5	4.61	8	0.72	9.18
20	马小毛	4	2.20	4	3.68	4	0.36	6.24
21	许杏男	6	3.30	2	1.84	7	0.63	5.77
22	马龙水	7	3.85	3	2.77	7	0.63	7.25
23	潘三根	4.6	2.53	2	1.84	4.6	0.41	4.78
24	潘桂根	5.7	3.13	4.5	4.14	5.7	0.51	7.78
25	潘水根	4.7	2.59	4	3.68	4.7	0.42	6.69
26	潘纪根	6	3.30	5	4.61	7	0.63	8.54
27	潘根土	5	2.75	3	2.77	6	0.54	6.06
28	许会男	3	1.65	1.5	1.38	4	0.36	3.39
29	潘伏根	4	2.20	4	3.68	4	0.36	6.24
30	许龙弟	3	1.65	2	1.84	4	0.36	3.85
31	潘根弟	3	1.65	1.5	0.46	4	0.36	2.47
合计		135	74.25	86	79.23	149	13.41	166.89

七组

编号	户主姓名	人数	口粮田（亩）	劳动力人数	责任田（亩）	自留田 人数	亩	合计
1	徐福根	6	3.30	3	2.17	6	0.43	5.90
2	赵龙根	7	3.85	5	3.49	7	0.50	7.84
3	赵龙元	6	3.30	2	1.45	6	0.43	5.18
4	徐炳元	7	3.85	4	2.89	7	0.50	7.24
5	王根生	4	2.20	4	2.89	4	0.29	5.38
6	徐根元	4	2.20	2	1.45	4	0.29	3.94
7	徐连元	4	2.20	2	1.38	4	0.29	3.87
8	赵林根	6	3.30	5	3.76	6	0.43	7.49
9	徐福根	5	2.75	2.5	1.80	5	0.36	4.91
10	徐炳男	3.5	1.93	2	1.45	3.5	0.25	3.63
11	赵火金	6	3.30	4	2.89	6	0.43	6.62
12	徐海和	3	1.65	2	1.45	3	0.22	3.32
13	王永昌	4	2.20	2	1.45	4	0.29	3.94
14	王祥龙	5	2.75	2	1.47	5	0.36	4.58
15	赵火林	4	2.20	4	2.75	4	0.29	5.24
16	赵泉昌	3	1.65	2	1.61	3	0.22	3.48
17	徐景修	5.5	3.03	3	2.37	5.5	0.40	5.80
18	赵盘金	4	2.20	4	3.11	4	0.29	5.60
19	王泉生	3	1.65	2	1.45	4	0.29	3.39
20	赵金弟	6	3.30	2	1.45	6	0.43	5.18
21	赵长福	3	1.65	1	0.83	3	0.22	2.70
22	赵金水	3	1.65	2	1.45	3	0.22	3.32
23	赵金庭	3	1.65	2	1.52	3	0.22	3.39
24	赵立民	3.5	1.93	3	2.17	3.5	0.25	4.35
25	赵新根	4	2.20	2	1.45	4	0.29	3.94
26	赵金祥	3	1.65	2	1.45	3	0.22	3.32
27	赵立平	3.5	1.93	2	1.45	3.5	0.25	3.63
28	徐泉元	4	2.20	2	1.50	4	0.29	3.99
29	王都男	4	2.20	3.5	2.53	4	0.29	5.02
30	赵毛男	3	1.65	3	2.29	4	0.29	4.23
31	赵立文	2	/	/	/	2	0.14	0.14
32	王菊生	1	/	/	/	1	0.07	0.07
	合计	133	71.52	81	59.37	135	9.74	140.63

八组

编号	户主姓名	人数	口粮田（亩）	劳动力人数	责任田（亩）	自留田 人数	自留田 亩	合计
1	徐金水林	6	3.30	4	2.79	6	0.43	6.52
2	徐秋明	6	3.30	5	3.49	7	0.50	7.29
3	徐珍	1	0.55	1	0.70	1	0.70	1.95
4	徐云根	5	2.75	4	2.77	5	0.36	5.88
5	徐云元	4	2.20	1	0.70	5	0.36	3.26
6	徐木泉根	5	3.30	5	3.49	5	0.36	7.15
7	徐玉山	3	1.65	2	1.39	3	0.21	3.25
8	吴金根	5	2.75	3.5	2.44	5	0.36	5.55
9	徐根元	5	2.75	4	2.79	5	0.36	5.90
10	徐三男	4	2.20	4	2.79	4	0.29	5.28
11	徐勇敏	3	1.65	2	1.39	4	0.29	3.33
12	徐工先	3	1.65	2	1.39	3	0.21	3.25
13	徐灵敏	3	1.65	2	1.39	4	0.29	3.33
14	赵龙弟	3	1.65	2	1.39	4	0.29	3.33
15	徐菊男	3.5	1.93	2	1.39	4.5	0.32	3.64
16	徐根宝	4	2.20	1	0.70	4	0.29	3.19
17	徐天根	4	2.20	2	1.39	4	0.29	3.88
18	徐毛弟	5	2.75	1	0.70	6	0.43	3.88
19	徐纪男	3.5	1.93	2	1.39	4.5	0.32	3.64
20	徐连根	6.5	3.58	4	2.79	6.5	0.46	6.83
21	徐连官	3.5	1.93	1	0.70	4.5	0.32	2.95
22	徐根福	3	1.65	2	1.39	3	0.21	3.25
23	徐允石	3.7	2.04	3	2.09	5	0.36	4.49
24	徐永康	3.6	1.98	2	1.39	5	0.36	3.73
25	徐永良	3.7	2.04	2	1.39	5	0.36	3.79
26	徐中男	4	2.20	3.5	2.44	4	0.29	4.93
27	徐永昌	5	2.75	2	1.39	6	0.43	4.57
28	赵龙金	5	2.75	2	1.39	6	0.43	4.57
29	徐兴高	3	1.65	1	0.70	3	0.21	2.56
30	徐雪昌	2	1.10	2	1.39	2	0.14	2.63
合计		119	66.00	74	51.54	134	10.23	127.77

九组

编号	户主姓名	人数	口粮田（亩）	劳动力人数	责任田（亩）	自留田		合计
						人数	亩	
1	汤连元	4	2.20	4	2.45	4	0.20	4.85
2	朱福男	6	3.30	3	1.84	7	0.35	5.49
3	徐纪男	3	1.65	2	1.22	4	0.20	3.07
4	徐纪根	4	2.20	2	1.22	5	0.25	3.67
5	汤毛毛	5	2.75	3	1.84	5	0.30	4.89
6	汤建龙	3	1.65	2	1.22	4	0.20	3.07
7	顾长法	3	1.65	3	1.84	4	0.20	4.24
8	汤恒元	3	1.65	3	1.84	3	0.15	3.64
9	汤龙元	4	2.20	2	1.22	4	0.20	3.62
10	顾水金	4	2.20	3	1.84	4	0.20	4.24
11	徐祥男	5	2.75	2	1.22	6	0.30	4.27
12	徐官根	5	2.75	2	1.22	6	0.30	4.27
13	汤玉林	5	2.75	4	2.45	6	0.30	5.50
14	汤雪元	3	1.65	2	1.22	4	0.20	3.07
15	钱根元	6	3.30	2	1.22	7	0.35	4.87
16	汤文元	5	2.75	4	2.45	5	0.25	5.45
17	顾才根	3	1.65	3	1.84	3	0.15	3.64
18	陆永昌	4	2.20	2	1.22	5	0.25	3.67
19	朱小毛	5	2.75	2	1.22	6	0.30	4.89
20	陆云男	3	1.65	2	1.22	4	0.20	3.07
21	陆会男	4	2.20	2	1.22	5	0.25	3.67
22	顾根林	4	2.20	2	1.22	6	0.30	3.72
23	徐盘根	4	2.20	3	1.84	4	0.20	4.24
24	徐云根	3	1.65	2	1.22	4	0.20	3.07
25	徐炳根	3	1.65	2	1.22	4	0.20	3.07
26	汤林元	5	2.75	5	3.04	5	0.25	6.04
27	顾才明	3	1.65	2	1.22	4	0.20	3.07
28	汤金昌	3	1.65	2	1.22	4	0.20	3.07
29	汤建林	3	1.65	2	1.22	4	0.20	3.07
30	顾云男	3	1.65	2	1.22	4	0.20	3.07
31	顾雪男	3	1.65	2	1.22	4	0.20	3.07
32	徐先工	4	2.20	2	1.22	4	0.20	3.62
合计		125	68.75	81	48.89	149	7.45	125.09

在全面推行家庭联产承包责任制的基础上,境内又因地制宜推行适度规模经营。1994年,出现种粮大户2户,方根男、金云男两人承包粮田154亩。同时,还涌现一批养鱼、养禽、养猪、种菜等方面的专业户。

2000年6月,新江境内土地全部被国家征用,至此,农田承包户彻底取消。

第六节　股份合作

2010年11月,吴中区城南街道新江股份合作社召开第一次社员代表大会。会上,审议通过了《苏州市吴中区城南街道新江社区股份合作社章程》。合作社150万元,每股金额1000元,个人股1265元,现金入股126.5万元,集体2351股,金额23.5万元,共299户。

合作社股份为福利股份,按照家庭成员人数分红。

表5-2　2010—2015年新江股份合作社分红表

发放年度	每股金额（元）	人数（人）	发放金额（元）
2011	250	1278	319500
2012	300	1297	389100
2013	400	1326	530400
2014	500	1344	672000
2015	700	1384	96880

第六章 农副业

新江社区历来是农业高产区，农业以水稻、三麦和油菜为主。

旧时，由于受封建生产关系的束缚，境内生产方式落后，农田设施陈旧，抵御自然灾害的能力十分薄弱，生产水平不高。

中华人民共和国成立后，实行土地改革，兴修水利，改善农业生产条件，改革耕作制度，推广先进技术，农业生产得到了较快发展。

1958年，开展"大跃进"和人民公社化运动，刮起"共产风""浮夸风"，挫伤了农民的生产积极性，农业生产遭受挫折。20世纪60年代初，实行以生产队为基础核算单位，纠正了"大跃进"中一些"左"的错误，农业生产得到恢复和发展。60年代末，引进双季稻，变原来的一年一季水稻为一年两季水稻。

党的十一届三中全会后，农村全面推行家庭联产承包责任制，在稳定粮食生产的前提下，调整农村产业结构，改变单一经营、高产穷困的局面，农村经济格局发生深刻变化，出现了农、副、工三业协调发展，农、林、牧、副、渔全面兴旺的景象。

进入20世纪90年代，农业实施适度规模经营和集约经营，养殖、种植专业户应运而生。1994年起，境内剩余154亩耕地由方根男、金云男两人承包，其他农户无地可种。2000年6月，境内土地全部被征用。

第一节　粮油作物

历史上，境内农村的传统耕作制度是一年稻、麦二熟，夏熟以小麦、油菜为主，秋熟以水稻为主。农民种田靠天吃饭，遇到天灾或病虫害束手无策，而且，仅仅使用单一的有机肥料（即自然肥料），土地贫瘠，粮食产量一直徘徊在水稻亩产200千克，小麦亩产75千克，油菜籽亩产50千克左右。中华人民共和国成立后，人民政府重视农业生产，大力推行科学种田，改良作物栽培技术，推广使用无机肥料（化肥），并且用药剂（农药）防病治虫，使农业生产长期高产、稳产。1965年后，境内全面推行双季稻三熟制，粮、油产量出现较大增幅。水稻亩产最高年是1976年（达616.5千克），三麦亩产最高年是1980年（达368.4千克），油菜籽亩产最高年是1989年（达135千克）。1990年后土地被征用。

一、面积和产量

1. 耕地面积

新江社区地处太湖平原，地势平坦，海拔低，大部分土地为农作物高产地，也有少量圩田。1980年，新江总面积为1622.059亩，其中粮田1261.8亩，占总面积的77.8%；烂田223亩，占总面积的13.7%；湖田57亩，占总面积的3.5%；旱地25亩，占总面积的1.5%；杂地55.5亩，占总面积的3.45%。之后，随着社会主义事业的蓬勃发展和改革开放的进一步推进，村办企业大量兴办，道路建设、民房建设日渐增多，特别是1992年8月17日划归开发区后，土地大幅度减少。至2000年6月，土地全部被征用。

平整土地　中华人民共和国成立前，土地为私人所有，一家一户分散耕种，田块零散，高低不平，宽窄不一，不仅不宜农机耕作，而且水系不清，分布不均。河道浅窄，断头浜、断头河多。这种状况致使耕地遇旱不能大引，遇涝不能大排。而境内千百年来流行的土葬之风，又使田间坟墓众多。为改变这种状况，自20世纪60年代起，境内每年冬季农闲时结合水利建设，因地制宜平整土地，挑平大小坟墓20余个，填埋断头河浜9条，填塞平整洼地10余亩，整平田地百余亩。1976年后，境域内农田建设基本完成。规划合理，格田成方，并修了多条机耕道路，方便了人们出行和农机耕作。

围湖造田与退耕　1971年，在太湖梢围湖造田57亩。1982年，遵照上级指示，全部退耕养鱼。2002年全部被填埋（现阳光水榭小区中段地块）。

2. 作物产量

旧时，境内农作物由于品种多年不变，病虫害得不到控制，耕作农具落后，肥源单一，水利条件差等，产量低而不稳，正常年景水稻亩产仅150—200千克，如遇旱涝、虫及其他灾害，产量更大幅度下降。中华人民共和国成立后，随着生产关系的变革，耕作技术的改进，农田水利的改善，化学药剂及化肥的广泛使用，水稻产量总的趋势是持续上升的。1957年，水稻亩产238千克。1965年，前季稻亩产361千克，后季稻亩产312.5千克，三麦亩产148.5千克，油菜籽亩产77千克。1976年，前季稻亩产616.5千克，后季稻亩产274.7千克，三麦亩产197千克，油菜籽亩产57.4千克。

表6-1 1957—1990年新江社区水稻面积、产量统计表

年份	总面积（亩）	单产（千克）	总产（千克）	前季稻 面积（亩）	前季稻 单产（千克）	前季稻 总产（千克）	后季稻 面积（亩）	后季稻 单产（千克）	后季稻 总产（千克）	杂优稻 面积（亩）	杂优稻 单产（千克）	杂优稻 总产（千克）
1957	1440	238.0	342720.0	/	/	/	/	/	/	/	/	/
1958	1440	300.2	432216.0	/	/	/	/	/	/	/	/	/
1959	1364	310.5	423522.0	/	/	/	/	/	/	/	/	/
1960	1367.5	303.8	415378.0	/	/	/	/	/	/	/	/	/
1961	1330.5	256.9	341805.0	/	/	/	/	/	/	/	/	/
1962	1330.5	315.3	419440.0	/	/	/	/	/	/	/	/	/
1963	1282.8	343.5	440641.5	/	/	/	/	/	/	/	/	/
1964	1257.3	415.6	522471.0	/	/	/	/	/	/	/	/	/
1965	1257.3	435.5	547554.0	123.45	361.2	44590.0	147.5	312.5	46093.5	/	/	/
1966	1257.3	505.6	635690.5	303.2	371.8	112714.5	410.2	278.5	114240.5	/	/	/
1967	1257.3	458.4	576283.0	297.2	333.5	99116.0	376.3	291.0	109503.0	/	/	/
1968	1257.3	375.1	471613.0	277.8	304.7	84631.5	351	270.5	94945.5	/	/	/
1969	1257.3	538.3	676804.5	527.3	315.4	166310.0	/	/	/	/	/	/
1970	1257.3	530.2	666557.5	893.4	296.1	26449.0	/	/	/	/	/	/
1971	1257.3	594.8	747842.0	468.81	303.7	142377.5	1257.3	312.5	397906.0	/	/	/
1972	1257.3	584.7	735143.0	1245	334.4	416265.5	1257.3	253.6	318851.0	/	/	/
1973	1257.3	591.3	743441.0	1237.82	323.7	400620.0	1257.3	272.6	342739.5	/	/	/
1974	1257.3	586.9	737846.5	1243	331.0	408454.0	1257.3	259.7	326457.5	/	/	/

续表

年份	总面积(亩)	单产(千克)	总产(千克)	前季稻 面积(亩)	前季稻 单产(千克)	前季稻 总产(千克)	后季稻 面积(亩)	后季稻 单产(千克)	后季稻 总产(千克)	杂优稻 面积(亩)	杂优稻 单产(千克)	杂优稻 总产(千克)
1975	1257.3	514.5	646880.5	1243	304.1	375197.5	1257.3	214.2	269250.5	/	/	/
1976	1257.3	598.0	751802.5	1187.76	342.2	406451.0	1257.3	274.7	345380.0	/	/	/
1977	1257.3	458.6	576534.5	1081.4	257.2	278082.0	1110.3	230.6	256035.0	147	288.6	42424.0
1978	1257.3	547.1	687805.5	1058	291.0	307825.0	1257.3	302.2	379893.0	473.3	359.7	170246.0
1979	1261.8	545.4	688185.5	1038.5	308.4	320221.0	1261.8	295.6	372988.0	424.5	326.3	138493.0
1980	1261.8	354.4	447181.5	999.5	223.9	223788.0	1261.8	177.1	223401.5	141	253.8	35778.5
1981	1261.8	316.6	399422.5	674.5	272.5	183801.0	1261.8	170.9	215641.5	/	/	/
1982	1261.8	423.8	534750.5	762.4	289.2	220447.5	1261.8	230.5	290781.5	/	/	/
1983	1168.5	508.4	594065.0	905.4	314.0	284295.5	1168.5	265.0	309652.5	/	/	/
1984	1168.5	430.0	502455.0	/	/	/	/	/	/	/	/	/
1985	1168.5	435.0	508297.5	/	/	/	/	/	/	/	/	/
1986	1168.5	437.5	511218.5	/	/	/	/	/	/	/	/	/
1987	1168.5	442.5	517061.0	/	/	/	/	/	/	/	/	/
1988	1168.5	430.0	502455.0	/	/	/	/	/	/	/	/	/
1989	1168.5	437.5	511218.5	/	/	/	/	/	/	/	/	/
1990	1168.5	435.0	508297.5	/	/	/	/	/	/	/	/	/

注：境内从1990年7月开始征用土地，土地面积逐年减少，到2000年6月土地全部被征用。

表 6-2　1957—1982 年新江社区三麦、油菜面积、产量统计表

年份	三麦			小麦			元麦			大麦			油菜		
	总面积（亩）	单产（千克）	总产（千克）	面积（亩）	单产（千克）	总产（千克）	面积（亩）	单产（千克）	总产（千克）	面积（亩）	单产（千克）	总产（千克）	总面积（亩）	单产（千克）	总产（千克）
1957	346	39.0	13494.0	/	/	/	/	/	/	/	/	/	713	47.0	33511.0
1958	345.53	148.5	51311.0	/	/	/	/	/	/	/	/	/	729	24.5	17860.5
1959	464	98.5	45704.0	/	/	/	/	/	/	/	/	/	/	/	/
1960	495	129.3	63978.5	/	/	/	/	/	/	/	/	/	470	25.3	11867.5
1961	612	80.7	49007.5	/	/	/	/	/	/	/	/	/	403	8.8	3526.0
1962	636	97.8	62200.5	/	/	/	/	/	/	/	/	/	295	24.2	7139.0
1963	636	92.5	58830.0	/	/	/	/	/	/	/	/	/	295	29.5	8702.5
1964	565.7	102.3	57842.5	/	/	/	/	/	/	/	/	/	289	58.8	16993.0
1965	565.5	148.5	83976.5	/	/	/	/	/	/	/	/	/	306.5	77.0	23600.5
1966	577	135.0	77895.0	/	/	/	/	/	/	/	/	/	318	62.9	20002.0
1967	587	92.5	54297.5	/	/	/	/	/	/	/	/	/	305	61.7	18803.0
1968	587	126.9	74460.5	/	/	/	/	/	/	/	/	/	305	85.8	26153.5
1969	587	96.9	56850.5	/	/	/	/	/	/	/	/	/	305	62.7	19108.0
1970	587	99.5	58406.5	/	/	/	/	/	/	/	/	/	305	74.9	22844.5
1971	685	181.5	124327.5	255	135.4	34514.0	330	178.5	58905.0	/	/	/	272.1	97.5	26529.5
1972	590	168.7	99533.0	/	/	/	341.8	170.9	58413.5	/	/	/	305	97.7	29798.5
1973	590	109.4	64546.0	206.41	138.1	28503.5	383.59	94.3	36154.0	/	/	/	305	51.6	15722.5

续表

第六章 农副业

年份	总面积（亩）	小麦 单产（千克）	小麦 总产（千克）	三麦 面积（亩）	三麦 小麦 单产（千克）	三麦 小麦 总产（千克）	三麦 面积（亩）	三麦 元麦 单产（千克）	三麦 元麦 总产（千克）	大麦 面积（亩）	大麦 单产（千克）	大麦 总产（千克）	油菜 总面积（亩）	油菜 单产（千克）	油菜 总产（千克）
1974	590	175.7	103663.0	219.3	190.9	41864.0	370.7	166.7	61777.0	/	/	/	305	45.5	13862.0
1975	590	143.4	84606.0	207.5	144.7	30025.0	/	/	/	/	/	/	305	542.0	16531.0
1976	590	197.0	116200.5	164.9	200.9	33128.0	51.4	146.2	7512.0	/	/	/	268	57.4	15383.0
1977	590	63.3	37317.5	113.14	74.7	8448.5	94.79	52.1	4933.5	394.77	60.5	23883.5	305	41.7	12703.0
1978	590	233.0	137470.0	195.4	271.2	52982.5	5.8	180.7	1047.5	336.2	220.0	73947.0	305	83.2	25360.5
1979	590	306.1	180569.5	186	302.8	56320.5	159.8	300.0	47940.5	244.2	312.5	76312.5	305	75.1	22905.5
1980	592	263.2	155784.5	213.4	239.6	51130.5	219.4	209.6	45986.0	159.2	368.4	58649.0	305	46.4	14152.0
1981	592	182.1	107803.0	241.7	170.4	41185.5	175.1	157.2	27525.5	175.2	221.8	38850.5	305	59.3	18086.5
1982	592	243.2	143974.0	211.1	266.7	56289.5	103.9	216.2	22463.0	277	235.5	65219.5	305	119.6	36478.0
1983	592	225.8	133673.5	211.1	217.5	45914.0	103.9	216.0	22442.0	277	235.0	6595.0	305	119.5	36447.5
1984	752	199.9	150324.5	315	202.5	637887.5	150	175.0	26250.0	287	210.0	60270.0	365	105.0	38325.0
1985	762	202.3	154152.5	325	207.5	67437.5	145	170.0	24650.0	292	207.5	60590.0	385	120.0	46200.0
1986	742	200.3	148622.5	315	210.0	66150.0	145	175.0	25375.0	282	202.5	57105.0	405	100.0	40500.0
1987	752	213.4	160476.5	415	225.0	93375.0	125	185.0	23125.0	212	207.5	43990.0	365	105.0	38325.0
1988	752	214.7	161454.0	465	225.0	104625.0	115	180.0	20700.0	172	210.0	36120.0	365	120.0	43800.0
1989	752	2001.2	150475.0	505	202.5	102262.5	105	155.0	16275.0	142	225.0	31950.0	365	135.0	49275.0
1990	752	214.0	160928.0	450	230.0	103500.0	130	165.0	21450.0	172	230.0	39560.0	365	115.0	41975.0

注：境内从1990年7月开始征用土地，土地面积逐年减少，到2000年6月土地全部被征用。

表6-3 新江社区1957—1982年生产队土地面积一览表

单位：亩

年份	总面积	各生产队面积								
		一队	二队	三队	四队	五队	六队	七队	八队	九队
1957	1440	/	/	/	/	/	/	/	/	/
1958	1440	/	/	/	/	/	/	/	/	/
1959	1364	257	252	162	353	340	/	/	/	/
1960	1368	106.79	148.9	253.2	164.57	176.2	174.4	179.05	164.4	/
1961	1330	104.39	143.88	120.05	161.17	171.4	168.11	173.45	158.7	129.35
1962	1330	105.26	144.94	121.53	162.97	170.2	167.21	170.3	157.55	130.97
1963	1283	102.56	140.84	130.64	155.29	161.3	164.34	163.71	137.21	126.91
1964	1257	102.56	140.84	130.64	155.29	161.3	164.34	163.71	137.21	126.91
1965	1257	102.56	140.84	130.64	155.29	161.3	164.34	163.71	137.21	126.91
1966	1257	102.56	140.84	130.64	155.29	161.3	164.34	163.71	137.21	126.91
1967	1257	102.56	140.84	130.64	155.29	161.3	164.34	163.71	137.21	126.91
1968	1257	102.56	140.84	130.64	155.29	161.3	164.34	163.71	137.21	126.91
1969	1257	102.56	140.84	130.64	155.29	161.3	164.34	163.71	137.21	126.91
1970	1257	102.56	140.84	130.64	155.29	161.3	164.34	163.71	137.21	126.91
1971	1257	102.56	140.84	130.64	155.29	161.3	164.34	163.71	137.21	126.91
1972	1257	102.56	140.84	130.64	155.29	161.3	164.34	163.71	137.21	126.91
1973	1257	102.56	140.84	130.64	155.29	161.3	164.34	163.71	137.21	126.91
1974	1257	102.56	140.84	130.64	155.29	161.3	164.34	163.71	137.21	126.91
1975	1257	102.56	140.84	130.64	155.29	161.3	164.34	163.71	137.21	126.91
1976	1257	102.56	140.84	130.64	155.29	161.3	164.34	163.71	137.21	126.91
1977	1257	102.56	140.84	130.64	155.29	161.3	164.34	163.71	137.21	126.91
1978	1257	102.56	140.84	130.64	155.29	161.3	164.34	163.71	137.21	126.91
1979	1262	102.56	140.84	130.64	155.29	161.3	164.34	163.71	137.21	126.91
1980	1262	102.56	140.84	130.64	155.29	161.3	164.34	163.71	137.21	126.91
1981	1262	102.56	140.84	130.64	155.29	161.3	164.34	163.71	137.21	126.91
1982	1262	102.56	140.84	130.64	155.29	161.3	164.34	163.71	137.21	126.91

注：1983年，实行家庭联产承包责任制。1959年由第三生产队拆分为两个生产队，即三队和九队。

表 6-4　新建大队 1966—1980 年产、购、留选年情况表

单位：千克

年份	出售国家				提留				储备
	合计	征购	超购	议购	种子	饲料	口粮		
							合计	人均	
1966	349985.0	250135.0	67500.0	32350.0	28812.0	5125.0	262191.5	299.5	30736.5
1968	336985.0	250615.0	86370.0	/	33285.0	5125.0	240778.0	262.0	/
1969	389481.5	249895.0	69794.0	69792.5	42296.5	5125.0	266840.0	280.0	/
1970	352304.5	250375.0	50713.5	50716.0	44767.5	36637.0	277468.0	284.0	/
1971	416691.5	279480.0	28500.0	72553.5	79965.5	60398.5	297052.3	299.8	21158.0
1972	375568.5	280000.0	95568.5	/	65780.0	93342.5	297937.0	296.8	/
1973	343371.0	282080.0	29500.0	22325.5	70458.0	87550.0	301576.0	298.0	/
1974	375762.5	281820.0	35000.0	28500.0	68339.5	95356.0	302172.0	298.0	30442.5
1975	346000.0	282860.0	9500.0	53640.0	70286.0	74027.5	288505.5	286.5	/
1976	416927.5	282080.0	17000.0	43920.0	67605.5	90087.0	301244.0	296.5	66427.5
1977	226750.0	221807.0	/	4943.0	61308.5	66848.5	292453.0	287.0	/
1978	366971.0	283380.0	5000.0	33120.0	62586.5	98994.5	308247.5	302.5	40376.0
1979	368072.0	288455.0	29980.0	30456.0	64579.0	135947.0	329832.0	324.0	43330.5
1980	181500.0	181500.0	/	/	49680.0	77983.0	327342.5	317.5	/

二、耕作制度

旧时，境内地区的传统耕作制度是一年稻、麦二熟，夏熟以小麦、油菜为主，兼种大麦、元麦、蚕、豆、红花草（囡囡花）等，秋熟以水稻为主。至中华人民共和国成立初期，仍沿袭旧时耕作制度。1962 年，试种双季稻。1963 年，双季稻试种间断。1964 年，长桥公社从引进早籼矮脚南特号为前季稻，"农垦 58"后季稻。由于改良了品种，两季水稻亩产达到 674 千克，亩产有了显著增加。

1965—1971 年，双季稻进入发展阶段。1965 年，境内种植前季稻 123.45 亩，后季稻 147.5 亩；到 1972 年，种植前季稻 1245 亩，后季稻 1257 亩，100% 为双季稻。

1971—1980 年，双季稻种植进入高峰稳定期。

自 1981 年起，针对前阶段过多发展三熟制，超越了实际可能，境内开始调整双三熟制比例。党的十一届三中全会以后，农村实行经济体制改革，产业结构逐步调整，耕作制度也逐步趋向合理。1984 年，双季稻在境内基本绝迹，恢复一年两熟的耕作制度。

三、作物品种

中华人民共和国成立前，境内作物品种繁杂，却没有当家品种。中华人民共和国成立后，尤其是互助合作后，农作部门十分重视优良品种的推广，每个时期都形成了作物中的当家品种。

1. 水稻

前季稻的当家品种有红壳籼、矮脚南稻、矮南一号、二九青、原丰早、团粒矮四号、广六矮四号。

单季稻、后季稻的当家品种有农虎六号、黄壳早日甘、老来青、农垦58、农桂早3-7、昆农选16、白稻、314中粳、412中粳、88122、9117、凤凰稻、太湖粳、秀水04、9522、武粳七号、世界稻、苏粳一号、苏粳二号、麻泾糯、复红糯、紫金糯等，以及后来引进推广的8优161、申优161、86优八号、优福粳和9707等，良种覆盖率达到98.6%。

单季杂交稻的当家品种有汕优三号、汕优四号。

2. 三麦

中华人民共和国成立初期，境内小麦品种主要有华东六号和立夏黄等，以后逐步改种抢水黄、方六柱、吉利、宁麦、扬麦三号、扬麦四号、扬麦五号、浙114、20285、早熟三号、矮三和后来引进推广的9356等品种，良种覆盖率达99.5%。

大元麦主要有紫秆麦、有芒大麦，以后改种大麦21-4、元海麦和春农一号等。

3. 油菜

中华人民共和国成立初期，境内普遍种植土油菜、鸡腊菜。20世纪50年代后期至60年代，开始推广早生朝鲜菜。70年代以后，除继续种植胜利油菜外，还推广泰兴油菜、8518、菜籽黄、鸡蛋黄和汇油等品种。后又引进种植了苏油1号、宁油7号等品种，良种覆盖率为100%。

四、栽培技术

1. 水稻

育秧 境内种植水稻一般在立夏前后浸种。种子经筛选，装入蒲包，捆扎后投入河内浸泡，催芽绽口。传统的旧式秧田做法简单，耕作粗糙。一块大田经过耕翻、倒碎、灌水后，用门板压平做成大秧板，踩脚印成沟，然后落谷，再盖上草木灰或砻糠灰即成。20世纪50年代以后，开始用泥水浸种。秧田做成垄或秧板，落谷后，给秧板施上砻糠灰拌细泥的营养土。以后，改水秧田为半旱秧田，即通气秧田，将秧田放样开沟成垄，浅削整平，灌水捣烂，并用木板将垄面推平，从而减少了浸种时间。半旱秧田成秧率高于水秧田，且省工省力，因而被大面积采用。秧田与大田比例为1∶8—1∶10。种植双季稻期间，曾采药剂浸种，温水催芽，塑料薄膜育秧。同时，曾一度推广两段育秧，又称条寄育秧。这些育种方法对抢季节、保早熟均有良好的作用。

移栽 境内水稻移栽一般在农历夏至前后，农谚称"头时勿抢，三时勿让"。早熟品种在5月底至6月初移栽，中、晚熟品种则在6月下旬移栽结束。20世纪50年代后期，国家颁布了"农业八字宪法"即（水、肥、土、种、密、保、工、管），耕作逐步走向规范化。根据"农业八字宪法"的精神，境内开始推广"合理密植"，即根据水稻不同品种的分蘖率强弱以及移栽时肥料的多寡、土质的好坏决定株行距尺寸。同时，推行竖拉绳莳秧，确保密度。1968年实行竖拉横牵（竖里拉绳，横里由两人在两头牵绳，莳秧者每莳好一行秧，牵绳者即将绳向后移动3寸），高密度莳秧，莳好的秧苗横竖匀齐，每亩4.4万穴左右。此种移栽方法，一直延续到双季稻被淘汰为止。1976年试采用抛秧方法。1990年以后，逐步推行宽行条栽，每亩2.6万穴，每穴3—4支苗，每亩基本苗9—10万支。当时，还试用过植播的移栽方法。

田间管理　20世纪50年代前后，中耕除草一般进行3次。移栽后15天左右开始耥稻（横耥、竖耥）、耘稻。同时拔除田间稗草。大暑左右搁田（搁稻），上水后，拔草1次。立秋左右再拔1次大草。70年代起，开始使用药剂除草。中期，浅水勤灌，结合搁田，干干湿湿，促使水稻根系更发达。扬花期，灌脚面水。后期，再灌一次跑马水，增加稻谷千粒重。收割前5—7天，防水落干，保持水稻活熟到老，后劲不衰，取得丰收。

2. 三麦

中华人民共和国成立初期，境内对麦类生产不够重视，仍沿旧习，均为粗耕播种，小垄宽沟，不施基肥，故亩产较低。只在用肥上有所改进。在冬前浇泼水河泥或人粪等腊肥，开春返春时增施粪肥。20世纪50年代末，开始选留良种，采用大田块选和种子田穗选两种方法，以药剂浸种催芽播种。对麦田，实行全面耕翻、碎土、匀播、浅播。排水以狭沟、深沟等沟系，做到沟沟相通、雨停田干、减少渍害。同时，改进施肥技术，施足基肥，增施面肥，全面浇泼水河泥，施好腊肥和返春肥，使三麦产量逐年提高。70年代，改进耕作技术，薄片深翻，阔垄深沟，对大部分农田采用暗沟。开好三沟（垄沟、腰沟、围沟），治理三水（地面水、浅层水、地下水），三沟配套，逐级加深，使沟沟相通、沟渠相通、泄水畅流、雨停田爽；同时施好基肥、腊肥、返青肥、拔节孕穗肥等4次关键性肥料。播种后，要拍泥盖籽，消灭露籽麦，要全面采用药剂防治病虫害。1983年左右，全面推行"免耕板田麦"方法，即水稻收割后，不经耕翻或旋耕，施好基肥（化肥或农家肥），喷洒除草药剂，直播麦种在板茬，再开沟压泥成垄。

3. 油菜

旧时和中华人民共和国成立初期，菜秧（苗）播种，选择杂边空隙地育苗，不间苗，苗质瘦弱。霜降、立冬后，翻田做垄后，多用石质圆锤打潭，潭内用人粪搅泥浆点施在潭内，随移栽浇活棵水，油菜活棵后再松土1次，冬季追施猪灰肥或人粪肥，抄沟壅土；开春削垄除草，施上春肥；清明前后打（摘）菜心（菜苋）；小满前后收获。由于品种不良，耕作粗糙，产量很低。

自20世纪60年代起，境内开始重视菜秧培育，选择高爽杂边地和大田做菜秧（苗）地，开沟做垄，精整苗床，落子稀匀，并以厩肥作底层肥，磷肥作中层肥，再以粪肥面施。播种后，常浇水，保持土壤湿润，以利全苗。齐苗后，即间苗除草，用药剂防治病虫害，确保秧苗健壮。移栽前6—7天，重施起身肥，移栽时再施药剂1次，防止带病菜秧（苗）入大田。

70年代后，大田改为阔垄狭沟，劈横移栽，合理密植。成活后，施好追肥，查苗补缺，保全苗。冬季施用腊肥，抄沟壅土，防止冻害，以利保肥、增温、发根。清明前，施好临花肥，形成冬壮春发。治好病虫害，促其多分枝、多结荚。常清除沟内淤泥，防止渍害。5月底6月初收获。

80年代初，试种免耕板田油菜，即在水稻收割后不经耕翻，直接劈横条栽在板田上，提高土地利用率。移栽后，在两棵油菜中间穴施基肥，以防损根。同时，还种植套播菜。追肥、管理、耕翻与垄栽油菜相同。

五、病虫害防治

农民种田靠天吃饭，农作物遇有病虫害便束手无策。遇重灾，往往颗粒无收。中华人民共和国成立后，人民政府十分重视科学种田，提倡植物保护，用人力、药物、栽培技术防治病虫害的侵袭。1958年，人民公社化后，公社设立植保站，每个生产队设1名植保员，专门负责植保工作。70年代初,农药得到广泛使用。1972年,公社成立了农业科技推广站(农科站),大队则配备1名农技员,专门负责农业科技推广和植保工作。

1. 水稻病虫害与防治

纹枯病　发生时间：前季稻在6月下旬至7月下旬,单季稻、后季稻秧田在四叶期后,稻田在7月中旬至7月下旬。

发生规律：一般气温上升至23℃以上,相对湿度上升至97%以上时开始发病。

防治方法：水控药防,包括农业防治和药剂防治。

稻瘟病　发生时间：6月下旬至7月中旬、8月下旬至9月下旬。

发生规律：一般当温度在20℃—30℃、相对湿度在92%左右时开始发病。

防治方法：农业防治和药剂防治。农业防治：选用高产抗病品种。药剂防治：一般用多菌灵可湿性粉剂,每隔6—7天喷一次,连喷2至3次即可防治。

条纹叶枯病　发生时间：5月下旬至7月下旬。

发生规律：此病属病毒性病害,发病是由媒介（昆虫、灰飞虱）传毒而引起的。

防治方法：农业防治实行连片种植,选用轻病品种,改进栽培技术,及早拔除病株。药剂防法应注意防治策略、防治时间与防治次数,主要用3%的混灭威、3%的叶蝉散或乐胺磷乳剂进行喷洒或兑水泼浇。

螟虫　主要有二化螟、大螟。1955年前,对螟虫尚无药剂防治方法,主要借助人工捕蛾灭幼,冬季挖稻根灭幼,夏季在田间点灯诱蛾。以后,逐步用药剂防治。

纵卷叶虫　一年发生4—5代,危害最大的是第二代和第三代。发生时间分别在6月下旬至7月中旬和7月下旬至8月中旬。高温、高湿的环境有利于其发生、发育。防治方法主要是使用高效农药。

稻蓟马　一年发生9—11代,5月下旬始见,严重危害时期在6—7月份,是秧田和大田分蘖期的主要虫害。防治方法：采用40%的乐果乳剂或45%的乐胺磷乳油兑水喷洒。

稻飞虱　有褐飞虱、灰飞虱、白背飞虱三种,以褐飞虱为害最甚。危害水稻的全盛期在8—10月,一年发生4—5代。单季稻重点是治三代、压四代;后季稻重点是治四代、压五代。防治方法是：用混灭威粉剂、叶蝉散粉剂或乐胺磷兑水喷洒,扑虱灵是消灭稻飞虱的特效药。

2. 三麦病虫害与防治

赤霉病　俗称"红头瘴",此病发生在4月下旬三麦抽穗后,开花灌浆乳熟期间。抽穗至扬花阶段,遇到气温较高,雨日较多,赤霉病最易发生流行。防治方法：消灭越冬病源,加强栽培管理,选育抗病品种。用50%的多菌灵可湿性粉剂喷洒,重病年1次用药后,隔5—7天再喷洒1次。

白粉病　大面积种植感病品种（扬麦）易造成病害流行,一般3月中旬到5月中旬发生。在适温范围内,温度高则迅速流行。防治方法：选用抗病品种；加强栽培管理,降低氮肥施用量,增施磷钾肥；用50%的多菌灵可湿性粉剂,兑水喷洒。

黏虫　卵块在3月下旬4月中旬孵化,发病高峰在4月中旬至5月上中旬。一年发生4—5代,主要是第一代幼虫危害三麦,来势猛,危害凶。防治方法：用50%的乐胺磷乳油100克或2.5%的敌百虫粉剂,在二龄幼虫阶段喷洒。

麦芽虫　一年发生多代,繁殖快且世代重叠。秋季以大元麦田受害为重,春季以迟播晚熟麦田受害最重。防治方法：每亩用40%的乐果乳剂加水喷洒或用乐胺磷药剂加水喷洒。

3. 油菜病虫害与防治

菌核病 4月中旬5月上旬为发病盛期。低温（15℃—24℃）、高湿（80%以上）的气候均容易发病。油菜生长旺，田间郁闷阴湿有利于发病。防治方法：选用抗病品种，轮作、打老叶。药防时，用50%的多菌灵加水喷洒。

霜霉病 俗称"龙头病"，早油菜发病重，大面积田块常有发生。防治方法：用乐胺磷加水喷洒。

菜蚜虫 生长在菜叶上，叮吸叶片和嫩枝的浆液，影响油菜生长和结荚。防治方法：用乐胺磷加水喷洒。

4. 杂草防治

农田杂草影响作物生长和产量。人工除草用工量大，且费时、费力；采用化学药剂除草，费用低，省工高效，农民乐意使用。

稻田杂草历来以稗草、牛毛草、节节草为主。以后，由于新品种的引进，新的杂草品种也相应增加，对水稻危害逐渐加重。20世纪50年代，稻田全凭人工耘耥除草，稍有疏忽，就会造成草荒。1970年开始使用除草醚化学除草。80年代后，境域内全部采用化学除草醚除草。

麦田杂草种类繁多，其中麦娘草危害最重。中华人民共和国成立初，麦田一般不除草，后采用精耕细作、抄沟盖泥等方法除草。20世纪80年代后，采用绿麦隆、丁草胺、苄黄隆、骠马、盖草能等化学药剂除草。

油菜田杂草以麦娘草为主。20世纪70年代前，主要以开沟压泥、冬春松土等方法除草或人工拔草。80年代后，除采用上述措施外，还用盖草能药剂除草，效果甚佳。

六、肥料

1. 自然肥料（有机肥）

庄稼一枝花，全靠肥当家。农民历来重视积造自然肥料。境内农业用肥，中华人民共和国成立前主要靠猪羊灰、人粪尿。中华人民共和国成立后，尤其在"以粮为纲"的20世纪六七十年代，全党抓粮食、全民提生产，其中很大一部分精力用在积肥造肥上，提倡"多花劳力少花钱"，一年四季发动群众积肥造肥，既节省了成本，又改良了土壤，对搞好卫生也十分有利。

河泥 河泥是农业生产的主要肥源。其用法有三种：一是干河泥（白河泥）。一船三人，两人用泥箩头罱泥，一人撑篙，待船罱满泥后，两人用泥桶从船舱中将水河泥拷入下泥塘，另两人再用泥桶从下泥塘将水河泥拷入上泥塘。若干天后，待泥塘中河泥干裂，再将干裂河泥挑入大田中，后用铁铬将河泥刨成薄片，晒白后敲碎当水稻基肥。二是盖籽泥，以罱来的水泥河，当即用粪桶挑入麦田，泼浇在已下好麦种的麦垄上，既作麦苗基肥，又对麦粒保暖，以利催芽长苗。三是柴搅泥。用水河泥同柴草搅拌混合后沤制而成。

草塘泥 制作方法有两种：一种是每2亩田开挖一只直径2米、深1米的草泥潭，然后均匀放入水河泥、稻草、青草、猪灰、红花草等拌匀，上面再用水河泥封面；另一种是在河办凹地用上述物料和方法堆积，也用水河泥封面。用这两种方法制成的草塘泥均待充分发酵腐烂后挑入大田中做基肥。

草皮泥 每年夏天，将路边、河边、田边、地边的草皮铲下来，堆成堆，用水河泥封面，待发酵。发酵后的草皮泥酥松，是夏熟作物的好肥料。

青草 割来的青草主要用于沤制草塘和堆肥。

水草 将河浜里的水草用2根竹竿卷上岸，或下河把水草捞上岸（称摸草），或用揉刀揉断后撩上岸，用于沤制草塘泥；或将水草堆成堆，待腐烂发酵后直接挑入水稻田中，均匀地铺在水稻行距中。

水生作物 在江河水面养殖水浮莲、水花生等水生作物，既作饲料，又做肥料。

人粪肥 一般都用作追肥。生产队除了定期收集每家每户社员的大粪和上级计划分配的大粪外，还派船派人去苏州市内、集镇收集挑取。

稻田放萍 绿萍繁殖快，肥效好，既能隔绝空气，闷死田间杂草，腐烂后又是水稻生长的好肥料。20世纪70年代初放萍最盛，稻田养萍面积达水稻种植总面积的70%以上。

积厩肥 饲养畜禽获取肥料，是农民一贯的积肥方法。农民以猪粪为主，鸡、鸭、兔、牛粪为辅。

中华人民共和国成立初期，境内地区水稻以河泥和家杂肥为主，并施用少量豆饼肥和菜饼肥。20世纪60年代，使用沤制草塘泥等有机肥料，并少量施用化肥。70年代，有机肥和无机肥配合施用。80年代，氮、磷、钾合理施用。进入90年代后，随着农村劳动力的转移，无机肥用量增加，有机肥用量减少，积造自然肥料基本停止。

2．化学肥料（无机肥）

旧时及中华人民共和国成立初期，没有化肥，自20世纪60年代始才少量使用，逐年增加。双季稻种植期间，除前季稻施有有机肥外，后季稻肥料基本以化肥为主。在化肥品种中，氮肥有碳酸氢铵、氯化铵、硫酸铵、硝酸铵、尿素、氨水；磷肥品种有过磷酸钙；钾肥有硫酸钾、氯化钾。此外，还有氮、磷、钾复合肥等。磷、钾肥一般作为基肥，在耕翻时施入。氮肥既可作水稻的基肥，也可用作追肥。

七、农机具

旧时，大部分农户耕翻田地以铁鎝为主，只有少数有钱农户以牛力耕地。戽水以牛车、人踏水车为主。脱粒用木质稻床甩打。其他农活全由人力手工完成。

中华人民共和国成立初期，耕作工具仍保持原有状态。农村人民公社化后，农机工业在长期实践、不断探索的基础上，逐渐兴起，逐步壮大，各类农业机械应运而生，逐步替代了繁重的体力劳动。

1．耕作机具

传统农具有铁鎝、锄头、牛犁、牛耙、铧匙等。其中铁鎝根据齿形分为满缝、菱叶、尖齿、板齿、凿子齿几种。1956年以后，开始推广使用双轮双铧犁和绳索绞关犁。20世纪70年代起，开始使用以柴油机为动力的小型手扶拖拉机耕田，耕翻田地基本实现了机械化。农村实行家庭联产承包制后，耕牛逐渐淘汰，至1985年，耕牛在新江境内绝迹。1980年，全大队集体有手扶拖拉机5台。1990年，推广机械化开挖麦田沟，至此，农田耕翻、麦田挖沟基本实现机械化。

2．排灌机具

传统的排灌机具主要是水车，分人力水车、牛力水车和风力水车3种，以人力水车、牛力水车居多。20世纪50年代后期，随着机电排灌的发展，人力、牛力水车逐渐被淘汰。60年代以后，境内普遍利用机、电戽水船流动排灌，最多时有机、电戽水船4条。1991

年开始，土地被征用，戽水船只逐渐减少，延续至2000年6月，戽水船在新江境内绝迹。

3．植保机具

传统的施农药工具是粪桶、撩子（粪撩）。20世纪60年代初起，开始推广背包式人力喷雾机和机械动力的喷粉机，70年代，逐渐改为人力、机械并用的喷雾机和喷粉机。实行家庭联产承包责任制后，生产由各家各户分散进行，机动喷雾、喷粉机逐年减少，人力手摇喷雾机增多。

4．收割脱粒机具

旧时及中华人民共和国成立初期一段时间，收割脱粒工具主要有镰刀（稻戟、戟子）、稻床、人力脚踏脱粒机（轧稻机）、手摇风车和竹匾、筛子、扫帚、山笆、栲栳（挽子）等。稻麦收割主要用镰刀（稻用：稻戟，麦用：戟子），脱粒主要用人力在稻床或门板上甩打。20世纪50年代，少数人家用脚踏轧稻机代替人工脱粒。1964年，境内通电后（时全大队只有一台30千伏的变压器），稻麦脱粒主要以机电半自动脱粒机为主，人力脚踏脱粒机基本淘汰。

扬谷麦，农户历来利用自然风，并用手摇风车清扬。通电后，开始用排风机扬谷清场。

5．加工机具

传统的农副产品加工工具有：木砻，用于牵砻（谷），使稻谷变成糙米；石臼，用于舂米，使糙米变成白米；石磨，用于成粉碎，使米、麦变成粉；筛子，用于过滤，滤出砻糠、米糠、麸皮。以上加工工具除筛子外，均已于20世纪50年代后期被淘汰。

境内碾米机、粉碎机、小钢磨（磨粉机）、打浆机均出现在20世纪50年代后期，普及于60年代，绝迹于80年代。当时，大队办起了粮饲加工厂，帮助广大农户砻谷、碾米、磨粉、粉碎饲料，其中，粉碎机和打浆机主要用于饲料加工。

6．运输机具

境内传统的运输，短途靠肩挑，长途靠船运。肩挑的工具有扁担、粪桶、尺篮等，如今部分仍沿用。至于船运，20世纪50年代前，境内船只均为木质船，配有橹、篙、桡、篷等。60年代出现了水泥船和铁皮船。铁皮船施行2年后即被淘汰。20世纪70年代至80年代初，因木材涨价，造成木质船逐年减少，在农用及运输船只中，水泥船逐年增多，同时出现挂机船。之后，由于田间外围道路的改善和机耕路的贯通，农民较多利用二轮人力板车、机动拖车和汽车等作为农副产品和购送肥料的运输工具。农用挂机船主要用于道路交通不便的地区，交通便捷的地区均以人力二轮板车机动拖车、电瓶运输车和汽车作为运输工具。

表6-10　1980年新江大队农用机具统计表

单位：台/只

名称	合计	大队集体所有	一队	二队	三队	四队	五队	六队	七队	八队	九队
排灌机具	6	机电船3台（36马力）、电动机3台（18马力）	/	/	/	/	/	/	/	/	/
耕农机具	13	手扶拖拉机5台（60马力），双铧犁4台、压麦机1台、盖麦机2台	/	/	/	/	/	/	/	/	/
电动机	51	21台（总346马力）	3	3	3	4	4	4	4	3	3
电动脱粒机具	31	（电动）1台	3	3	4	3	3	4	4	3	3

续表

名称		合计	大队集体所有	一队	二队	三队	四队	五队	六队	七队	八队	九队
稻麦两用机		30	/	3	4	2	4	4	3	4	3	3
小老虎		9	/	1	1	1	1	1	1	1	1	1
磨粉机		2	2台	/	/	/	/	/	/	/	/	/
粉碎机		2	2台	/	/	/	/	/	/	/	/	/
砻谷机		1	1台	/	/	/	/	/	/	/	/	/
农用船	木质	21	3条	1	1	2	2	3	4	2	2	1
	水泥	35	2条	3	3	4	4	5	5	3	3	3

第二节　经济作物

中华人民共和国成立前,境内烂田经济作物收入占农业总收入的5%以上。20世纪50年代初,境内有10%—20%的耕地种植灯草、茭白、慈姑、荸荠、莲藕等经济作物。此后,随着时代的变化和种植结构的调整,经济作物种植面积逐年减少。到70年代初,在极"左"路线的干扰下,境内基本上砍光了经济作物,改种粮食,并全面种植双季稻。副业生产受到抑制,挫伤了农民的积极性。

党的十一届三中全会后,副业生产在全面发展方针的指导下,逐步得到恢复。1985年后,境内种植业已经发展到旱地作物、水生作物、烂田作物三大类100多个品种。1993年后,全部停止种植。

一、茭白

茭白,也叫菰,多年生草本植物,生在浅水里。嫩茎经黑穗病菌寄生后膨大,果实也叫菰米,可食用。根埋水中,壮根呈黄色,幼根呈白色;茎直立,呈槽形,互包裹,为泛黄色;茎上截为叶,呈带形,深绿色。《本草纲目》载:菰本作苽,可食,故谓苽。其米须霜雕时采取,故为凋苽。或讹称雕胡。

境内种植茭白的历史十分悠久。很早以前已有农户专门种植茭白,并将菰米(茭白)"置街边成市"。明清时,种植茭白的农户,以收获的茭白去集市换取粮食、绸帛,并合伙将茭白舟远至上海、嘉兴等地换取银两。

茭白历来是境内的主要经济作物之一,也是境内的主要经济来源之一。新江是种植茭白的主产区之一。1961—1966年,年种植190亩,占耕地面积的15%。亩产量2300斤,总产量达437000斤,合4370担,时价25—35元/担。之后因布局调整,种植面积逐年减少,至1993年,境内基本结束种植。

古时,莼菜、菰米(茭白)、鲈鱼被誉为"江南三大名菜"。

二、灯草、席草

灯草,亦名灯芯草,境内普遍种植。

灯草、席草主要盛产于东部几个村,新江村是主产区。每年寒露前后种植,来年小暑前后收获。草农在寒露前后4—5天开始移植,在移植前7—10天把种苗的上半部分割掉,剩留25厘米左右分棵后按株行距0.3米的要求植于田中。移植前,每亩施猪灰30担左右做基肥,在翌年谷雨前后4—7天再施猪灰肥30担或人粪尿40担。如长势差,在5月中旬再施追肥。灯草、席草喜水,种植后应保持长期不脱水,特别是冬天要保持一定的水层,以防冻坏苗芽。冬天、清明前后和谷雨后各除草1次。小暑时节收割,亩产800斤左右,每百斤时价200元左右(晒干后)。灯草、席草秧苗田宜选择能脱水的田块,立夏前3—4天移植培养(方言称"塌草秧"),每20—30天清除杂草1次,直至移植至大田。据资料记载:1956—1966年,境内年平均种植面积在190亩左右,亩产900斤左右。1967—1977年,年种植面积在80亩左右,亩产750斤左右。之后,种植面积大为减少。1980年,境内9个生产队种植面积仅为23.5亩,其中一队2亩、二队3亩、三队2亩、四队2.5亩、五队3.5亩、六队3.5亩、七队2亩、八队2.5亩、九队2.5亩。主要是改种粮食而减少。1983年,实行联产承包责任制后,境内种植面积逐年减少,到20世纪90年代初期,境内停止种植。

种植灯草年代不详。历史上是境内副业生产的主要产业,也是广大农户经济来源的主要途径。时,家家户户、男女老少,利用每年10月至来年4月这一空闲时段,在家以做蓑衣为业,一名妇女一天可做3件。境内年产蓑衣2万件以上,时价每件0.7—0.9元之间。全部由供销社负责收购,留小部分自用。80%以上的农户以此经济来维持一家一年的生计。直到20世纪90年代初停止种植灯草为止。

三、慈姑

慈姑(茨姑、茨菇),又称球茵,为多年生草本植物。

境内慈姑主要植于灯草或荸荠行距的间隔处,每年小满前后种植,行距1米,株距为0.4米。生长期较长,来年2月底3月初收获,亩产可达1250—1500千克,亩收益为250—300元(时价)左右。

1980年,境内仅种植面积14亩,分别为:一队1.5亩、二队1.5亩、三队1.5亩、四队1.5亩、五队2亩、六队2亩、七队1.5亩、八队1亩、九队1.5亩。1981年停止种植。

四、荸荠

荸荠,又称红球茵、马蹄、地栗,属多年生草本植物,长在沼泽中或栽培在水田中。

荸荠是境内主要的经济作物之一。主要植于低洼的烂田之中,亦有种植在灯芯草行距之间,行距为1米,株距为0.4米。植前,应除尽田间杂草,植后,待灯芯草收割完毕,再除草1次,施入猪灰或人粪尿肥。种植只需保持田间水层,不必经常管理。笠年1—3月收获,亩产一般在1500—1750千克,价值300—350元(时价)。荸荠留种工序繁杂,须在旱地上开挖深0.6米左右,长宽按留种数量多少而定的长方形泥潭一个,荸荠种分上、下两层叠放在潭中,浇上水河泥封面,潭上面再用竹竿搭棚,稻柴盖顶,须常浇水保温、保湿,以利发芽长苗,直至移植大田。一般情况下,每亩大田留种40斤。

历史上，境内种植时间久远，年种植面积在50亩左右，1973年后，农业"以粮为纲"种植面积渐少。1980年，境内仅种植22亩，为：一队2亩、二队无、三队3亩、四队2亩、五队3.5亩、六队4亩、七队2.5亩、八队2亩、九队3亩，之后，停止种植。

五、莲藕

莲藕，又称荷藕、芙蕖、芙蓉。一般主藕4—6节，长1.5—2.3米。

境内种植莲藕历史悠久。莲藕在立夏前种植，一般与慈姑、荸荠续植，也有种白田藕的。白露前收获，亩产1250—1500千克，价值250—300元（时价）。莲藕留种简单，不用起挖，翌年待老藕叉发出新芽，起挖藕叉后横卧于大田中即可。

莲藕是境内的主要经济作物之一，20世纪60年代，境内年均种植面积在50亩以上，之后逐年减少。1980年，仅种植10.5亩，分别为：一队0.5亩、二队1.5亩、三队0.5亩、四队1.5亩、五队2亩、六队1.5亩、七队0.5亩、八队1亩、九队1.5亩。1983年停止种植。

六、蘑菇

蘑菇，为食用伞菌类植物。1973—1979年，境内9个生产队均有种植，一般种植面积160余平方米，大队集中种植500多平方米，全大队种植面积近2000平方米。之后，由于菇菌退化，收购价格调低，产量下降，逐步被淘汰。

表6-5　1955—1993年新江历年烂田经济作物种植面积表

单位：亩

年份	总面积	茭白	灯芯草	慈姑	荸荠	莲藕
1955—1958	223	149	160	14	25	15
1959—1960	223	149	160	14	15	25
1961—1966	213	148	157	10.5	13	25
1967—1968	193.3	136.3	137	9.5	11	19.5
1969—1970	173.3	136.3	122	6.5	10	19
1971	143.3	113.3	90	8	10	12
1972—1973	130.3	100.7	84	6	9.5	13
1974—1975	120.3	100	80	5	9	10
1976—1978	120.3	94	70	4	9.5	14
1979—1980	70	40	23.5	14	22	10.5
1981—1982	90	80.5	23.5	/	/	10.5
1983—1987	90	85	10	/	/	5
1988—1990	80	75	/	/	/	/
1991	70	70	/	/	/	/
1992	50	50	/	/	/	/
1993	12	12	/	/	/	/

注：经济作物面积均为套种面积。

第三节 养殖业

一、猪

旧时和中华人民共和国成立初期，境内少数农户饲养生猪，一般农户每年只养过年猪或逢结婚、造房等重大喜事前养猪，富裕农户则常年养猪，猪种为本地黑猪（太湖猪），仔率低、生长慢、抗病能力差，以大麦粉、豆饼、麸皮、米糠等为主饲料。

20年代60世纪中期到70年代初，在政府"大力发展养猪事业"的号召下，为发展农业生产，获取更多厩肥，境内的养猪业大有发展。1968年以后境内每个生产队都办起了规模不等的养猪场，平均每个养猪场养猪50—60头。种猪以约克夏公猪和本地黑母猪杂交的白猪以及公社农科站先后引进的二元型横泾太湖猪、三元型苏太猪为主。养猪场的兴起，把副业推向了新的起点。1970年政府要求实现一亩一头猪，贯彻"公养私养并举、以私养为主"的方针，实行养猪奖粮和售猪奖粮的政策，食品站收购生猪按头数、斤数奖励饲料和布票。1972年，境内养猪966头。1979年，为提高群众养猪积极性，长桥公社决定：集体养猪按三定面积计算，每10亩饲养一头母猪。凡土劳负担低于"一人一亩"的生产队，按每2500千克口粮私养一头母猪。社员私养按1978年实吃口粮的基数，每5千克口粮交售0.5千克生猪（毛重），每500克生猪向集体贡献猪灰15千克，生产队按猪灰完成数给予奖赔。饲粮结算，母猪每头每年500千克，苗猪每头25千克，肉猪每头55千克以内的每500克按1千克饲料结算，超过毛重55千克的，每超过0.5千克的，按2千克饲料粮结付。生猪收购部门以社员每交售一头猪，按出肉量的10%预付肉票（当时吃肉凭票供应），年终生产队根据上级派购任务数与社员进行结算。

1980年，境内养猪达到高潮，全大队总数达1330头（集体513头，农户817头），其中：一队122头、二队156头、三队151头、四队153头、五队154头、六队149头、七队145头、八队142头、九队128头。同时全大队饲养母猪97头，其中：一队9头、二队11头、三队10头、四队13头、五队14头、六队11头、七头13头、八队8头、九队8头。当年出售肉猪557头，其中：一队43头、二队53头、三队60头、四队72头、五队70头、六队77头、七队63头、八队50头、九队69头。

1983年，农村实行联产承包责任制，集体猪场逐年减少，不久解散。时，农户养猪按每户人数和责任田亩数核定派购养猪任务，划分饲料田和饲料地。1985年，取消生猪派购任务，放开生猪收购和销售价格，养猪量略有回升。1986年后，随着村办工业的发展，经济技术开发区的建设发展和农村居民居住条件的改善，在境内耕地面积大幅度减少的情况下，养猪业逐年衰落，养猪数量下降。部分农户仅为了解决口量田和少量责任田的基肥而养猪，每户年养猪1—2头，以自宰自食为主，大部分农户终年不养猪。1989年后，境内无人养猪。

表 6-6 1970—1986年新江生猪圈存数、肥猪出售情况表

单位：头

年份	1970	1971	1972	1973	1974	1975	1976	1977	1978
养猪数	570	873	966	736	780	648	894	619	719
出售数	/	/	243	257	372	361	321	176	324
年份	1979	1980	1981	1982	1983	1984	1985	1986	
养猪数	750	1330	610	405	523	500	432	407	
出售数	518	557	443	591	386	451	178	373	

二、牛

农村养牛赖以代替人力，黄牛和水牛兼有，主要用于农耕和农田灌溉等繁重劳动。1949年前后，只有少数富裕农户饲养耕牛。据1955年的统计资料显示，境内饲养黄牛19头，水牛2头，以黄牛为主。农业合作化中，耕牛作为生产资料入社，为集体所有、集体饲养，并对有生育能力的母牛，进行有计划的配种繁殖，增加了集体的收入。20世纪60年代初期，由于黄牛体力弱，不适宜水网地区繁重的劳动力而被逐步淘汰。1980年，境内共养耕牛18头，其中：一队1头、二队2头、三队2头、四队2头、五队4头、六队4头、七队1头、八队1头、九队1头，以水牛为主。以后，随着拖拉机的增多，电力的发展，耕牛养殖逐年减少。农村实行家庭联产承包责任制后，集体耕牛均被宰杀和出售，1985年境内耕牛绝迹。

表 6-7 1970—1984年新江耕牛养殖情况表

单位：头

年份	1970	1971	1972	1973	1974	1975	1976	1977	1978	1979	1980	1981	1982	1983	1984
饲养数	41	43	29	26	23	23	26	18	17	16	18	16	13	2	1

三、家禽

1949年前，农民普遍养鸡，有的兼养鸭、鹅，均为散养。1949年后，家禽生产基本稳定。"文化大革命"期间，在"割资本主义尾巴"思潮的影响下，采取禁养限养的措施，农户养禽受到限制，家禽数量骤减。农村实行家庭联产承包责任制，私人养禽由原来少量饲养发展到成批饲养。1980年，全大队饲养家禽1025只，其中：一队90只、二队120只、三队110只、四队110只、五队130只、六队130只、七队120只、八队120只、九队95只。之后，随着经济技术开发区的发展和环境卫生的逐步改善，养禽农户逐年减少。1993年境内开始限养家禽。1995年，创建卫生城市时，全面禁养家禽。

表 6-8 1972—1986年新江家禽饲养情况表

单位：只

年份	1972	1973	1974	1975	1976	1977	1978	1979
饲养数	393	183	144	370	398	940	4810	2590
年份	1980	1981	1982	1983	1984	1985	1986	
饲养数	1025	1250	550	2300	1700	3500	7150	

四、家兔

兔为啮齿类哺乳动物。家兔分皮用、肉用、毛用和兼用等类种。境内主要饲养土种长毛兔和德国长毛兔。土种长毛兔体重一般在2.5千克左右,年产兔毛250克左右。这种兔以食草为主,生长迅速、繁殖能力强,全身洁白无杂色,绒毛多,粗毛少,不打结,且有早熟、耐粗饲料、成活率高、饲养成本低等优点。境内饲养的德国长毛兔为德系和中系长毛兔杂交的后代,这种兔的体重可达3—4千克,年产兔毛500克左右,比土种兔增产近一倍。兔毛由供销社统一收购。1973年,境内农户开始家庭养兔。1986年后,由于兔毛价格下调,毛兔饲养逐年减少,1986年后停养。

表6-9 1973—1986年新江家兔饲养情况表

单位:只

年份	1973	1974	1975	1976	1977	1978	1979	1980	1981	1982	1983	1984	1985	1986
饲养数	449	208	—	188	118	150	103	—	100	120	85	230	216	335

五、蚌珠

蚌珠,即珍珠,又名真珠,是微小物侵入某些蚌类的壳内(养珠人是人工将蚌球放置于蚌类的贝壳内),蚌因受到刺激,分泌黏液把外来物层层包裹起来而形成。自然形成的蚌珠,称珍珠,人工养殖的称蚌珠,亦称养珠。其形状有圆、扁圆、坠形等,主要成分是碳酸钙、有机物和水。蚌珠有白、黄、粉红、青等颜色,具有光泽,主要用于做装饰品,也可以碾细入药。

人工育珠主要采用三角帆蚌和褶纹冠蚌,境内于20世纪70年代初引入,利用河湾水面、池塘、河港,开展养蚌育珠生产,1979年达到高潮,普遍养殖,但效益不高。此后,由于盲目发展,没有技术支撑,甚至缩短养殖周期,春插秋采嫩珠(蚌珠一般3—6年形成),质量下降,市场滞销。70年代后期被淘汰。

六、鱼

旧时和中华人民共和国成立初期,只捕鱼,不养鱼。境内没有专业渔民,只有部分农民季节性捕鱼,每当水汛、黄梅时节(5—6月)在附近小河浜用天打网、笼罩、小杠网、鱼叉等小型渔具捕捉鱼类。以捕获白鱼、鲫鱼、塘鳢鱼、黑鱼为主,人均日捕鱼1.5—2.5千克。1981年,境内始有鱼塘,约20亩,亩产鲜鱼200千克,均为内塘养殖。境内1982年有内塘30亩,1983年有内塘46.5亩,1984年有内塘47亩,1985年有内塘48亩、外塘12亩,1986年有内塘57亩、外塘12亩。之后,外塘养鱼停止,内塘养鱼每年保持在60亩。2002年,鱼塘(现为阳光水榭小区中段地块)被政府征用,就此停止养鱼。

第四节 水 利

新江社区地处水网平原，境内河道纵横，坑塘密布。东江河、西江河纵贯南北，北江河、郑庄河、罗盛河、新开河、朱家河、跃进河横穿东西，水资源极为丰富。

1976年之前，境内河道为自然形态，没有标准格局，河网密度大，但布局不匀。河道蜿蜒弯曲，深浅不一，宽窄不等，其中郑庄河、罗盛河断头不通。农田排灌处于自然状态，常遭旱涝灾害。

中华人民共和国成立后，人民政府发动和依靠广大人民群众，贯彻执行中央"水利是农业的命脉"的方针，有计划、有步骤地兴修水利，大搞农田基本建设。发展机电排灌，逐步建成了遇旱能抗、遇涝能排的水利体系。1973年，按照公社要求，境内以"四分开、两控制"（即内外分开、高低分开、排灌分开、水旱分开、控制地下水位、控制内河水位）为原则，以"挡得住、排得快、降得下、灌得好、田园化、配套齐"六条标准为要求，进行联圩建设，确保农业丰收。

一、渠系

20世纪50年代，境内农田沟渠不成系统，灌溉大多漫灌，水入车口后便漫流入田，灌溉矛盾经常发生。

1963年，采用干、支两级渠道，均为半挖半填式。当时，干渠多，支、毛渠少，串灌、漫灌严重。1964年，推行排灌两用渠（两用沟），把原来的高渠道改为低渠道，获得了快灌快到、节水省电的明显效果。70年代初，推行"三七"灰土暗渠道，比之明渠有灌水快、及时到、渗漏少、省电省水、渠路一体、有利机耕和行人方便等优点。暗渠，一般土垡盖暗沟，降渍排水。部分也有用灰土管、混凝土管做暗渠。改田头排水明沟为暗沟，与田内排水暗沟相通，降低了地下水位，提高了土壤性状。

随着平整土地，农田划方，以沟渠配套、灌排分开为主要内容的农田基本建设的开展，一般在机耕道旁均开挖了灌排两沟。田间沟渠以灌排两用沟、隔水沟组成外三沟，田块之中由竖沟、腰沟和围沟组成三沟。配套小毛渠基本解决了串灌、漫灌、排水等矛盾，使田间沟系更趋合理化。

1974年，推行鼠道排水沟。沟渠每条间隔3—5米。田幅宽度13—15米的田块，初期打2条，后期增3条；深度初期为60—70厘米，后期为60厘米，使用期为一年，有些田块，为使雨后田面水迅速排出，又开浅明沟排水，做到明暗结合，上下同时排水。而后，因暗渠要求高，质量难以保证。1982年起停止使用，又改明沟。

二、设施

中华人民共和国成立初期，境内灌溉主要依靠古老的龙骨水车，或人力和牛力戽水为主，少量用风力水车（顺风车）戽水。人力水车有手牵和脚踏两种，手牵水车日灌水1—2亩；脚踏水车分2人轴和4人轴等几种，一天灌水5—10亩；牛力水车日灌10—20亩；风力水车需3级风能启动,一天灌水20亩。利用柴油机抽水船灌水始于1956年。时,境内仅1台,管径12吋,日灌水超百亩。人力水车25部,牛力水车60多部。1958年后,有风力水车9部。

1964年,境内通电,时,有低压线路5000余米,电动抽水船2条、流动机动抽水船3条,管径均为8吋泵,负责境内农田的排灌任务。60年代后期,由于机、电排灌的迅速发展,人力水车、牛力水车、风力水车逐步淘汰。

第七章 社区经济

中华人民共和国成立初期，境内无工业企业，仅有个体手工业者5人，其中泥瓦工2人、木工3人。

1965年，开办新建饲料加工厂，为社员生活服务。1977年，开办新建大队眼镜片厂，当年获利1.48万元，境内集体第一次取得工业利润。

1980年后，来我地投资置业的客户逐年增多。特别是1993年后，工业企业进驻户数进一步加快，工业产值、利润持续增长。

自1965—2001年底，共有28家工业企业在我地投资置业。

2002年开始，新江社区内的所有企业全部转为租赁个体私营企业。

第一节 村(队)企业

村(队)办工业发展起步于1965年,始办新建大队饲料加工厂,主要为社员养猪提供粉碎饲料和稻谷碾米、米麦磨粉等加工业务。职工2人,不计经济报酬,回队记工分,与参加农业生产的同等劳动力一样,参加年终分配。1995年停办。

1977年,开办眼镜片厂,当年总产值6.73万元,利润1.48万元,职工44人,不计经济报酬,回队记工分,参加年终分配。1985年停办。

1980年,与苏州金属丝布厂联办长桥新建大队拉丝厂,后更名吴县长桥镀锌铁丝厂,主要为苏州金属丝布厂提供加工业务,当年实现总产值3.43万元,利润1.68万元。职工19人。1991年,总产值达100万元,利润13.65万元,职工70人。1992年转制为租赁个体私营企业。

1989年,由大队投资,开办吴县新区预制构件厂,主要生产水泥楼板。1992年,实现总产值5.23万元,利润0.72万元,职工50人,年人均分配1793元。1996年,总产值22.62万元,利润3.12万元,职工30人。1998年拆迁停办。

1989年,由吴江籍人协作开办吴县长桥净化设备厂,主要生产净化设备。1990年总产值17万元,利润4.08万元。职工46人,年人均工资0.29万元。1997年,总产值达2633万元,利润537万元,职工80人,年人均工资7445元。1999年12月31日转为租赁个体私营企业。

1992年2月,由光福籍人协作开办吴县新源特种线缆厂。主要生产特种线缆。1994年,总产值2700万元,利润200万元。职工60人,年人均工资4672元。1996年,总产值1615万元,利润131.9万元,职工50人,年人均工资6706元。1996年4月转为租赁个体私营企业。

1992年12月,由长桥籍人协作开办苏杭实验动物科技发展公司。主要生产动物笼具。1996年,总产值147.72万元,利润27.86万元。职工20人,年人均工资7920元。1998年,总产值413万元,利润30万元,职工25人,年人均工资8700元。1998年转为租赁个体私营企业。

新江境内自1965年始办第一家企业"新建饲料加工厂"后,到2001年12月底止,共办有(属新江社区的)大小企业28家,到2001年12月,先后全部关、停、并、转。2002年起,属新江社区的所有企业均为租赁个体私营企业。

28家工业企业分别为(括号内年份为开办时间):新建饲料加工厂(1965年)、新建眼镜片厂(1977年)、吴县长桥镀锌铁丝厂(1980年)、吴县新区水泥制品厂(1989年)、长桥净化设备厂(1989年)、苏州(新江)金属软管厂(1989年)、吴县塑料包装厂(1990年)、吴县长桥镀锌五金厂(1991年)、吴县云龙工艺品厂(1991年)、吴县新源特种线缆厂(1992年)、吴县新城物资供销公司(1992年)、吴县长桥新江经济发展公司(1992年)、吴县东吴装饰工程部(1992年)、吴县苏杭净化设备厂(1992年)、吴县新区建筑安装工程公司(1992年)、吴县新城劳动服务公司(1992年)、吴县新江制衣厂(1993年)、吴县东方制衣厂（1993年）、苏杭实验动物科技发展公司（1995年）、吴县市新城淀粉糖厂（1995年）、吴县市调节器厂（1995年）、吴县长桥五金厂、吴县新区建筑公司、吴县万达电梯安装工程公司、废品再生利用公司、不思议制衣厂、开源制衣厂、肉联厂。

在村（队）办工业企业的发展进程中，1965年至1990年期间发展缓慢。期间，工业企业分别为：1965年1家、1980年3家、1981年3家、1982年4家、1983年2家、1984年2家、1985年4家、1986年4家、1990年4家。

其中：1980年3家企业，总产值仅10.1594万元，利润为1.7534万元。

1990年，4家企业固定资产总值70.41万元，年产总值40.01万元，总利润仅为0.95万元。

1992年，新江境域划归吴县经济技术开发区后，村办工业企业增速加快，当年新办企业7家，新增利润39.63万元。

1993年，村（队）办工业企业进一步加快，全年工业总产值达6312万元，年利润达348万元。

1994年，村办工业企业年总产值为7755万元，年利润为324.79万元。

1997年，13家村办工业企业，总产值达11877万元，年利润439.2万元。

之后，到2001年底，村办工业企业虽有所发展，但经济效益增速相对趋缓，60%以上的工业企业出现经济效益下降。加上生产业务偏紧，劳动力成本增高等原因，逐步撤销承包合同，转为租赁个体私营企业。

第二节　运输业

一、水路运输

境内运输业起始较晚，1975年才有临时性、季节性的短途运输。1980年全大队9个生产队有运输船15条，其中：一队1条、二队1条、三队1条、四队2条（其中1条9吨位）、五队2条、六队2条、七队2条、八队1条、九队3条（其中1条6吨位），吨位都不大，15条船只中，13条为5吨位，1条9吨位，1条6吨位，总吨位80吨。有10条木质船、5条水泥船，均为手摇船。运输业务由公社运输站统一派遣。运输人员采用生产队集体安排、轮流交换和抽签决定等方法。

1982年，长桥公社制定"三定一奖"（定任务、定支出、定报酬和超奖励）的奖励政策，按吨位船皮核定指标，收入全部归队，年终按超赔标准结算。之后，部分人力手摇船逐步改为机动船所替代。船只容量也由原来的4—5吨发展到6—9吨。

1983年，境内船运业主要以摆黄泥为主，全大队有40多条船参与，为煤球厂、水泥厂运送黄泥。船只均为私人购买，原来集体的船都折价卖给私人。大部分为夫妻搭档，小部分为亲邻搭档。

1991年后，由于劳动体制的不断改革，人们思想观念的变化及镇村工业的迅速发展、加上大量土地被征用以及陆路运输业兴起，使水路运输业萧条萎缩，大部分劳动力相应分流至工业、商业、劳务和陆路运输业。

二、陆路运输

境内陆路运输发展不快，虽然政府提出了"靠城吃饭"和"打进苏州城，赚钱富人民"的口号，但因经济基础、思想观念、征土工等因素，到20世纪90年代后期，仅有客运汽车2辆、货运汽车6辆、货运电瓶车20辆左右。2015年，有客运汽车仍2辆、货运汽车1辆。

第三节 劳务业

劳务业是境内的一项新兴副业。1983年前，农村劳动力有生产队集中管理，由于重视农业生产，很少外派人员参加劳务作业。1973年，由集体安排，境内组织30人左右，去苏州区段参加铁路维修工作（称"筑铁路"），到1980年停止。1982年，改革开放初期，公社对劳务作业实行"三定一奖"（定收入、定补贴、定报酬和超产奖励），新江大队随即也制定了相应的奖罚规定，例如：对男性劳务人员，规定每人每天交生产队1.5元，每月按26天计算，取得所在生产队同等劳务人员的工分；女性劳务人员，按男性的八成计算，60岁以上的男性劳务人员和55岁以上的女性劳务人员，统一按每人每天交生产队积累0.3元，在外取得的报酬归己。凡未经大队、生产队同意，擅自外出从事劳务作业的，每天罚款2元。

1983年，实行家庭联产承包责任制后，大批剩余劳动力逐步向工业、副业、第三产业转移。但是，工业、副业的发展，仍不足以吸纳全部剩余劳动力，部分劳动力便利用紧靠苏州城的地域优势，闯出了一条"向苏州城要钱"的致富路子——拓展劳务业。从事劳务业的农民，一只饭盒一把铲，利用简便的劳动工具到苏州市机关、商店、工厂企业的建筑工地挖土搞建筑；或一辆板车一把铲，为建筑工地拉货拖物；或一根扁担两只筐，在苏城大街小巷，串东走西，叫卖蔬菜、果品。以艰辛的劳动换取一定的经济收入。1985年，境内有18%劳动力从事劳务作业。1987年，境内镇、村工业发展，农村60%劳动力转移到镇办、村办的工业企业。1991年后大部分农田被征用，大部分劳动力被征召进厂（征土工），部分未进厂的劳动力转行经商或仍从事劳务业。

第四节 物业出租

2002年，新江村所有工厂企业、门面店铺均为租赁个体私营性质。

自2002年至2015年间，新江社区接纳租赁个体私营企业分别为：2003年11家、2006年9家、2010年12家、2015年17家。其中：2015年17家个体私营企业总产值达

51796万元,总利润5005万元,职工1312人,上缴新江社区经济效益1188万元。

表7-1 新江社区2015年租赁个体私营企业一览表

序号	名称	地址	人数	年产值	年利润	主要方向
1	东圣制塑有限公司	枫津南路9号	15	150万元	30万元	塑料模具
2	得一鲜食品厂	枫津南路9号	30	500万元	150万元	食品
3	亿嵌带橱具	枫津南路9号	10	150万元	50万元	橱具安装
4	兴隆石材	枫津南路9号	8	100万元	30万元	石料安装
5	陆风汽贸	枫津南路11号	15	300万元	20万元	汽车销售
6	东吴机电	枫津南路9号	10	150万元	25万元	电机装配
7	咸翰思机电	枫津南路11号	8	70万元	10万元	电机装配
8	金秋自动化有限公司	枫津南路9号	15	200万元	30万元	净化设备安装
9	苏州美而高工艺服饰有限公司	东吴南路228号	200	16000万元	71万元	进出口服饰
10	苏州维鲸电子绝缘材料有限公司	枫津路55号	440	11288万元	1461万元	电子产品、绝缘片
11	西湖亿模塑料(苏州)有限公司	枫津路57号	300	18000万元	2900万元	进出口塑料模具
12	苏州亿泰莱电器有限公司	盛南路9号	70	2318万元	31万元	制塑组装
13	苏州联盈市政工程有限公司	罗盛里228号	78	1080万元	65万元	市政工程、安装
14	万客隆超市	罗盛里228号	4	170万元	17万元	商品销售
15	左邻右里宾馆	东吴南路228号	17	200万元	50万元	服务业
16	清雅沐浴	东吴南路228号	70	650万元	20万元	服务业
17	兄弟阁酒家	东吴南路228号	22	470万元	45万元	饮食
合计	—	—	1312	51796万元	5005万元	—

第八章 基层组织

1950年8月8日,境域由吴江县划归吴县,时隶属吴县枫桥区尹西小乡。

1954年4月,境域组建三合村、新合村、塘湾村、新建村4个初级社。

1956年1月,4个初级社合并组成金星二十一高级社(简称金星廿一社)。1957年9月,金星廿一社更名为东风十二高级社(简称东风十二社)。

1958年10月,成立郭巷人民公社,境域更名为新建大队,同时成立中共新建大队党支部,有党员9名。

1965年12月,新建大队由郭巷人民公社划归蠡墅人民公社,后即更名为长桥人民公社。

1980年,新建大队更名为新江大队,党支部更名为中共新江大队党支部。

1983年,新江大队更名为新江村民委员会,党支部更名为中共新江村党支部。

2002年9月,新江村民委员会更名为新江村居民委员会。

2006年6月,中共新江村党支部更名为中共新江村党总支,同时下设罗盛里、迎春花园、非公经济3个分支部。

2006年8月,新江村居民委员会更名为新江社区居民委员会。

2015年12月底,党总支在册党员60名。

第一节　中国共产党组织

1958年之前，新江境内没有中国共产党组织，有9名党员，全部属中共吴县车坊区尹西乡东风第八党支部。

1958年10月，境内始成立新建大队党支部，为境内第一个中共党组织。郭巷公社选派许木金进驻新建大队，委任其为党支部书记。有9名党员，即：许木金、赵根水、徐根水、莫方龙、钱福根、徐根福、徐工先、莫长泉、马连根等。

1965年12月，新建大队党支部更名为长桥公社新建大队党支部，时有党员31名。

1966年5月，"文化大革命"开始，大队党组织处于瘫痪状态，暂时由大队"革命委员会"负责全面工作。

1970年9月，恢复党组织，开展党的正常工作。

1980年，新建大队党支部更名为新江大队党支部，有党员32名。

1983年，新江大队党支部更名为新江村党支部，有党员50名。

2004年12月，新江村党支部，有党员54名。

2006年6月4日，新江村党支部更名为新江村党总支。

2006年8月23日，新江村党总支更名为新江社区党总支。

2015年12月底，党总支在册党员60名，其中：男性50名，女性10名。

新江籍人员入党最早的为赵根水（1954年9月）。各时段分别入党的为：

1950—1959年9人，1960—1969年6人，1970—1979年17人，1980—1989年6人，1990—1999年11人，2000—2009年14人，2010—2015年8人。

合计为71人，其中：已过世的9人，迁移外单位的2人。

表8-1　新江社区1952年—2015年12月底党员入党时段名单

	姓名	入党时间	姓名	入党时间	姓名	入党时间
20世纪50年代（9人）	许木金	1952.10（乡派驻）	莫云龙	1955.9	徐工先	1956.4
	赵根水	1954.9	钱福根	1955.9	莫长泉	1956.6
	徐根水	1955.3	徐根福	1955.9	马连根	1956.6
20世纪60年代（6人）	徐景修	1960.4	夏金水林	1962.6.27	马小毛	1966.7
	顾金男	1960.4	赵立民	1965.6.13	赵火林	1966.8
20世纪70年代（17人）	顾永昌	1971.6	汤龙元	1973.8.8	徐仙英	1978.6.17
	钱金水	1972.11.8	钱根男	1975.2	汤火英	1978.6.17
	金根男	1972.11.8	顾木军	1975.2.3	徐炳男	1978.7.1
	钱毛男	1972.11.8	赵福根	1975.4.14	徐盘根	1979.9.27
	孙根福	1973.2	莫根泉	1976.8	李同梅	1976.4
	汤老虎	1973.4.1	汤恒元	1977.8.1		

续表

年代	姓名	入党时间	姓名	入党时间	姓名	入党时间
20世纪80年代（6人）	汤林水	1980.8	赵雪男	1984.9	潘银泉	1986.10
	潘桂根	1983.7	周鹤舫	1985.10	钱玉林	1989.1
20世纪90年代（11人）	顾云弟	1990.1	莫祥根	1991.7	顾金明	1995.6
	石 峰	1990.5	居会根	1993.8	许杏男	1995.6
	顾文香	1990.10	赵龙根	1994.10	朱德福	1998.9
	石关根	1991.5	徐永忠	1994.11		
2000—2009年（14人）	徐熙彬	2000.6	徐祥娟	2003.6	赵 花	2006.6
	徐惠元	2000.10	陆军军	2004.9	赵振华	2006.7
	孙雪昌	2001.1	陈丽琴	2005.5	顾志华	2007.6
	陆冬华	2002.10	汤永良	2005.6	徐平平	2008.11
	顾国平	2002.12	方兴男	2006.6		
2010—2015年（8人）	许俊敏	2010.9	汤丹红	2011.12	洪 磊	2013.7
	钱玉凤	2011.7	金 耀	2012.7	金菊华	2013.8
	汤国平	2011.7	赵 杰	2012.8		

表8-2 新建、新江（大队、村）社区党支部书记更迭表

时间	党支部名称	职务	姓名	任职时间	备注
1958.10—1965.11	郭巷人民公社新建大队党支部	书记	许木金	1958.10—1959.6	
		书记	莫云龙	1959.6—1961.6	
1965.12—1983	长桥人民公社新建大队党支部	书记	徐根福	1961.6—1972.8	
		副书记	徐工先	1972.8—1973.8	以副代正
		书记		1973.8—1974.10	
		副书记	金根男	1974.10—1976	以副代正
		书记		1977—1983.5	
1983—1992.7	长桥乡（镇）新江村党支部	书记	赵福根	1983.5—1988.2	
1992.8—2004.11	吴中开发区新江村党支部	书记	卢福康	1988.2—2003.9	
2004.12—2006.5	城南街道新江村党支部	书记	赵立平	2003.9—2006.5	
2006.6.4—2006.8.22	城南街道新江村党总支	总支书记		2006.5—2013.7	
2006.8.23—	新江社区党总支	总支书记	孙雪昌	2013.7—	

附：2006年6月，成立新江社区党总支，2006年10月30日，党总支下设3个分支部：
　　罗盛里党支部，书记孙雪昌，党员26名。
　　迎春花园党支部，书记居会根，党员21名。
　　非公经济党支部，书记徐祥娟，党员3名。

第二节 行政组织

一、中华人民共和国成立前行政组织

1912年，境内设有二图（正四图、四图）。正四图辖郑庄上、罗盛里、张角里、塘湾里（现属龙南社区）及朱家上河北岸半个自然村；四图辖朱家上河南岸半个自然村。时隶属吴江县范隅上乡一都。

1934年8月，实行区、乡（镇）制，乡以下设保、甲。境域隶属田北乡，乡长许叙元（许其源）。1945年后，乡长为徐仁方。

境域设2个保，张角里、朱家上为5保，前后2人任保长；罗盛里、郑庄上、塘湾里为6保，前后3人任保长。保以下设甲，一般每个自然村设1—2个甲，村务由甲长负责。

1948年，湖东乡、越西乡合并为越溪乡，乡长为刘长兴。

二、中华人民共和国成立后行政组织

初期，沿用旧制。1950年3月，区、乡调整，取消保甲，以自然村为单位设立行政组织。1950年8月8日，境域由吴江县划归吴县，隶属吴县枫桥区尹西小乡。1954年4月，境内建有第一三合村、第二新合村、第三塘湾村、第四新建村4个初级农业合作社（简称初级社）。1956年1月，建有金星二十一高级农业生产合作社（简称高级社或金星廿一社），1957年9月改称为东风十二高级社（简称东风十二社）。1957年3月，长桥小乡并入郭巷乡，境域隶属郭巷乡。1958年10月，郭巷乡成立郭巷人民公社，公社下设生产大队、生产小队。境域称新建生产大队（简称新建大队）和9个生产小队（简称生产队）。隶属郭巷人民公社。1965年12月，新建大队和长桥大队、新华大队、钢铁大队、金星大队、红庄大队、卫星大队7个大队由郭巷公社划归蠡墅人民公社，不久更名为长桥人民公社。

1966年，开始"文化大革命"，新建大队改称新建大队革命领导小组。

1968年12月，撤销大队革命领导小组，成立新建大队革命委员会。1972年，撤销大队革命委员会，恢复生产大队建制。

1980年，新建大队改称新江大队。

1983年7月，政社分设，恢复乡、村建制，公社改称为乡，大队改称为村民委员会，生产小队改称为村民小组。

1986年12月，撤乡建镇，实行镇管村体制，新江村隶属长桥镇。

1992年8月17日，新江村由长桥镇划归吴县经济技术开发区。

1995年6月8日，吴县撤县建市，新江村隶属吴县市经济技术开发区。

2001年2月28日，撤吴县市，设吴中区、相城区。新江村隶属吴中经济技术开发区。

2002年9月，新江村民委员会更名为新江村居民委员会。

2006年8月23日，新江村居民委员会更名为新江社区居民委员会。

表 8-3　1950 年 4 月—1955 年 12 月各初级社村长更迭表

初级社名称	职务	姓名	任期
三合村（朱家上）	村长	莫云龙	1950—1952.10
	副村长	汤根生	1950.4—1955.12
新合村（罗盛里）	村长	徐根水	1950.4—1952.12
	副村长	孙关根	1950.4—1952.10
塘湾村（塘湾、郑庄）	村长	钱阿五、柳长金	1950.4—1955.12
	副村长	钱三根	1950.4—1952.10
新建村（张角里）	村长	徐根水	1953—1955.12
	副村长	汤金云	1953—1955.12
	村长	徐寿金	1953—1955.12

表 8-4　1956—1958 年 9 月高级社社长、会计更迭表

社名	职务	姓名	任期
金星廿一社 东风十二社	社长	莫云龙	1956.1—1958.9
	副社长	徐根水	1956.1—1957.6
	副社长	徐根福	1956.1—1958.9
	会计	陆水根	1956.1—1957.6
	会计	徐工先	1957.7—1958.9

表 8-5　1958 年 10 月—2015 年 12 月历任村干部更迭表

职务	姓名	任期时间	职务	姓名	任期时间
大队长、村主任、社区主任	徐根福	1958.10—1961	副大队长、主任	徐工先	1967—1972
	徐工先	1962—1966		赵福根	1975—1975.12
	马连根	1972—1975	大队、村、社区会计	陆水根	1956.1—1957.6
	赵福根	1976—1983.5		徐工先	1957.7—1961
	汤恒元	1983.6—1988.5		徐景修	1962—1976.5
	赵福根	1988.6—2003.9		钱金水	1976.6—1988.4
	孙雪昌	2003.9—2013.7		赵立平	1988.5—2003.8
	居会根	2013.7—至今		徐祥娟	2003.9 至今

注：1958 年 10 月—1980 年 7 月称大队，1980 年 7 月—2006 年 8 月称行政村，2006 年 8 月至今称社区。

表 8-6　1956—1958 年生产队长、会计更迭表

队别	职务	姓名	任职时间	队别	职务	姓名	任期时间
一队	队长	计木金	1956—1958	五队	队长	陆会金	1956—1958
	会计	陈五福	1956—1958		会计	汤恒元	1956—1958
二队	队长	许和尚	1956—1958	六队	队长	汤根生	1956—1958
	会计	潘寿妹	1956—1958		会计	王全生	1956—1958

续表

队别	职务	姓名	任职时间	队别	职务	姓名	任期时间
三队	队长	赵根水	1956—1958	七队	队长	钱水根	1956—1958
三队	会计	王全生	1956—1958	七队	会计	钱泉元	1956—1958
四队	队长	徐寿金	1956—1957	八队	队长	钱好根	1956—1958
四队	队长	徐福林	1957—1958	八队	会计	钱根兴	1956—1958
四队	会计	徐秋明	1956—1958				

表8-7 1959—1982年生产队长、会计更迭表

队别	职务	姓名	任职时间	队别	职务	姓名	任职时间
一队	队长	钱好根	1959—1963	三队	队长	赵福根	1972—1975.12
一队	队长	金阿星	1964—1976	三队	队长	孙根福	1976—1976.12
一队	队长	钱金弟	1977—1979	三队	队长	孙祥龙	1977—1978
一队	队长	钱龙根	1980.12	三队	队长	汤金元	1979—1980
一队	队长	金阿星	1981—1982	三队	队长	汤泉男	1980—1981
一队	会计	钱根兴	1989—1962	三队	队长	孙祥龙	1981—1982
一队	会计	金根男	1963—1974	三队	会计	赵福根	1959—1963
一队	会计	顾拥军	1975—1982	三队	会计	赵根才	1964—1967
二队	队长	钱长法	1959—1961	三队	会计	汤泉根	1968—1979
二队	队长	钱水根	1962—1963	三队	会计	徐建华	1980—1982
二队	队长	钱福根	1964—1964.12	四队	队长	汤才元	1959—1961
二队	队长	钱大福根	1965—1966	四队	队长	孙杏根	1962—1963
二队	队长	钱进法	1967—1977	四队	队长	顾金男	1964—1970
二队	队长	钱林根	1978—1979	四队	队长	顾木根	1971—1972
二队	队长	钱金根	1980—1980.12	四队	队长	徐福昌	1972—1976
二队	队长	钱毛大	1981—1982	四队	队长	顾木根	1977—1978
二队	会计	钱泉元	1959—1960	四队	队长	汤大男	1979—1972
二队	会计	钱毛男	1960—1969	四队	队长	顾春元	1980—1981
二队	会计	石关根	1970—1974	四队	队长	顾金男	1982—1982
二队	会计	钱炳男	1975—1982	四队	会计	顾元才	1961—1965
三队	队长	陆会金	1959—1961	四队	会计	顾文昌	1966—1970
三队	队长	汤金英	1962—1963	四队	会计	汤金男	1971—1972
三队	队长	莫云龙	1964—1966	四队	会计	顾元才	1973—1978
三队	队长	汤金英	1967—1971	四队	会计	汤金男	1979—1982

续表

队别	职务	姓名	任职时间	队别	职务	姓名	任职时间
五队	队长	计木金	1959—	七队	会计	王都男	1961—1972
五队	队长	潘龙夫	1960—1962	七队	会计	赵银弟	1973—1974
五队	队长	莫长才	1963—1964	七队	会计	赵立平	1975—1982
五队	队长	莫长泉	1964—1969	八队	队长	徐福林	1959—1960
五队	队长	莫长才	1970—1977	八队	队长	徐根金	1960—1961
五队	队长	王木男	1978—1980	八队	队长	徐根火	1961—1962
五队	队长	赵龙根	1982—1982	八队	队长	徐秋明	1962—1963
五队	会计	陈五福	1961—1963	八队	队长	徐寿金	1963—1968
五队	会计	王木男	1964—1968	八队	队长	赵根水	1969—1971
五队	会计	潘银泉	1978—1982	八队	队长	夏金水林	1972—1977
六队	队长	许和尚	1959—1966	八队	队长	徐云根	1977—1979
六队	队长	马火水根	1967—1968	八队	队长	徐连根	1980—1981
六队	队长	潘根土	1969—1975	八队	队长	徐云坤	1981—1982
六队	队长	许火根	1976—1977	八队	会计	徐三男	1961—1966
六队	队长	潘洑根	1977—1981	八队	会计	徐连根	1967—1975
六队	队长	潘三根	1982—1982	八队	会计	徐纪男	1976—1978
六队	会计	莫根泉	1961—1967	八队	会计	徐勇敏	1979—1982
六队	会计	马小毛	1968—1969	九队	队长	陆会金	1959—1961
六队	会计	许杏男	1970—1982	九队	队长	徐根水	1962—1963
七队	队长	赵林根	1959—1968	九队	队长	徐盘根	1964—1971
七队	队长	王根生	1969—1973	九队	队长	汤恒元	1972—1975
七队	队长	徐福根	1974—1975	九队	队长	汤龙元	1976—1977
七队	队长	赵龙根	1976—1977	九队	队长	汤毛毛	1977—1978
七队	队长	王祥龙	1978—1978	九队	队长	汤恒元	1978—1982
七队	队长	赵林根	1979—1982	九队	会计	汤恒元	1961—1971
				九队	会计	顾水金	1972—1982

表8-8 1983—1988年联队长、会计更迭表

联队	姓名	任职时间	联队	姓名	任职时间
一组和二组合并	钱毛大	1983-1988	五组和六组合并	王木男	1983-1988
三组和九组合并	孙祥龙	1983-1988	七组和八组合并	赵林根	1983-1988
4组单独	顾金男	1983-1988			
联组会计顾永军：一、二、三、四、九，计5个小组			联组会计潘银泉：五、六、七、八，计4个小组		

注：1983年，实行联产到组责任制，全村（大队）9个村民小组合并成5个生产联组。1988年后，部分组长自动取消。剩余土地由方根男、金云男两人承包（1994年起）。

第三节 经济组织

一、村经济合作社

1983年7月恢复乡建制时,大队改称行政村,设立村民委员会。同时建立村经济合作社,社长由村委会主任兼任,即实行一套班子两块牌子。同年冬天,实行联产到劳,集体土地划分给农户自主经营,原生产队的公积金、公益金由行政村收归村经济合作社,由合作社统一管理、统一进行再生产投入,发展壮大集体经济。

二、村经济发展公司

1992年,随着改革开放的不断深入,为加快农村经济的发展步伐,在扩大招商的同时,注重提高招商引资的效果,做好各家企业的依法管理和服务,完善投资环境,提供优惠政策,增强企业投资者的信心,使企业在境内形成群聚气候。为此,成立吴县经济技术开发区新江村经济发展公司。1995年改称吴县市经济开发区新江经济发展公司。2001年又改称苏州吴中经济开发区新江经济发展公司。公司总经理由村党支部书记兼任。2005年10月撤销苏州吴中经济开发区新江经济发展公司,公司总经理同时撤销。

第四节 群团组织

一、农民协会

1950年4月,枫桥区尹西乡成立农民协会(简称农会),一般吸收贫雇农民加入农民协会。赵根水任农会主任。职责是组织农会开展日常工作,维护社会秩序,进行土地改革,划分土地,划分雇农、贫农、下中农、上中农、富农、地主等6种成分,以及打击土豪和整压反革命分子。1954年,农业合作化后,农会活动相对减少。此后,农会组织自行消失。

二、贫下中农协会

贫下中农协会(简称贫协),在1964年的社会主义教育运动中,为树立贫下中农在地方上的绝对优势而建立的组织,主要职能是监督大队党政组织的日常工作效率和干部的权力运用,参与大队党政组织的民主生活,定期审查大队集体财务的收支状况,防止干部发生贪污腐化现象。一旦发现苗头性问题,及时报告上级组织进行查处。

新建大队贫协组织第一任主任赵根林(任期1958年10月—1966年)第二任主任马连根(任期1967年—1976年),第三任主任徐金秀英(任期1977年—1978年)。

1978年后,随社会形势不断发展的变化,贫协组织停止活动,不久自行消失。

三、中国共产主义青年团

1958年12月,境内成立共青团新建大队支部委员会(简称团支部),有团员13名,顾金男任团支部书记。

根据团的章程,坚定不移地围绕中国共产党在各个不同历史时期的中心工作,宣传党的路线、方针、政策,团结广大青年在社会主义建设和社会活动中,充分发挥团员青年的突击队作用和先锋模范作用,组织青年开展"学雷锋、树新风"活动以及开展各项文娱体育活动。在各项活动中,注意培养、团结、引导青年团员成为积极分子,为中国共产党输送新鲜血液。

1966年"文化大革命"开始,团组织陷入瘫痪,团组织由"红卫兵"组织替代。1970年9月团组织恢复工作。进入21世纪后,团组织的团员发展工作几乎处于停顿状态。

2015年12月底,新江社区共有团员103名,其中:男54名,女49名。徐平平任团支部书记。

表8-9　1958—2015年历任共青团书记更迭表

姓名	任职时间	姓名	任职时间	姓名	任职时间
顾金男	1958.12—1963	汤仙妹	1976—1976.12	陈丽琴	2003.10—2009.12
钱根林	1964.1—1964.12	徐连官	1977—1977.12	徐平平	2010.01—2015.7
徐秋明	1965—1968	钱毛男	1978—1984.5	汤丹红	2015.8—
赵根才	1969—1971	潘银泉	1984.6—1989.5		
金根男	1972—1975	顾文香	1989.6—2003.9		

四、妇女组织

1958年10月,人民公社化时期,境内建立妇女委员会(简称妇代会),生产队建妇女代表小组,组长一般由妇女队长兼任。时,新建大队妇代会主任顾数英。

自妇代会成立以来,围绕党在各个历史时期的中心工作,结合妇女自身特点,开展工作和组织活动。在20世纪50—60年代的社会主义革命和建设时期,积极发动和引导广大妇女投身于土地改革、农业生产合作化、拥军优属和社会主义大生产运动。在宣传贯彻《婚姻法》,鼓励、支持广大妇女冲破封建思想束缚、争取婚姻自由,为妇女争取社会地位、实现男女平等方面发挥了举足轻重的作用。党的十届三中全会以来,妇女组织在维护妇女、儿童的合法权益,带领妇女积极投身于发展村级经济和各项社会事业中发挥了"半边天"的作用。同时,组织妇女开展学文化、学科学、提高科学文化水平,为妇女在各项社会活动中争取应有的地位。还组织妇女开展"文明家庭""五好家庭""好婆媳""巾帼建功"等争创活动,在妇女群众中培植奋发向上的社会氛围。配合计划生育部门,教育引导妇女做好计划生育工作,宣传妇女卫生保健知识。

表8-10 1958—2015年历任妇女主任更迭表

姓名	任职时间	姓名	任职时间	姓名	任职时间
顾数英	1958.10—1960	马巧珍	1964—1967	金菊华	2012—
徐根英	1961—1961.12	汤火英	1968—2003.9		
莫祥英	1962—1963	顾文香	2003.10—2011		

五、民兵组织

1950年9月，开展土地改革，枫桥区尹西乡组建民兵组织，隶属吴县人民武装部，境域组建民兵中队，是境内第一个民兵组织，由赵根水任中队长。时，民兵中队的中心工作是：打击土豪恶霸，镇压反革命分子，巩固新生政权，以确保农会顺利进行土地改革。同时，民兵组建治安保卫小组，进行执勤、联防、护村。每个自然村在河道口设栅栏一座，晚上有人值班。河道中横一根长木，浮于水面，防止外来船只进村，确保村庄安全。土改期间，中队民兵看管不法分子，保卫胜利成果。重大节假日，巡逻放哨，保卫生产，维护社会治安。

1953年，实行普通民兵制，贫下中农中的积极分子才可参加民兵，分基干民兵（18—25周岁）和普通民兵（26—35周岁）两种。

1958年，根据毛泽东"大办民兵师"和"全民皆民"的号召，生产大队实行营建制，营长马连根。生产队设连、排、班。同时，以基干民兵为主，成立农业生产突击队。

1964年，为防范国民党反攻大陆，根据中央指示精神，大队增设武装基干民兵连。

1978年，开展民兵工作三落实（组织落实、政治落实、军事落实）活动，武装基干民兵配发部分武器，开展政治学习和军事训练两不误。

1981年，武装基干民兵制撤销，恢复普通民兵和基干民兵体制，同时，对基干民兵年龄调整为18—28周岁，普通民兵年龄调整为29—45周岁。

1985年，根据中共中央〔1985〕22号文件和军委扩大会议精神，民兵应减少数量，提高质量，抓好重点，打好基础的方针，对民兵组织编制进行了调整，减少了民兵的数量。

自1950年9月成立民兵组织以来，民兵在维护社会治安，巩固地方政权，执行急、难、险重大任务中，冲锋在前。在社会主义革命、大生产运动和现代化建设中发挥了积极作用。在参加太浦河、白茆河、太湖防洪大堤等水利工程中以及历次抗洪救灾、守夜巡逻、堵口伏击中，都勇敢地冲在最前线，保障了社会的稳定，作出了重大贡献。

表8-11 1958—2015年历任民兵营长更迭表

姓名	任职时间	姓名	任职时间	姓名	任职时间
马连根	1958.9—1971	顾才明	1977—1986	居会根	2006.2—2013.7
金根男	1972—1974	徐炳男	1987—1987.10	徐平平	2013.7—
钱金水	1975—1976	潘银泉	1988—2005		

表 8-12　1958—2015 年历任治保主任更迭表

姓名	任职时间	姓名	任职时间	姓名	任职时间
马连根	1958.9—1971	顾才明	1977—1986	徐平平	2013.7—
金根男	1972—1974	潘银泉	1987—2009		
钱金水	1975—1976	居会根	2010—2013.7		

六、工会组织

2005年8月，组建吴中区城南街道新江村联合工会，由孙雪昌任工会主席，居会根任工会副主席。有10余家主要企业和各方人士参加。

联合工会以全国总工会第十五次代表大会精神为指导，坚持"组织起来、切实维权"的工作方针，充分发挥"团结职工群众、协调劳动关系、维护职工合法权益"的作用。

本届（2010年7月27日—2015年7月26日）工会，职工总数400余人，其中女职工220人，工会会员350人。

本届工会主席：孙雪昌，副主席：居会根，工会委员：徐祥娟、金菊华、沈林芳、许迎娟、汤国平、顾文香（为女职工委员）。

社区设有工会办公室，配有专职工作人员，建有"职工之家"经常性地开展协调劳资关系，调解劳资纠纷，开展各类维权活动，协助企业职工自行组建企业工会，指导企业工会开展工作。

七、关工委组织

2009年，组建吴中区城南街道新江社区关心下一代工作委员会（简称关工委），成立关工委领导小组，孙雪昌任主任，潘银泉任常务副主任，顾文香、徐祥娟、许杏男任委员。同时聘请"五老人员"参加关工委领导班子，由"五老人员"任关工委组织负责人，延伸到各居民小组，听取、反映群众迫切需要解决的意见和问题，协助关工委的正常工作。

"五老人员"共15名，老书记3名（徐根福、赵福根、金根男），老模范1名（赵根水），老教师1名（钱毛男），老军人7名（赵火金、赵火林、潘根土、钱会根、马小毛、徐水林、马老虎），老党员2名（钱福根、徐景修），老干部1名（赵立民）。

第九章 教育文化

20世纪40年代,境内办有7所私塾学堂,一般规模较小。1952年境内始办张阁学堂,是一所复式初级学堂。共有4个年级,20名学生,1名老师。1953年,张阁学堂更名为张阁小学。1958年又更名为新建小学。1975—1978年间,学校规模有所扩大,学生数增至190人,并附设初中班(时称"戴帽子中学")。1987年,新建小学再次更名为新江小学。之后学生数下降,1995年秋并入碧波实验小学。至此,新江境内无学校。

第一节 私塾教育

私塾是新江境内出现较早的教育形式,属初等教育。旧时,较大的自然村均有私塾。一般由塾师自行设馆,招几个学生在农户家中或宗祠内授课。入学年龄不限,一般为五六岁至十二三岁,人数多寡不一,少则四五人,多至十余人。私塾仅供少数有钱人家的子女就读,有的还不准女童入学。塾师一般由外来秀才或未中榜的老童生、旧知识分子、阴阳先生或不明身份但有文化知识的人担任,也有以读完私塾的人充任。因此,文化水平高低不一,后据上级教育部门规定,指定塾师要参加学习进修,以资改进。

1940年后,境内逐步开设私塾7家,其中朱家上在潘龙夫家、储福林家、莫长泉家、储老虎家均办班,塾师秦元仁、戴红兰两人在4家私塾交替授课。张角里在徐松泉家、罗盛里徐关狗家以及猛将堂(俗称红庙)开办私塾,塾师为张浩堃,规模最大,学童最多(10余人),停办时间最迟(1951年)。中华人民共和国成立后,政府对私塾实行"团结、改造"的政策,有计划地将部分塾师并入公办小学,其中张浩堃转入蠡墅中心小学,成为一名公办教师。

一、教学方法

私塾是旧时一种私人举办的初级学校,规模一般很小,学生的年龄、文化程度也不等。授学时,学生就读一室,由塾师分别授课或由程度高的学生教程度低的学生。一般为单独一人一桌或两人一桌,学生自带桌凳。每年春节后开学,夏天休学,农历七月后再开学,年复一年,始终不变。私塾教学方法一般都为死记硬背,学生达不到要求时就用打手心、立壁角、关饭学、关夜学等手段进行体罚。教学时间从上午8时许至12时许;下午从1时许到4时许,无规定时间,无星期天,只有农历春节、端午节、中秋节以及境内特有的农历八月十七、八月十八等节日才有休息日。

二、教学内容

私塾的教学内容从读识字开始,以读和习字为主。学生入学后,首先学会最简单的单字(方块字),然后选授《三字经》《百家姓》《千字文》《神童诗》等启蒙读本,再授读"四书""五经"等。学生习字从练习握笔开始,先"描红",后"临帖"。1949年前后,有些私塾受正规学校的影响,进行了一些改良,课堂上增设尺牍课,并酌授浅易算术(珠算),还引进了新式教科书等。

第二节 幼儿教育

1949年前,境内幼儿教育还是空白。1958年人民公社化后,在农忙时由小学临时性开办季节性幼儿班。1962年起,根据实际情况,办起了半年级班,以便让那些年龄尚不够读一年级的小孩有所管教。这种形式一直延续到20世纪70年代末。幼儿教师临时性在生产队抽调,一般根据教育大纲的规定。按照"寓教于玩、保教结合"的原则上课。时,每个生产队或每个自然村有一所临时性的幼儿教育场所。之后,幼儿教育一般附属在小学上课。

自1958年境内始办农忙季节性临时幼儿班,幼儿班时断时续,1975年逐步正常。幼儿班招收4—6周岁的幼儿入园,上午7时半到园,中午回家就餐,下午4时以后离园。之后,幼儿就餐基本上在学校统一就餐。

"文化大革命"前,幼儿班一般开设语言和认知等课程,每周大班13节课、中班12节课、小班6节课。"文化大革命"后,幼儿课程统一为6门。

学制一般为3年,即小班、中班、大班各1年。

第三节　小学教育

1952年始办小学,校址在张阁里小河浜北岸东南角的"祖子庙"里办学,庙宇房屋3间1厢1天井,校名为张阁学堂,1953年更名张阁小学,是一所复式初级小学,由华志诚一名老师负责授课,4个年级20多名学生,自带桌凳,同堂授教。课程设置简单,以语文、算术为主。五年级学生一般去龙桥中心小学就读,六年级部分学生去下田小学就读。张阁小学于1958年更名为新建小学。1964年普及小学教学,开始办简易小学,即耕读小学。1966年,"文化大革命"开始,学校停课闹革命,实行贫下中农管理学校。1975年,在河东坟南侧农田里建造校舍(4间砖瓦平房及3间油毛毡屋顶的简易房)。时,有1—5年级5个班级(时为五年制),学生187名,其中一年级36名,二年级27名,三年级39名,四年级51名,五年级34名。1977年下半年,始办时称"戴帽子"。初中班,学生45名。初中班仅开办两个学期,后即停办。1977年在河东坟北侧新建砖瓦房3间1厢和4间油毛毡屋顶的简易房,后因屋面漏水,由国家和大队共同出资又翻建4间砖瓦平房,时校舍共有7间1厢,208平方米,另有泥地操场259平方米。1987年,新建小学更名为新江小学。1992年又更名为吴县经济技术开发区新江小学(简称新江小学)。1995年秋并入开发区碧波小学。

1. 学制

1953年9月22日,教育部颁发了《试行小学四二制教学计划(草案)》,此后至"文革"前,境内小学一直沿用"四二制",即初小四年,高小二年的六年制。"文革"期间,实行五年制学制,同时缩短寒暑假时间,延长农忙假时间。党的十一届三中全会后,学制逐步恢复。1983年9月始,五年制学制逐步向六年制过渡,境内五年制和六年制并存。1985年重新恢复六年制学制。

2. 课程

中华人民共和国成立初,境内小学课程设置带有随意性,无严格的规定。

1978年起,各校开始统一使用江苏省教育委员会规定的五年一贯制教材。1979年7月,根据吴县文教局课程设置的统一安排,小学课程设置统一为一、二、三年级设语文、数学、体育、音乐、美术5门课;四、五年级设政治、语文、数学、自然常识、体育、音乐、美术7门课。至此,各年级课程设置逐步完善、稳定。1995年秋,新江小学并入碧波小学。

表9-1 新江小学(含其前身学校)历任学校负责人更迭表

姓名	任职时间	姓名	任职时间	姓名	任职时间
华志诚	1952—1954.6	陈燕娟	1964.9—1968—08	杨振华	1984.6—1990.6
席鹤鸣	1954.7—1955.6	钱毛男	1968.9—1972.12	张莉玉	1990.9—1995.6
陆泉元	1955.9—1956.6	戴也珍	1973.1—1975.8		
胡锦涛	1956.9—1964.8	钱毛男	1975.9—1984.5		

注:1952年至1957年为张阁小学,1958年至1986年为新建小学,1987年至1995年为新江小学,1995年秋并入碧波小学

表9-2 1975—1984年时新建小学在校学生数(选年)一览表

年份		合计	一年级	二年级	三年级	四年级	五年级	初中班
1975	上半年	/	/	/	/	/	/	/
	下半年	187	36	27	39	51	34	/
1976	上半年	190	36	36	29	39	50	/
	下半年	187	40	32	31	36	48	/
1977	上半年	186	40	32	31	36	47	/
	下半年	186	19	32	29	29	32	45
1978	上半年	185	19	39	29	29	32	37
	下半年	144	31	29	46	38	/	/
1979	上半年	144	31	29	46	38	/	/
	下半年	126	30	20	32	44	/	/
1980	上半年	135	30	31	38	36	/	/
	下半年	120	21	26	32	41	/	/
1981	上半年	120	21	26	32	41	/	/
	下半年	97	19	19	26	33	/	/
1982	上半年	96	19	19	26	32	/	/
	下半年	73	10	18	19	26	/	/
1983	上半年	73	10	18	19	26	/	/
	下半年	56	10	10	18	18	/	/
1984	上半年	56	10	10	18	18	/	/
	下半年	48	10	10	10	18	/	/

注:时为五年制小学。初中班办一学年。1978年下半年五年级并入下田小学,恢复初级小学。

第四节　扫盲运动

中华人民共和国成立后，上级政府着手开展扫盲业余教育，广泛开展群众性的扫盲识字运动，1953年后，境内响应政府号召"人人学文化，个个学识字"，冬学班、夜校、识字班应运而生。1954年起，掀起了扫盲高潮，组织农民开展"识千字"竞赛活动，要求中青年文盲、半文盲人人参加，老年农民上夜校学识字。时，每个生产队均设学习班，由有文化的青年和学校教师充任辅导老师。

1956年，上级发出"向文化进军"的号召，开展声势浩大的扫盲活动。生产大队必须以定点定人、定时定组、包教包学的形式，任务落实到人。1964年，公社成立了扫盲办公室，配有业余扫盲辅导员，指导各大队的扫盲工作。采取壮年文盲落实到人，包教包学，有小学生的教父母，识字的教不识字的，识字多的教识字少的。创办田头识字班，下田劳作时，带一块小黑板，利用劳作间歇时间教社员认字、识字。经过一段时间的学习，约40%的文盲、半文盲基本认识了800个左右的常用字。

"文化大革命"开始后，扫盲教育工作停止，文盲率有所回升。1971年下半年，扫盲工作重新开始重视。相继成立了扫盲领导小组，由团支部书记、妇女主任具体抓扫盲工作，主要任务是订计划、订制度、包学额、包脱盲。扫盲教育因地制宜，形式多样，主要以扫盲班、补习班为主。结合本地情况，自编教材（称乡土教材），利用夜晚时间进行补教。到1984年春，境内50周岁以下的文盲、半文盲均达到识1500字左右，至此，非文盲率达到88.9%，符合国务院规定的基本扫除文盲单位非文盲率85%的标准。

第五节　文艺宣传队

1965年春，境内张角里、郑庄村相继分别成立文艺宣传队，即：张角文艺宣传队、郑庄文艺宣传队。1966年上半年后，两队合并，成立新建大队文艺宣传队，由大队团支部统一管理。参选队员一般为有一定文化知识、思想进步、爱好文艺、有吃苦精神的男女青年参加。时，队员15人左右，均不脱产，白天照常参加集体生产，晚上集中排练，聘吴县锡剧团专职演员陶阿金夫妇前来辅导。主要队员有：徐三男、赵龙根、钱毛男、徐允若、汤火英、王根娣、徐招英等。大队专门划出一亩左右田地，由宣传队员利用空闲时间义务耕作，获取的经济收益作为宣传队的活动经费。文艺宣传队演出的乐器、服饰均由队员自备，外出演出的伙食亦由宣传队自负。辅导老师前来指导时的伙食由主要队员轮流供给。演出虽较清苦，但全体宣传队员热情高涨，老百姓较喜爱。

大队文艺宣传队成立初期，主要剧本均由外来移入，如《大年夜》《送嫁妆》《三月三》《一粒麦》等，之后，以演出"样板戏"为主，如《沙家浜》《红灯记》。除在本大队演出外，还先后到长桥公社的邵昂、苏州郊区的蒋墩、苏州市的医学院等地相继演出，受到人们的一致好评。之后，由于队员的年岁增大，喜爱改变，以及人员变动，到1972年底停演。

第十章 卫生健康

中华人民共和国成立后,党和政府十分关心人民身体健康,极其重视卫生医疗工作。1969年,境内成立大队合作医疗室,为社员防病、治病。1973年,动员鼓励社员自打家井,提倡不吃河水吃井水。1987年,境内全部开通自来水。

　　1994年,境内开展创建"卫生村"活动,到1999年,新江村被评为"江苏省卫生村"。

　　2004年,新江村开展围绕苏州市创建"国家文明卫生城市"为主题的爱国卫生运动,被吴中区爱卫委评为"2003—2004年度爱国卫生先进集体"。

　　1998年秋,新江村组建境域保洁队伍,初时有保洁人员8名,2015年增加到18名。

第一节 环境卫生

一、卫生

旧时,境内对卫生工作不够重视,无计划,无措施。农家房前屋后均有露天粪坑(缸),垃圾、便渍遍地。致使空气中整天散发着粪臭和植物腐烂物的气味,造成劳动人民的健康水平差,急性病、慢性病常发,生命得不到有效保障,人均寿命不足50岁。

中华人民共和国成立后,政府提出"以讲卫生为光荣,以不讲卫生为耻辱"的口号,树立"人人讲卫生,个个爱清洁"的新风尚。

1956年,大力开展爱国卫生运动,以除"四害"(苍蝇、蚊子、老鼠、麻雀)、讲卫生、灭疾病为中心,发动群众,人人参与。

1958年10月,郭巷人民公社成立以后,即成立"除害灭病"指挥部,继续以除"四害"为重点,开展爱国卫生运动。境内组织发动群众,捕雀灭鼠、挖蛹灭蝇、撒药灭蛆、烟熏灭蚊等措施消灭四害。

1965年,境内开展迁离河边粪缸的工作,以生产队为单位,集中管理,搭棚加盖。开挖洗马桶水潭(俗称倒马桶潭),禁止马桶下河洗刷,以"两管一灭"(管粪、管水、灭菌)等措施,加强卫生管理。

1973年,境内动员鼓励社员自打家井,大队给予一定的经济补贴;各生产队开挖公井,经费由大队承担。让各家各户吃上比较干净的饮用水。

1987年,境内开通自来水,由苏州市自来水厂供水。1999年,改由吴县市自来水厂供水。

1989年,每年3月份确定为"爱国卫生月"。境内以此主题,每年开展整治"脏、乱、差"的活动。此后成为常态。

1990年,境内基本消灭露天粪缸,环境卫生得到改善。

1994年,遵照上级要求,开展创建"卫生村"活动。1999年,被评为"江苏省卫生村"。

2004年,境内开展围绕苏州市创建"国家文明卫生城市"为主题的爱国卫生运动,组织开展环境卫生治理和保护工作,构筑雨污水管网1000余米。被吴中区爱卫委评为"2003—2004年度爱国卫生先进集体"。

2008年8月,村委会对境内3个自然村的雨、污水管道进行了彻底的改造,铺设管道6700余米,并接通污水处理厂的大环境管网,进行雨污水无害化处理。

二、保洁

1998年秋,境内开始组织保洁队伍。初时由8名原妇女队长兼职,主要打扫自然村内道路的保洁工作。同时,组织4名男性人员和两条农船进行自然村内河道的保洁工作。同年,新江村选派4名中年妇女,对境内所有上厕所困难的老、弱、病、残人员上门服务,帮其倒洗马桶。2011年结束此服务。

2015年,新江社区进一步优化保洁人员、保洁设施、保洁工具。截至12月底,道路、河道保洁人员为18名；垃圾箱10只；垃圾桶395只，其中：302户人家，每家1只，公用93只；垃圾车19辆，其中手推车16辆，电动车3辆。确保村庄内道路、河道保持天天整洁、日日干净。

第二节 疾病防治

一、传染病防治

民国时期，境内霍乱（亦称瘪螺痧）、天花、白喉、伤寒、痢疾、脑膜炎、麻疹（亦称痧子）等疫病流行。霍乱尤烈，有2户人家几个月内连死3人。

中华人民共和国成立后，贯彻"预防为主"的方针，"除四害"消灭病源传播；保护水源，改善饮用水条件；加强食品卫生管理，控制疾病传染；推行预防接种，增强免疫力。

1979年，改预防接种为计划免疫接种。1985年起，发放儿童"预防接种证"，凭证计划接种。1995年以后，以上病例无一发生。

二、血吸虫病防治

血吸虫病主要流行于长江两岸的7个省份，江苏省是重灾区之一。新江境域地处水网地区，是血吸虫病流行比较严重的地区之一。特别是20世纪50—60年代，境内4个自然村9个生产小队中，血吸虫病患者有75人，占当时总人口的11%，分别为：一队9人，二队10人，三队8人，四队8人，五队8人，六队9人，七队8人，八队7人，九队8人。后经各级医疗机构治疗，90%以上的患者均治愈。

血吸虫病在流行病中是危害最大的一种疾害，轻则丧失劳动力，重则死亡，患病的妇女不能生育，患病的儿童影响发育，个别人家田地荒芜，家破人亡。

1956年2月17日，毛主席发出了"一定要消灭血吸虫病"的战斗号召，成为全党、全民向血吸虫病开战的动员令。自此，在各级政府的指导下，境内每年春、秋两季，有计划、有组织地开展防治血吸虫病的活动，做到户户参加，人人参与。

1. 查螺灭螺

防治血吸虫病的流行，最有效的办法是消灭钉螺，钉螺是血吸虫的中间宿主，一般生活在草滩、池塘、沟渠等野外多水区域。没有钉螺，血吸虫病就无法传播。

血吸虫病是人畜粪便的互通寄生虫，是一种肉眼看不见的灰白色线状小虫，虫卵入水孵化形成毛蚴，遇着钉螺便钻入钉螺体内进行无性繁殖，生出无数的尾蚴。一旦人畜入水，钻入体内寄生，引起血吸虫病。患者到了晚期，腹大如鼓（俗称臌病），丧失劳动力，进而死亡。

1958年，郭巷公社开展"除四害、讲卫生、防治血吸虫病"的群众运动，结合积肥和兴修水利进行灭螺。境内铲除田埂、河浜两岸和水渠两侧的草皮进行深埋、覆土处理，清除沟渠内杂草、淤泥，抽干沟内积水，就地晒干，晒死钉螺。1964年，郭巷公社建立血防中队，大队配备1名保健员（俗称血防员）结合干浜积肥、整修沟渠、平整土地，开展大规模的查螺灭螺工作，在河浜、沟渠的堤坡，投放"五氯酚钠"（俗称五氯粉）进行药物灭螺。

1964—1977年，对血吸虫病防治展开多次打歼灭战运动，每年春秋两季，公社卫生人员下乡督查，大队赤脚医生协助工作，对重点螺区反复查验，采取人工、药剂等方法进行灭螺，有效地遏制了螺情的蔓延。同时，加强对农户的粪缸管理，河边粪缸全部搬离，搭棚加盖，杜绝粪缸满溢，切断疾病源寄生。

1978年，经上级政府实地查验，未见钉螺重现。

2．查病治病

查病的主要方法是进行粪检，境内实行三送三检（每天送患者粪便三次，检测三次）。

1956年，吴县血防站成立血吸虫病治疗中心组，开展治疗血吸虫病的工作。1958年采取锑剂20天及15天的治疗法（一个疗程）进行治疗。1966年7月至1970年间，采取"846"和"273新药"，给患者进行免费检查和治疗。时，境内75名血吸虫病患者分别送入4个疗养点进行治疗，分别为：蠡墅镇城隍庙（俗称堂隍庙）蠡墅医院疗养点、龙桥镇摆渡口（陆龙金家）龙桥医院疗养点、罗盛里河南岸（称西海）空置房疗养点、罗盛里河东坎东侧大队合作医疗室疗养点。经数年治疗，90%以上的血吸虫病患者基本康复。

到1978年，境内基本消灭血吸虫病。

三、抗击非典

非典，即传染性非典型肺炎，又称严重急性呼吸综合征，简称SARS，是一种因感染SARS相关冠状病毒而导致的以发热、干咳、胸闷为主要症状，严重者出现快速进展的呼吸系统衰竭的新型传染病。

非典发生于2003年4月下旬，境内无病例发生。根据上级指示抗击非典，采取七项措施：设立发热门诊；定点医院；流调布网，群防群控；整体隔离感染源；封闭管理；设立联合检查；全名动员，各自为战。做到早发现、早隔离、早治疗。至2003年6月24日，世界卫生组织撤销对中国旅行警告，从非典疫区名单中删除，境内停止全面抗击非典。

四、禽流感防治

人感染禽流感主要途径是密切接触病死禽，高危行为包括宰杀、拔毛和加工被感染禽类；家禽的粪便也是一种传染源。H7N9禽流感病人是通过直接接触禽类或其排泄物污染的物品、环境而感染的。

携带病毒的禽类是人感染禽流感的主要传染源。减少和控制禽类，尤其是家禽间的禽流感病毒的传播尤为重要。采取动物免疫、扑杀、休市等手段是消灭传染源的好办法。

人感禽流感，境内至今无病例发生。

五、麻风病防治

1971—1976年间，经医疗检查，境内累计发现患麻风病者3人，分别为第一生产队1人，第八生产队2人，均及时转送专门收治麻风患者的吴县麻风病防治院（亦称沙湖疗养院）医治，经治疗，3人全部治愈，至今仍健康未复发。

六、结核病防治

结核病,旧称肺痨病。旧时,劳动人民患病无人关心,加上医疗条件低下,患者听天由命,任其自然,病死率较高。

中华人民共和国成立后,政府关心人民疾病,各地各级医院开展肺结核病人门诊治疗。境内住院病人大多转送苏州市传染病医院治疗。20世纪70年代后期,境内开展肺结核查、防、管、治工作。1986年,以县结核病防治所为中心,建立县、乡镇、村三级防痨网,采取"诊、查、管、治"综合措施,以查痰菌阳性病人为重点,开展社会化防治,治愈率一般在80%以上。

第三节 医疗机构

1969年,新建大队成立医疗室,首任赤脚医生徐秋明,以下为莫根泉、赵泉英、陆建妹。1996年停办。

之后,新江社区的医护服务工作由碧波医院全面负责。

2004—2006年,在迎春花园北侧恢复建立新江社区医务室,医护人员5人。

2007年下半年,新江社区医务室搬迁至罗盛里自然村东侧老年活动室一楼,医护人员5人。

2015年12月,医务室搬至现新江社区办公楼东侧一楼,名称为城南街道新江社区卫生服务站,医护人员仍为5人。

第十一章 社会

新江社区,紧靠苏州古城,地理条件优越,人民勤劳俭朴,民情淳厚,生活富裕。

有史以来,村民世代以农耕为生。在漫长的岁月长河中,形成了许多淳朴的社会习俗,也留下了不少陈规陋习。社会在发展,文明在进步,陈旧陋习渐被人们所摒弃,有些社会习俗仍保留相传,流传至今。

第一节　居民生活

旧时，境内农民的经济收入主要依靠田地种植的稻麦和少量的烂田经济作物来维持家庭生计，无田户靠做长工、忙工、佣人（阿妈）获取微薄收入来养家糊口。中华人民共和国成立前夕，境内有34人做长工，10人做佣人（主要去苏州市内），4人做童养媳。

1950年，由于农村生活方式仍未得到改善，农民生活还是比较贫困，人均年收入不足70元。时，境内共161户农家中有37户住土坯草屋。1982年3月，朱家上最后1户住草屋的农家翻建了3间平瓦房，至此，境内结束了住草屋的历史。

之后，经过土地改革、互助合作、初级社、高级社、人民公社几个阶段，经济虽有所发展，但变化不大，农民生活仍为清苦。

1964年，新建大队始通电，但仅1台30千伏安变压器，只向集体供电。1966年开始向农家供电，但因供电不足，经常拉闸停电，给农家带来许多不便。

1972年，大队部始通电话，全大队仅有1台手摇电话。

1976年，境内始有9吋或14吋的黑白电视机。富裕人家始购置三大件（手表、缝纫机、自行车）。

1981年，境内郑庄村有1户农家平瓦房翻建2间2层楼房（为境内第一家），总造价仅为5000元。

1987年，农家始开通自来水，结束饮用河水的历史。

1991年，长桥通车，吴中商城开始启动。自此，集体经济迅速发展，农家经济显著增长，年人均收入为1650元。

1991年7月1日起，境内男年满60周岁，女年满55周岁的失地农民每人每月可领取失地农民生活保障费10元。之后逐年增加，到2015年6月，每人每月增至为810元。领取人员为：1991年122人，2003年209人，2015年123人。每年发放，延续至今。

1992年，境内始装住宅电话。到1994年，总装电话70台，其中：村部11台，村办企业27台，农户32台。

1994年，苏州市内1路公交车直达新江境内，给村民出行带来方便、快捷的环境。

1995年，境内1192名农民告别面朝黄土背朝天的农耕生活，全部转为非农业人口的市民，彻底改变了每个人们的命运。

2001年，境内288户居民户，主屋全部由平房改造成楼房，平房至此绝迹。

一、家庭结构

境内家庭均以父辈为中心，对家庭独具支配权力，同时负有一定的责任。中华人民共和国成立之前及初期，男女婚嫁注重门当户对。家庭中女子地位较低，一切由男子做主。凡出嫁之女，均以夫家姓氏为己姓，而自己的名字则称作"氏"，如张姓女子出嫁到李家，该女子则称作李门张氏。有的殷实人家有其家规、家训，刻写成文，悬挂于客厅。一般家庭三代同堂的居多，四代同堂也有之。

中华人民共和国成立后，家庭结构逐渐变小，原来三代同堂或四代同堂的往往变成夫妻单独生活。尤其是20世纪90年代农民富裕起来后，居住条件逐步改善，儿辈结婚后，大多数与父母分居，组成三口之家小家庭。

二、婚姻关系

旧时，农村尤其漠视女子利益的封建买卖婚姻制度十分普遍，男尊女卑的陋俗盛行。男女婚嫁全由父母包办，有指腹为婚、童养媳、换婚、抢亲、纳妾、早婚等陋俗。女的早年丧夫，终身不提倡改嫁；男方中年折妻，仍可继续纳妻。

20世纪成立后的50—70年代，男女婚嫁通常由介绍人（媒人）牵线，经男女相亲、定亲，由父母包办成全。90年代后，随着农村经济的发展，自由恋爱结婚的增多。

赘婿（招女婿），旧时，被人歧视，在家庭中无地位，进了女方门，改为女方姓，甚至连名字也要改，一般选"福""才（财）""进""发""招""金"等字居多。中华人民共和国成立后，赘婿受人歧视有所好转，一般视自己子女同等相待，进门女婿不再改名换姓。旧时，境内村民普遍存在"早生儿子早得福""子孙满堂""人丁兴旺"和重男轻女的传统观念。若父母无子，由侄子立嗣，称作"过房儿子"。寡妇招夫进门，人称"防儿荒"（黄泥髈），其夫受人歧视。母亲改嫁时所随子女亦受人歧视，贬称"拖油瓶"。

三、经济收入

历史上，境内经济除得益于农业、烂田经济作物外，无其他收益。中华人民共和国成立初期，农民人均年收入不足70元。1975年以后，生产队集体安排外出搞运输业和劳务业后，经济收入有所改观，但农民人均年收入仍徘徊在100—150元之间。1983年实行联产承包责任制后，农民经济收入续有提高，当年人均收入达230.73元。特别是1991年10月8日长桥通车和1992年8月17日境域划归吴县经济技术开发区以后，经济迅速增长。根据历年年报统计资料显示。

表11-1 1961—2015年境内人均年收入选年表

单位：元

年份	人均	年份	人均	年份	人均	年份	人均
1961	102.80	1971	122.02	1981	112.67	1998	5500.00
1962	120.32	1972	131.36	1982	170.43	2007	16953.00
1963	106.28	1973	126.60	1983	230.73	2008	18423.00
1964	127.96	1974	130.08	1984	475.00	2009	20025.00
1965	139.03	1975	121.40	1985	812.00	2010	21995.00
1966	141.83	1976	133.17	1986	965.00	2011	23945.00
1967	127.68	1977	122.35	1991	1580.00	2012	26027.00
1968	116.28	1978	134.65	1992	1650.00	2013	28253.00
1969	119.17	1979	157.98	1995	1300.00	2014	30709.00
1970	113.20	1980	132.23	1997	5300.00	2015	33165.00

注：2007年起，60%以上为房屋出租收入。

境内9个生产小队（居民小组）自1961—1982年（1983年起实行联产承包责任制）的22年中，各生产小队（22年平均）年收入位次为：第一位五队，151.11元；第二位六队，143.62元；第三位二队，132.33元；第四位一队，129.34元；第五位四队，125.62元；第六位九队，121.80元；第七位七队，116.84元；第八位三队，114.94元；第九位八队，113.69元。

表11-2 1961—1982年境内各生产队人均收入一览表

单位：元

年份	全大队平均收入	一队	二队	三队	四队	五队	六队	七队	八队	九队
1961	102.80	164.00	128.00	79.80	84.10	138.70	109.30	73.50	57.21	90.60
1962	120.32	134.80	120.00	93.95	107.33	155.60	124.60	129.66	112.00	105.00
1963	106.28	102.62	100.11	95.90	105.00	126.00	101.58	102.76	108.13	114.38
1964	127.96	130.00	128.81	120.74	127.60	141.62	137.15	126.00	130.50	109.26
1965	139.03	141.40	136.08	133.85	144.28	159.50	139.42	134.69	140.20	121.86
1966	141.83	151.00	135.02	131.00	144.57	162.45	154.00	137.84	127.00	133.59
1967	127.68	121.30	140.56	125.50	121.41	148.50	128.70	121.21	121.30	120.65
1968	116.28	112.20	124.70	114.40	109.29	143.89	126.50	102.00	100.80	112.73
1969	119.17	118.73	119.90	109.35	121.93	138.16	125.60	112.20	113.28	113.38
1970	113.20	109.06	117.63	110.41	115.75	130.00	122.53	102.70	102.38	108.42
1971	122.02	129.83	121.63	112.23	130.84	145.80	135.11	111.33	106.23	105.20
1972	131.36	134.77	143.80	124.86	135.08	149.12	138.24	115.30	118.03	123.05
1973	126.60	131.70	136.83	108.00	123.90	149.60	145.90	113.32	110.66	119.50
1974	130.08	137.31	128.47	126.53	124.60	147.32	137.49	123.38	118.76	126.83
1975	121.40	131.72	114.33	111.06	120.88	145.15	139.10	103.40	108.50	118.44
1976	133.17	136.46	134.33	124.15	133.90	153.26	146.04	127.40	116.54	126.43
1977	122.35	125.50	124.00	112.00	122.20	141.20	133.55	117.90	109.80	115.04
1978	134.65	145.00	140.00	117.00	134.00	150.90	151.00	128.21	122.00	123.72
1979	157.98	165.05	170.25	130.87	162.99	180.00	181.90	140.57	144.69	145.51
1980	132.23	109.16	145.00	113.11	120.60	141.95	184.44	120.00	130.00	125.82
1981	112.67	80.14	123.53	85.72	104.83	144.80	174.18	89.91	91.09	119.83
1982	170.43	133.91	178.43	148.26	168.67	231.02	223.44	137.39	112.23	200.54

四、衣食住行

衣着 旧时，境内从服饰上可以明显区分城里人和乡下人。城里人一般都穿长衫，稍有地位的，长衫加马褂，称为先生。乡下人，男性都穿土布对襟短衫（袄），裤子为大档褶腰裤。老年人还外加褶裙（亦称褊裙），头戴罗宋帽或毡帽，晴天穿蒲鞋（用稻草编制），雨天穿木屐，富裕人家穿钉鞋（用黄牛皮制作）。女性内穿肚兜，外穿大襟短衫（袄），也束短褶裙，头包一条毛巾或布巾（称包头布）。贫困人家一般外出穿新衣或干净衣，平时常年穿补丁衣，有的补丁叠补丁，棉衣棉裤数年得不到换新，叹称"新三年，旧三年，缝缝补补又三年"。

中华人民共和国成立后，长袍、马褂被淘汰，叠腰裤被中裤、西裤所替代。20世纪50年代，境内干部、知识分子盛行穿蓝灰色列宁装，戴鸭舌帽，着跑鞋。随后，又盛行穿中山装、青年装、春秋两用衫，戴解放帽。70年代起，化纤、棉毛纺织品盛行市场，一时，的确良、的确卡其布供不应求。服饰变化显著，青年人盛穿西装、夹克衫、羽绒衫、羊毛衫、牛仔服、牛仔裤。特点是品种繁多、换季迅速、衣料高档、款式新颖、色彩新潮、价位求高。老年人穿着，质地有所提高，服饰变化大。现今，城乡穿着已无多大区别。

饮食 自古以来，新江人民素以米饭米粥为主，辅以面食，面食仅为调节饮食之用。

一日三餐，世代相传，中餐为米饭，早晚餐为米粥。20世纪90年代后，部分人家晚餐也改食米饭，自此至今未变。

中华人民共和国成立前，富裕户花天酒地，山珍海味，一般户半干半稀，贫苦户稀粥和野菜充饥。中华人民共和国成立初，生活水平有所提高，温饱基本解决。

1958年，响应上级号召，兴办集体食堂。口号是"放开肚皮吃饭，鼓足干劲生产""食堂办得好，生产劲头高"。

1960年至1962年，粮食不足、副食品缺乏，不少人营养不良。

1963年起开始好转，但有时仍青黄不接。

1978年后，境内农户家家有余粮，平时菜肴以自种蔬菜、鸡蛋和自腌咸菜、萝卜、酱为主，逢时过节买鱼买肉，婚、丧、造屋，大摆宴席。1980年后，副食品增加，主粮减少，荤菜不断。1987年，据家计调查，人均年消费为300—400元。

1991年后，由于吴县经济技术开发区的建设，区位优势的提升，经济收入的增加，使之生活条件不断改善，人们的饮食习惯发生了质的变化。从旧时只求穿暖吃饱，到改革开放时的穿好吃好，再到现今的穿要时尚，吃讲营养。上饭店，喝牛奶，吃洋餐成为百姓人家的饮食常态。

住房 历史上，新江境内有4个（1998年后3个）自然村，村中间都有一条自然河道，所以每个村都分为河南（岸）和河北（岸），全都倚河建村，傍河造房。

旧时，境域四周围河。地域偏僻，农民生活贫困，稍有积余，大都用于购置田产，对修建住宅无力顾及。农民住宅以"七架头"人字式瓦房为主，小青砖空斗打墙，五柱落地，砖墙单薄。房屋为"明灶暗房"之俗，卧室大多只有天窗，墙壁无窗户，往往三代同住一屋。

1950年，境内161户农家，有37家（占比22%）住土坯茅草屋，泥堆为墙，毛竹为柱，稻柴盖顶，雨天漏水，风大渗风。贫苦人家，室内泥地，室外泥场。富裕人家青砖瓦房，室内砖铺地，室外砖铺场。时，砖铺场的人家仅为84家，占比为52%。

改革开放初期，境内农家基本都住有平瓦房，但部分农家的房屋质量堪忧，仍为黄泥砖坯打墙，水泥桁条为梁，杂树木棍或空心竹竿为椽，芦苇帘冷摊瓦盖顶。

20世纪80年代后期和90年代初期，境内80%以上的农户普遍翻造砖混结构的楼房，大都简易装饰，水泥地。其中有20%的农户向舒适、豪华型发展，用马赛克贴面，大理石或地砖铺地，卧室贴墙纸、装护墙板、企口或拼木地板，有的农户自挖土井，自备水塔安装自来水和卫生设备。人均居住面积为30平方米以上。

2001年，境内299户人家，全部住有楼房，结束了住平房的历史。

1990年，新江社区始有农户购置商品房，到2015年12月底，境内302户（其中6户为单人户，现全部并入小辈户），其中251户已购置商品房，部分人家购置2—3套，购房户占总户数的84.79%。

表11-3　1990—2015年新江居民购置商品房时间、户数一览表

年份	1990	1991	1992	1993	1994	1995	1996	1997	1998
户数	1	/	/	/	/	3	/	/	2
年份	1999	2000	2001	2002	2003	2004	2005	2006	2007
户数	/	3	6	/	8	20	15	46	30
年份	2008	2009	2010	2011	2012	2013	2014	2015	合计
户数	15	17	11	11	28	9	9	9	251

表11-4　1990—2015年新江社区各居民小组购置商品房一览表

组别	一组	二组	三组	四组	五组	六组	七组	八组	九组	合计
总户数	27	31	30	33	35	32	37	38	33	296
已购数	21	25	27	26	34	31	29	27	31	251
占比（%）	77.77	80.64	90.00	78.78	97.14	96.87	78.37	70.15	93.93	84.79

出行　新江境域内是"开门见河，出门乘船"的水乡地区。旧时，有人说："宁愿在家饿，不愿走郑庄、罗盛的路。"说的是境内没有一条像样的行人路，全部是弯曲狭小的烂泥田埂，人称"雨天烂泥浆，天好像尖刀"。区域特殊，四周围河；生活贫苦，无桥断路；运物走水路、出行靠摆渡。

1958年人民公社化后，政府开始重视改善农村的道路，始修一条2000余米长、2米宽、南北向的烂泥机耕路，算是历史以来境内第一条行人大道。

1975年和1976年期间，政府号召大兴水利工程，实现农田方格化。先后平填土地，开挖、拓浚、拉直生产河道，建造机耕行人桥梁。同时，在郑庄自然村正北方建造一座沟通苏州古城的砖混结构的（无桥名）拱桥，只可行人，不可通车，结束了人们去苏州靠摆渡过河的悠久历史。原有的机耕路面铺设了煤渣，给农民的出行、劳作、运物带来诸多的方便。

1991年10月8日，沟通苏州古城的新长桥竣工通车。1994年，苏州公交1路汽车直达境内。1991—1995年期间，境内2纵7横共9条街，路全部竣工通车，由24座桥梁沟通境内所有街路。

2013年12月28日11时18分，轨交2号线正式运行。

2013年3月22日，轨交4号线石湖东路站正式开工建设。

到2015年底，境内公交线路多达20余条，真正实现四通八达，快捷方便。

第二节 信仰习俗

明清以来,新江境内有庙宇4座,分别为郑庄村的员外冥王土地庙(俗称郑庄庙),罗盛村的猛将堂(俗称红庙)和关帝庙,张角村的祖子庙。其中,郑庄庙为四个半自然村的合祭庙。

村民大多信仰叩拜菩萨,以女性年长者居多。每逢初一,月半必进郑庄庙烧香。凡村民亡故,家属要进庙焚香烧纸,虔诚供佛,为亡者招魂领魄。此俗至今仍兴盛。

一、抬猛将

始于明初,盛于清明。抬猛将是境内的传统习俗,1958年人民公社化时被中断,至今未恢复。

传说,猛将老爷是一位姓刘的孩童,因捕蝗、驱蝗有功被尊为"福神"。农历正月十三是猛将的诞辰,为纪念猛将的功德,每年此日,人们抬着猛将神像,巡视各方民情,查看百姓祸福,借此祈求丰收和平安。

抬猛将一般卯时开始,午时结束。迎猛将每年每户轮换(一般为富裕人家),迎入猛将神像,请入神龛,以待来年。

抬猛将日期,4个自然村各不相同,郑庄上正月十三,罗盛里正月十五,朱家上七月廿二,张角里正月十二。

二、打醮

打醮,即做醮会法事。

境内打醮均在郑庄庙,为平安醮,亦称为太平醮,此醮是道家最大的醮会。一般间隔3年或6年一个轮回,有时也有变化,打醮日期固定不变,每次为农历三月初八。

据老人回忆,中华人民共和国成立后,到2015年,共做醮会法事11次,其中1958年前仅做过1次醮会法事,具体年份不详。1958年,郑庄庙拆除,醮会法事中断,1998年恢复。当时条件有限,仅在荒废的空地上,用石棉瓦搭建不足10平方米的简易棚作为郑庄庙遗址,在此连做3年醮会法事(1998年、1999年、2000年)。

2002年,重建郑庄庙。自此,醮会兴盛。从2003年到2015年,共做醮会法事7年,分别为:2003年、2004年、2005年、2009年、2010年、2011年、2015年。

2015年农历三月初八打醮当天,有445户(以功德册记载名录为户)参加,其中:郑庄上80户、罗盛里97户、张角里102户、塘湾里103户、朱家上(河北岸半个自然村)63户(庙事仍为旧域辖区名称,即苏州府吴江县范隅上乡一都正四图)。

醮会法事至今仍为境内的一大盛事,善男信女纷纷捐款献物,贡品堆积如小山。人人以虔诚的心态,点烛焚香,叩头跪拜,祈求风调雨顺,国泰民安;愿生者消灾延寿,保命延年;愿亡者出离冥都,超升仙界。

每次醮会法事都请苏州玄妙观道教协会法师主持。

三、传统习俗

1. 岁时习俗

春节 农历正月初一，俗称年初一，又叫新年。家家争放开门爆仗。早晨，幼辈向尊长拜年，邻居间互贺新年，早餐吃年糕汤圆。男人上茶馆喝橄榄茶，称元宝茶，女人上庙烧香，争烧头香。年初一不讨账，不借贷，不赊欠，不扫地，不刮锅，不动刀、针，不出灶膛灰，不吃汤淘饭，不点灯吃饭，不打水，不倒水，不回绝乞丐，不杀生，不坐门槛，不说不吉利的话。年初五清晨接财神，鸣放爆仗，称接路头。

元宵 农历正月十五称为元宵节，又称为上元节。正月十三上灯，十八落灯。元宵夜赏灯猜谜，锣鼓铙钹敲敲打打，称闹元宵。元宵食品主要有米粉做的汤圆。

清明 古为柳节，有戴柳、插柳之习。清明节有上坟祭祖（现称扫墓），供青团子、焐熟藕，焚纸钱之俗；祭毕，培新土压坟头。

立夏 在立夏日，历来就有吃甜酒酿、尝三鲜的习俗。三鲜有地上三鲜：苋菜、蚕豆、蒜苗；水中三鲜：海蛳、鲥鱼、白虾；树上三鲜：樱桃、青梅、香椿头。民间另有立夏吃李子之俗，说是能使皮肤增美。立夏日，还有立蛋、称人体重之俗。

端午 农历五月初五为端午节，也称端阳节和端午日。说是纪念伍子胥。端午日家家吃粽子，喝雄黄酒，门旁床口挂大蒜头（锤）、菖蒲（剑）、艾条（鞭）、角芒（刀），煨灼苍术柏刺等解毒驱虫。孩子穿黄布五毒衣裤、老虎头鞋、挂大黄和丝绕小型粽子，腰系五色丝线，额上用雄黄酒写"王"字避邪。

乞巧 农历七月初七夜为七夕。传说牛郎织女是七夕在银河鹊桥相会，民间有乞巧之说。是夕闺中焚香礼拜牛郎、织女，请求帮助提高刺绣技巧。是日，人们还吃用面粉做成的油氽食品，谓之巧果。

中元 农历七月十五中元节，俗称七月半，又称鬼节。忌走亲访友，家家祭祀祖先。农家用粉团、瓜、蔬菜等物置于田岸交错口祀田神，称斋田头。

中秋 农历八月十五为中秋节，俗称八月半。旧时晚上在门口设桌子，用红菱、嫩藕、柿子、石榴、栗子、白果、素月饼、糖芋艿等贡品斋月宫。家家团聚分食月饼以示团圆。富户供香斗、香升。妇女、小伙三五成群出游赏月，称走月亮。

重阳 农历九月初九为重阳节。有吃重阳糕、喝菊叶酒、登高之俗。重阳糕是用米粉制成的呈红黄绿三色的糕，上插三角形纸做的重阳旗。现今重阳节为老年节。

冬至 "冬至大如年"，冬至前夜为"冬至夜"，全家团聚吃冬至夜饭，喝冬酿酒。亲朋好友互送食物之习，称冬至盘。冬至祭祖称过冬至。

腊八 农历十二月初八为腊八，又称腊祭。用莲子、白果、栗子、红枣、桂圆肉，或用青菜、豆腐、蚕豆、豇豆、赤豆、慈姑、荸荠等加入香粳米、糯米等煮成腊八粥食用，相传可以祛病。

廿四夜 农历十二月二十过后，各家在室内掸灰尘，有"掸三不掸四"之俗。二十四日，称廿四夜，以新糯米粉做成团子，祀灶送灶神。廿四夜合家吃团子，称安乐团。饭后，各家小孩把稻柴扎成火把，点燃后奔向各自田间，边跑边喊"点点财，大发财"等吉语，俗称点点财。

除夕 农历十二月最后一日，俗称大年夜。家家团聚。大门贴春联，宅内贴年画。祭神祀祖，合家吃团圆饭，长辈用红纸封好钱，送给孩子，称压岁钱。大家终夜不眠，以待天明，称曰守岁。有"一夜连双岁，五更分二天"之谚，亦称长寿夜。

2. 人生习俗

生育 分娩临近，向乡邻亲友赠送"邋遢团子"。分娩后，产妇不能接触冷水。亲友用猪蹄、鸡、糕等礼品看望产妇。

三朝 供奉三朝面，用菖蒲、野蒜、米饼汤给婴儿洗澡，煮三朝面分送相邻。产妇吃粉皮汤开奶。

满月 是婴儿第一个庆诞，做满月同时剃头、戴镯，称剃胎头。一般选初三、廿七、十六等吉日做满月，要请亲友送贺礼。

周岁 孩子出生第十一个月即称周岁，名"超前纪"。近亲尊长要祝贺送礼，外婆家做一身衣服称周岁衣。用米粉做成寿桃、寿面斋星官。也有拿笔、墨、算盘、剪刀等让孩子抓，以卜前程之习。做周岁，留客吃饭，分送肉面。

生日 旧时，男主人寿诞日，备粉制寿桃、寿面斋星官，放爆竹，阖家吃寿面。大户人家办寿酒。中华人民共和国成立后，用生日蛋糕替代。三十岁时，开始贺寿，六十岁最隆重，称六十大庆。

攀小亲 旧时，农村盛行攀小亲。认为男孩不早攀小亲，是做父母的耻辱，又认为女儿落地就是外头人，早有婆家早放心。因此有的三四岁时，就由父母之命，媒妁之言，定下他们的终身大事。

相亲 旧时相亲一般是男方上女家，由女方父母相视定夺，女方若留男方吃饭，则表示亲事可以定。一般青年男女互不见面，互不相识。中华人民共和国成立后，逐渐改由男女双方自由恋爱，自己定夺。

抢亲 旧时有抢亲习俗，因不满父母包办或年轻寡妇再嫁乃有此习。又如已订婚约，女方有毁约之意，男方强行抢亲。抢亲被视为合法，旁人不得干涉。此习中华人民共和国成立后已废。

转房 即叔接嫂。年轻妇女在丈夫死后，由公婆做主，与未婚嫡叔成亲。

纳妾 旧时纳妾一般为大户人家或地方有势力者，也有因原配不能生育而纳妾的，再娶的妻子称"小房"，一般与发妻地位相同。中华人民共和国成立后，纳妾被禁止。

续妻 即续弦，妻亡后可以明媒正娶，又称填房、二花烛。男方再娶，若女是未婚者，则按初婚办礼；若已婚之妇，礼仪从简。

送终，小殓 老人弥留之际，由亲属守护，临终时，跪送举哀。死者是女的由女儿为其梳头，男的由理发师为其理发。死者一般穿"三腰"（裤）"五领"（衣），然后移放堂屋正中门板上，头朝大门，脚踏笆斗，头旁点油盏。

入殓 旧时土葬，死者下棺由长子捧头，幼子捧脚，次子抬身。尸首口含茶叶数片，四周用石灰包塞好棺盖。20世纪60年代后，实行火化，死者用被单裹住，红绸带扎好，盖上被子送火葬场。仍有捧头、抬脚之习。

出殡、安葬 旧时农村停棺在家中，选日安葬。出殡，俗称出棺材，前有乐工、纸幡引路，长子捧牌位，亲属送殡四人双杠抬棺，边撒锡箔、纸钱，过桥号哭。出殡回家称回丧，家门外燃一堆火，人人从上面跨过，称掸晦气。20世纪60年代实行火葬后，一般直接送入坟地安葬。

3. 其他习俗

造房 农村造房一般选傍河地址，旧时由阴阳先生排算吉日，择址建房，房屋南向稍偏，用青灰小瓦、黑灰墙壁。20世纪60年代后青瓦白墙，多为五柱落地砖木结构，单壁出檐。70年代不用五柱改为阁梁，又称直山头。房屋间数一般取奇数，正房三或五间。弟兄分炊，则按哥东弟西。内房外灶，灶头连房。明灶暗房有"亮灶发禄，暗房聚财"之谚。

房屋门前有河、路、桥、坟尽可避开。若不能避开，在大门边墙砌磨盘、八卦图案、老虎头、瓦老爷等厌胜。

造房有开工上梁、做脊、圆屋、进宅等习俗，其中上梁最为隆重，俗称竖屋。有的在两边柱上贴"竖柱喜逢黄道日，上梁巧遇紫微星"的红纸对联，正梁上挂发袋袋、红绿彩带、小筛，贴"三星高照"或"福禄寿喜"横幅。堂屋中放竖梁盘，有活鲤鱼"跳龙门"、蹄髈（根深蒂固）、红蛋（代代红）、糕（高升）、馒头（蒸蒸日上）、发芽豆（发禄）、糖果（甜蜜）、甘蔗（节节高）、苹果（平安）、木秤（称心如意）等寓意吉祥之物斋祭，放爆竹上梁。上梁时由泥木工头边说吉利话，边将馒头、糕、糖果、钱币等从上抛下，众人来抢，戏称抛梁。当天吃上梁酒，亦称吃竖屋酒。

做屋脊也较有讲究，境内一般做雌毛脊或甘蔗脊，后来也做哺鸡脊。脊中塑三星或吉祥图案，上种一盆万年青或龙虎草。做脊后主家发喜钱。房屋圆屋喝圆屋酒，进屋新灶头要烧发禄火，称头头利市。

造船　造船前请阴阳先生占卜，择日开工。在船基上祭船神。木匠锯一段木头用红纸包好，船主发喜钱置开工酒请船匠。上船梁前由船匠和船主长子用墨斗在船底弹出中心线，称定圆，在船底斋利市。上船梁后办定星酒。下水之前在船头置猪头、鲤鱼、鸡、馒头、定胜糕等祭拜，钉喜钉，挂红绿绸，择吉日良辰，燃放鞭炮由众人推船下水，在船艄向新船泼水以示顺风顺水。船主设完工酒宴客。

茶灶　围炉又称七星炉，境内俗称老虎灶，由5至7个火口围成的圆炉，火口放茶铫，燃孔周围有3只铁汤罐，后部置接锅。茶灶一般仅茶馆所有，是年长者歇息、吃茶、讲张、评理、交流信息的地方。

品茶　境内品茶叫吃茶。早茶须浓，润喉清目；午茶要热，利尿散热；夜茶宜淡，安静入睡。有年初一的元宝茶，年初五的路头茶，莳秧结束汏（洗）脚茶，双方评理的吃讲茶，行人解渴的方便茶，现采现煮的神仙茶，初次上学的状元茶，新亲上门的迎亲茶，逢凶化吉的七姓消灾茶等。一般春饮青茶，夏饮绿茶，秋品花茶，冬吃红茶。民间还有大麦茶、姜片茶、青蒿茶、薄荷茶、菊花茶等。上街喝茶称孵茶馆，吃口"皮包水"。

四、传统陋习

算命　按被算者生辰八字、五行等来排算凶吉。亦有用鸟衔牌算命等。

测字　在一小木盘内放入纸阄，求者抓阄，以阄中字剖析凶吉祸福。

相面　有"麻衣相""柳庄相""换骨相"等，依据被相者面部轮廓、皱纹及坐、立、行等姿势来预测祸福。

求签　有签筒、签书，将签摇出，据签书内容，以卜吉凶。

寄名　也称过继。手工业者（俗称五匠）寄名关帝为多，女的寄名观音和上方山太太；渔民多寄名猛将。寄名时备供品，将八字贮于红布六角香袋内，结婚时还愿取回香袋。

求药　求仙方，按道签中药方服药。求仙丹，取庙前后树皮或香灰服用。求仙水，取神像周围江河之水或泉水饮服。

看风水　按全家人的生辰，由阴阳先生排定有无冲、克，用向盘定向，论风水好坏。

择日 即拣日。结婚、造房、做坟等请人按照全家人的生辰，选定无冲克的吉日。

第三节　方言俗语

"/"后为普通话。

一、方言

1. 天文、时令

日头/太阳	今朝/今天	屋塞/闷热	门朝/明天
雷响/打雷	上昼/上午	霍显/闪电	下昼/下午
落雨/下雨	中昼心里/中午	迷路/雾露	姑显/现在
冰凌溏/冰凌	鸰显/当时	开年/明年	辰光/时候
旧年/去年	哀枪世里/这时	大年夜/除夕	勾枪世里/那时

2. 称谓

阿爹/爷爷	娘娘/奶奶	爷/父亲	娘/母亲
伲子/儿子	囡五/女儿	娘舅/舅父	舅姆/舅母
拖油瓶/再嫁妇女所带孩子		黄泥髈/男人入赘寡妇家	
叔接嫂/小叔娶寡嫂		二婚头/妇女再嫁	
姘头/姘妇	汉郎头/姘夫	小老母/小老婆	郎中/医生
白花郎中/庸医	老娘/接生婆	大先生/经理	学生意/学徒
剪绺/扒手	贼骨头/小偷	说书先生/评弹演员	教书先生/老师
戏子/演员	师姑/尼姑	师娘/巫婆	伲/我们
唔笃/你们	俚笃/他们	奴/我	倷/你
俚/他	啥人/谁		

3. 农事

垩壅/肥料	铁镗/四齿农具	牵砻/轧米	稻戟/镰刀
粪料/粪勺	种秧/莳秧	捉稻/割稻	掼稻/脱粒
砻糠/稻壳	糠/米糠	头夹节/船头下小舱	
艄夹节/船艄下小舱		平几/船舱上木板	
樯子/扯篷木柱		帆潭眼/竖木柱下孔	摇橹/划船
扭绷/连接橹的绳索			

4. 动、植物

猪郎/公猪	猪婆/母猪	老狮/老鼠	曲泥/蚯蚓
知了/蝉	沿火虫/萤火虫	田鸡/青蛙	百脚/蜈蚣
苡麦/玉米	洋山芋/土豆	辣火/辣椒	长生果/花生

5. 身体、疾病

身坯/身体	济手/左手	顺手/右手	节掐/指甲

肋棚骨 / 肋骨	脚馒头 / 膝盖	呛 / 咳嗽	膜 / 耳屎
痓船 / 晕船	小肠气 / 疝气	猪狗臭 / 狐臭	髈牵筋 / 抽筋
跷脚 / 脚残	聋彭 / 聋子	嗝子 / 口吃	斋手 / 手疾

6. 其他

标致 / 漂亮	登样 / 好看	闹猛 / 热闹	扎制 / 结实
辽考 / 不结实	搭浆 / 不结实	宿 / 不新鲜	鬲 / 油变味
落乔 / 无赖	笃定 / 不着急	结棍 / 厉害	促掐 / 刁钻
疙瘩 / 不开心	立切 / 脾气坏	对景 / 中意	舒齐 / 齐全
推板 / 质量差	勋 / 磨损	僻脱 / 利索	活络 / 灵活
落槛 / 识时务	齐巧 / 正好	的括 / 真的好	作兴 / 也许
板要 / 一定要	一径 / 一直	索脚 / 就这样	弗壳张 / 没想到

二、俗语

不当家，不知柴米贵；不生子，不知父母恩。
老马识路数，老人通世故。
香花不一定好看，会说不一定能干。
一人说话全有理，两人说话见高低。
以势服人口，以理服人心。
天无一月雨，人无一世穷。
只要自己上进，不怕人家看轻。
有志不在年高，无志空长百岁。
穷莫失志，富莫癫狂。
君子报仇三年，小人报仇眼前。
一个鸡蛋吃不饱，一身臭名背到老。
刀伤易治，嘴伤难医。
天凭日月，人凭良心。
宁可荤口念佛，不可素口骂人。
有心烧香，不论早晚。
有势不可使尽，有福不可享尽。
行为不正经，舌头短三分。
学好三年，学坏三天。
偷来钱，两三天，血汗钱，万万年。
清贫常乐，浊富多忧。
轮别人斤斤计较，说自己花好稻好。
看人挑担不吃力，自己挑担步步歇。
贫居闹市无人问，富在深山有远亲。
人美不在貌，美在心意好。
不怕少年苦，只怕老来穷。
功成由俭，业精于勤。

三、谚语

1. 生活谚语

一年之计在于春,一日之计在于晨。

人往高处走,水往低处流。

满饭好吃,满话难说。

冷在风里,穷在债里。

知足得安宁,贪心易招祸。

家人说话是风,外人说话是经。

拍马有个架,先笑后说话。

君子动口,小人动手。

2. 农事谚语

寸土寸金,地是老根。

春打六九头,备耕早动手。

地靠人来养,苗靠肥来长。

清明要晴,谷雨要淋。

立夏刮阵风,小麦一场空。

夏至有风三伏天,重阳无雨一冬晴。

立秋雨淋淋,来年好收成。

肥田长稻,瘦田长草。

万物土里生,全靠两手勤。

一粒粮食一滴汗,粒粒都是金不换。

3. 气象谚语

清明断雪,谷雨断霜。

日出胭脂红,无雨也有风。

日落云里头,大雨在后头。

天上乌云鲤鱼斑,明天晒谷不用翻。

立夏东南百草风,几日几夜好天公。

小暑一声雷,半月到黄梅。

雾里日头,晒碎石头。

久雨西风晴,久晴西风雨。

一落一个泡,落过就要好。

蜻蜓成群绕天空,不过三日雨濛濛。

正月二十不见星,沥沥拉拉到清明。

雨打黄梅脚,车水车断黄牛脚。

东出日头红,无雨便是风。

南天霍显火门开,北天霍显有雨来。

二月初八观音报(到),风雨冰雪一齐到。

干净冬至邋遢年,邋遢冬至干净年。

四、歇后语

外甥打灯笼——照舅（旧）。
弄堂里搬木头——直来直去。
棋盘里的卒子——只进不退。
空棺材出殡——墓（目）中无人。
纸糊的琵琶——谈（弹）不得。
阿婆留胡须——反常。
阿庆嫂倒茶——滴水不漏。
挨打的狗去咬鸡——拿别人出气。
矮子看戏——听声。
按方抓药——照办。
小葱拌豆腐——一青（清）二白。
八十岁老人吹灯——上气不接下气。
八仙桌缺只脚——摆不平。
鼻涕抹脸——自找难看。
妖精当菩萨——善恶不分。
白猫钻灶膛——自己抹黑。
半路上留客——嘴上闹热。
财神爷敲门——天大好事。

第四节　民间传说

一、五龙桥的传说

在苏州南门外，坐落着一座五环石拱的大桥。高高的桥拱，长长的桥身，造型雄伟，气势恢宏。桥长十四丈，宽一丈八尺，高三丈六尺，因五个桥洞五环相拱，故名五龙桥。说起五龙桥，还流传着一个动人的传说。

很久以前，黿塘旁有一座龙工庙，老龙王治水有方，年年风调雨顺，国泰民安，为水乡天堂立了大功。百姓烧香贡奉，顶礼膜拜。黿塘中有一口石井，连通龙宫，龙宫内住有五条小龙，称兄道弟，好生亲热，经常戏水玩珠，其乐无穷。有一次玩乐中不小心弄伤一龙之腿，引起了五小龙不和。五小龙腾云驾雾，呼风唤雨，兴风作浪，在太湖上空争吵不停，带来了倾盆大雨，湖水猛涨，淹没田地，害苦了百姓。龙王庙老道见之，知道五小龙闯了祸，受老龙王梦旨，口念咒语，手持黄符拂向空中，灵活的五小龙被锁压在井中。从此失去了兄弟戏水之乐，他们实感内疚，多次深夜跑到龙王庙，请求老龙王开恩。老龙王念他们年幼无知，又是初犯，还是原谅了他们。不过对他们提出了更为严格的要求："我们龙有呼风唤雨之本领，一定要管好水，用好水，不得兴恶造孽，危害百姓，要多做善事，为民造福。"小龙们一一答应，跪地叩拜。老龙王眼睛微闭，口中念念有词，忽见老龙王法物一抖，瞬间五小龙身脚分离，弯曲的龙身化成五环桥拱，伸展的龙爪变成五条河流（即大龙港、新郭港、马家浜、太湖梢和澹台湖）。从此，鳖塘口多了一座五环连拱的新石桥。因为桥是五小龙神化而成，故人们称为"五龙桥"。

老龙王梦旨龙王庙老道写对联一副，刻于桥墩，以示纪念：

　　　　锁钥镇三吴，下饮长虹规半月；
　　　　支条钟五水，达通飞骑扼全湖。

二、宝带桥的传说

传说一

世界闻名的宝带桥，在苏州城东南的大运河边上。南北通运河古道，横跨澹台湖口，是苏州通往浙、闽、粤诸省的交通要道。这座桥怎么造起来的呢？还有一段故事哩。

澹台湖西入太湖，东通大海，湖阔水急，风大不好行船，湖阔不好拉纤，老百姓年年盼，月月望，盼着能在澹台湖口造一座桥。可是湖深水急，不好打桩，真是难啊！

澹台湖边上有座庙，庙里有个老和尚。一天深夜，忽听得有人敲门。奇哉！这里前不靠村，后不靠镇，对面是白茫茫的澹台湖，很少有人路过。他起来开庙门一看，有老人，有小伙子，还有一个漂亮的姑娘，整整八个人。老和尚弄不懂这些是什么人，就推托说："不是不收留，实在没被头。"那八个人说：我们只要在大殿上乘乘风凉。进了门，他们又说：我们赶了不少路程，还没吃晚饭哩！老和尚弄不明白这七个男的一个女的究竟是啥来头，心里极不高兴，回答说："庙里无米，烧啥个吃呢？"只见其中有个人从葫芦里倒出米来："请师父烧一点粥吧。"老和尚拿了米又在嘀咕：没菜，怎么办？又有一个人拿出一包红枣子倒在粥镬里，还对老和尚说："烧枣子粥吧，烧好了我们自己盛。"粥烧好了，满屋喷香。八个人正好围坐一桌，不客气地盛粥吃。不多歇辰光一镬粥就吃光哉。枣核吐得一台子。老和尚拿了簸箕抹布正要去揩台子扫地，那八个人急忙摇手说："枣核有用的。"老和尚心想，真是古怪人做古怪事，老话说"炒熟黄豆弗做种"，难道烧熟的枣核还能种出枣树？倒要看看。那八个人吃了粥，就在殿堂里叽叽咕咕，不知道商量什么事，就是听不清。天刚蒙蒙亮，他们各人手里拿了一把枣核，向老和尚道谢后，出庙门朝澹台湖走去。老和尚急了，再走过去是澹台湖了。正要喊，他们已下了湖，在湖面上行走若履平地，边走边把枣核掷在湖里，直到他们走到对岸，就看不见八个人影了。老和尚呆呆地想，这些怪人究竟是些什么人呢？待东方出太阳时，老和尚抬头一望，啊，又是稀奇事，他们走过的湖面上竟竖立起了一排粗粗的木桩！

这件事一传十，十传百地传开了。原来是八仙帮打桩，一个枣核一个桩。

苏州刺史王仲舒听到这件新鲜事，晓得百姓一心想造桥感动了仙人，他就把镶满珍珠翡翠的宝带捐出来帮助造桥，刺史带头捐，绅士跟着学，后来架在澹台湖上的曲拱长桥终于造成了，有一百多丈长哩。

有人说，宝带桥是神仙造的，桥洞数也数不清。有的说五十二环洞，有的说五十三环洞，实在看得眼花了，所以数不清。至今乡亲们称宝带桥"五十二三桥"。

传说二

老早辰光，天庭里住着一位仙女。虽然过着无忧无虑的生活，有时却很寂寞。平日里常听其他仙女说,人间有一个好地方叫姑苏,那里山清水秀,土地肥沃,物产丰富。人们安居乐业,过着天堂般的生活。有一日,她终于动了凡心,悄悄地离开天庭,驾着祥云,来到了太湖的上空。此时五百里太湖,风平浪静,七十二岛像散落的珍珠一样镶嵌在湖面。天色已近黄昏,湖面上白帆点点,正是渔民满载鱼虾归航。向东飞过天平、灵岩二山,仙女来到姑苏城上空。低头观看,只见行人车马熙攘,丝竹管乐隐约可闻。此时仙女拔转云头,霎时来到澹台湖上。澹台湖虽小,却白浪滚滚,煞是险恶。忽见一叶小渡船,在巨浪中艰难地搏击湖的两岸,聚集着南来北往的过客。仙女看着他们焦急的神情,动了慈悲恻隐之心,便解下腰间玉带,随手抛向湖面。玉带在风中飘飘荡荡,落到湖上,便化为一座五十三孔的石桥。湖水顷刻风平浪静,原来是玉带镇住了湖中作浪的湖怪。两岸人们欢呼雀跃,首次步行走过了澹台湖。

第五节 古 迹

太平桥 位于朱家上自然村的东侧,跨朱家河。桥宽2.5米,高2.1米,单孔,花岗岩石质,梁式人行桥。据说是一个储姓富户出资建造。此桥建造时间不详。

员外冥王土地庙 俗称郑庄庙。全称是苏州府吴江县范隅上乡一都正四图员外四土地庙,简称员外冥王土地庙。

位于原郑庄自然村河北岸西侧。有庙屋一进,5间2厢,1门楼,1天井,坐北朝南。1958年拆除时,发现在门楼西侧前墙嵌有青石碑一块,上书"郑庄庙"3字。

1950年,庙内住有和尚5位(住持老和尚和4个弟子)。

2002年夏,郑庄庙移址重建,由郑庄河北移至河南。建有庙屋2间1厢,坐北朝南,另建伙房1间,门楼1座。

庙内供奉城隍老爷和妻子各1尊,观音菩萨1尊,土地老爷2尊,上天土地老爷妻子1尊,以及打手2尊,马夫1尊,天狗1尊,与老庙供奉相同。于2003年请入庙内。

郑庄庙是郑庄上、罗盛里、张角里(迎春花园)、塘湾里、朱家上河北岸共4个半自然村的合祭庙。

猛将堂 俗称红庙。位于罗盛里河北岸西北侧,有庙屋前后二进,共6间2厢1天井,坐北朝南。庙内供奉观音菩萨、猛将老爷、刘海弟老爷、太保老爷等。为罗盛里自然村的独祭庙,20世纪60年代被拆除。

关帝庙 位于罗盛里河南岸西南首,有庙屋1间,坐北朝南。庙内供奉关帝老爷坐像1尊。为罗盛里自然村的独祭庙。20世纪60年代被拆除。

祖子庙 位于张角里自然村河北岸东南首,有庙屋3间2厢,1门楼,1天井,坐北朝南。庙内供奉张仙老爷、猛将老爷等。为张角里自然村的独祭庙。1967年被拆除。

第六节 社会保障

养子防老，积钱防病，这是境内村民世世代代的养老防病模式。进入21世纪后，境内积极探索由集体提供养老、医保的新路子，居民社会养老保险参保人员的养老待遇水平不断提高，使老有所养，病有所依，一步步变成现实，成了村民生活中的重要组成部分。

一、农村养老

1995年，国家征收了我村农民集体所有土地，之后，依法给予被征地农民和农村集体经济组织补偿，安排被征地农民的社会保障费用，将被征地农民纳入城乡社会保障体系。

2003年前，各乡镇成立土地基金会和发展股份合作社，按每亩地价格进行补偿，每年支付粮差补贴和养老安置补偿金；2003年后，逐步规范、全区统一，按年龄段将失地农民分为老年人员、保养人员、剩余劳动力和被抚养人四类，我村老年人员221人、保养人员97人、剩余劳动力42人、被抚养人员28人，分别每人每月给予被征地农民补贴，并将老年人员和保养人员纳入农保体系，基本养老金与"农保"并轨，按月发放；2004年，进一步完善了失地农民的社会保障，推进所有失地农民全部由农保转为城保体系，享受城镇居民养老保险的标准和待遇；之后，逐步全面规范了失地农民基本生活保障、基本医疗保障、促进就业和加强培训、最低生活保障等保障项目。至2015年末，我村还剩下征地农民440人，其中老年人员137人、保养人员4人、剩余劳动力42人、被抚养人员257人，这些人生活补偿费每人每月提高到810元、150元、150元、62.5元。其中被保养人员和剩余劳动力，已全部转入城保，其生活补偿费领至退休年龄，退休后即可按城保待遇领取养老金。

为进一步提高市区城乡居民基本养老保险参保人员的待遇水平，根据《苏州市居民社会养老保险管理办法》《苏州市区居民社会养老保险管理办法实施细则》，政府每年对个人缴费标准、政府缴费补贴标准、基础养老金标准进行调整。2015年，个人缴费标准调整为每人每年1200元、1680元、2160元、2400元四个档次。参保人员个人缴纳居民基本养老保险费实行的补贴标准调整为男不满45周岁，女不满40周岁的，每人每年补贴240元；男年满45周岁不满55周岁，女年满40周岁不满50周岁的，每人每年补贴300元；男年满55周岁，女年满50周岁的，每人每年补贴360元。居民基础养老金标准调整为参保人员本市市区户籍满20年，或居民基本养老保险缴费年限满15年的，每人每月380元；本市市区户籍不满20年且居民基本养老保险缴费年限不足15年的，每人每月240元。2015年企业退休人员、被征地农民置换城保退休人员平均养老金分别提高到每月2466元、1234元，城乡低保标准上调至每月750元，城乡居民基本医疗保险实际补偿比例超70%。

二、农民医保

在农村医疗及医疗保险方面，境内村民经历了农村合作医疗、农村大病风险医疗、农村医疗保险三个阶段，社会基本医疗保险体系在不断完善，农村居民看病治疗越来越有保障,看病难现象也得到有效解决。

至2015年末,全社区参加居民基本医疗保险311人,其中"非就业居民类"参保人员239人,"学生少儿类"参保人员72人。2015年度社会医疗保险政策作出调整,享受职工医疗保险退休待遇人员个人账户全年记入标准提高50元,按年龄段分别确定为:70周岁以下由1100元提高到1150元;70周岁以上(含70周岁)由1300元提高到1350元;中华人民共和国成立前参加革命工作的老工人由1550元提高到1600元。针对大病人员,符合条件的,可通过申请门诊特定项目医疗待遇、临时救助、专项救助等享受大病保障,减轻经济负担。

三、五保户

1958年成立人民公社化后,境内对无法定抚养义务人的、无劳动能力的、无生活来源的老年人、残疾人和未成年人实行"五保"供养,给予生活照顾和物质帮助。即:保吃、保穿、保住、保医、保葬,简称"五保"。

1961年,境内有五保户6人,分别为:第一生产队钱三大,第三生产队金木根,第五生产队吴三妹,第七生产队王菊生、徐夜来,第九生产队陆木泉。到2009年11月19日境内最后一位五保户金木根病死。

四、殡葬管理

旧时,境内一直实行土葬。中华人民共和国成立后,土葬习俗继续沿袭。自1958年6月第四次全国民政会议号召"移风易俗,推行火葬,实行殡葬改革"以来,境内一直未能实行。后在破"四旧"(旧思想、旧文化、旧风俗、旧习惯)的影响下,结合广泛宣传教育,才开始实行火化,推行殡葬改革。

境内实行火化第一人为1966年逝世的第二生产队的钱云金,其在苏州市横塘火葬场火化。自此,全部实行火化,消灭土葬,至今未出现回潮。

1991年冬,境内所有零散坟墓和骨灰盒全部归入吴县经济技术开发区指定的(时为宝南村)公共安息堂和安息地。1990年以后,有部分人家在西部山区购置公墓坟地。

第十二章 人物

新江境域内历史上是一个富不达万、穷不讨饭的地方。没有特别富裕的，也没有特别穷困的；没有巨宅大户，没有腰缠万贯的富商；没有文人墨客，没有步入仕途的官人。所以至今没有影响较大的著名人物。

第十二章 人物

第一节 党代表 人大代表 贫协代表

一、党代表

金根男、徐景修，1983年8月，中国共产党长桥乡第四次代表大会代表。

二、人大代表

陆三丫同，1981年3月，吴县第七届人民代表大会第一次会议代表。
赵立平，2007—2015年，吴中区第二届、第三届人民代表大会代表。

三、贫协代表

1964年，赵根林出席江苏省贫下中农协会代表大会代表。
1976年，金根男、马连根、徐金秀英、马老火、钱福根、钱水根6人为长桥公社第三届贫下中农代表。

第二节 退伍、转业军人名录

表12-1 1953—2015年新江社区服兵役统计表

序号	姓名	入伍时间	退伍时间	家庭地址
1	莫长泉	1953.3	1957.3	五组
2	孙志惠	1954	1958	一组
3	潘根土	1956	1960	六组
4	赵火金	1956	1960	七组
5	钱会根	1957	1961	二组
6	徐金水林	1960	1966	八组
7	赵立民	1962	1969	七组
8	马小毛	1963	1965	六组
9	赵火林	1964.12	1969.3	七组
10	赵盘金	1964.12	1969.3	七组
11	赵伯勇	1968.12	1972.3	七组
12	马老火	1969	1974	四组
13	孙根福	1969	1974	三组

续表

序号	姓名	入伍时间	退伍时间	家庭地址
14	钱根男	1970.12	1975.3	二组
15	潘金全	1969	1974	五组
16	汤龙元	1970.12	1975.3	九组
17	顾永昌	1970.12	1975.3	四组
18	徐纪男	1972	1976	八组
19	顾木军	1972	1976	一组
20	徐根元	1972	1976	七组
21	顾才明	1972	1976	九组
22	赵银弟	1974	1995.10	七组
23	徐炳男	1976.3	1979.12	七组
24	汤林水	1977.12	1981.1	五组
25	钱根元	1977.12	1981.1	九组
26	潘永昌	1978.3	1984.1	六组
27	赵全昌	1979.1	1984.1	七组
28	徐云根	1980.1	1982.1	九组
29	赵雪男	1982.1	1986.1	七组
30	徐煜敏	1983	1984	八组
31	戈建平	1984.11	1990.3	二组
32	顾云弟	1986.1	1990.3	九组
33	钱玉林	1986.1	1990.3	一组
34	赵祥芳	1987.11	1991.11	七组
35	石 峰	1987.11	1991.12	二组
36	潘林明	1989.3	1991.12	五组
37	徐武军	1989.3	1991.11	八组
38	袁向荣	1989.2	1991.12	七组
39	张海明	1990.3	1993.11	七组
40	肖爱国	1990.3	2007.12	五组
41	徐永忠	1991.3	1994.11	八组
42	居会根	1991.11	1994.11	三组
43	郁兴明	1993.11	1997.11	九组
44	朱德福	1995.12	2003.12	二组
45	施东辉	1995.11	2015	一组
46	顾林军	1997.12	2002.12	四组
47	张恩杰	1997.12	2012.12	五组

续表

序号	姓名	入伍时间	退伍时间	家庭地址
48	方永华	2000.11	2002.1	五组
49	陆军军	2002.12	2006.12	九组
50	徐平平	2006.12	2008.12	九组
51	许俊敏	2008.12	2010.12	六组
52	许蓉姣	2008.12	2010.12	六组
53	赵杰	2010.12	2012.12	七组
54	金耀	2010.12	2012.12	一组
55	徐强	2010.12	2012.12	八组
56	洪磊	2011.12	2013.12	九组
57	马佳伟	2014.9	现役	六组

第三节 大学毕业生名录

表12-2 第一居民小组大学毕业生一览表

研究生	大学本科	大专
顾国平	钱亮亮 钱珍 谢仁红 钱晙熙 钱晓 叶亮亮 钱雨 金意 丁仁君 钱明	顾俊超 钱晓红 金菊华 金叶 钱佳慧 金华 顾文彬 金耀 钱凯铖 金学峰

注：共21人，其中研究生1人、本科生10人、大专生10人。

表12-3 第二居民小组大学毕业生一览表

研究生	大学本科	大专
/	钱佳俊 钱倩芬 钱亚静 戈志豪 钱华婴 李范奚 钱娟 钱伟伟 钱小华 石雨 钱雅萍	钱琦 钱佳雄 钱伟康 石厦祺

注：共15人，其中本科生11人、大专生4人。

表12-4 第三居民小组大学毕业生一览表

研究生	大学本科	大专
莫涛	孙叶 汤会芳 赵为华 汤晓敏 李斌 莫晓东 徐康 徐峰 赵寅杰 汤丹红 汤志康 孙华 徐平 汤晓明	孙逸冰 徐勇 汤荣杰 汤炜彬 赵培红 孙佳雯 孙旭峰 汤国平 徐雁 徐惠元 张杰

注：共26人，其中研究生1人、本科生14人、大专生11人。

表 12-5　第四居民小组大学毕业生一览表

研究生	大学本科	大专
徐俊杰	汤庆庆　汤丽燕　顾金珂　孙　洁 孙晓红　顾艳婷　顾　健　顾颖颖	温伟莉　顾小娟　顾剑锋　顾黎明 徐　莉　汤靖春　汤芳芳　汤容容 汤爱红　汤妹红　沈忠伟　汤红忠 汤奇珍　汤奇明　汤正强　黎　梅

注：共25人，其中研究生1人、本科生8人、大专生16人。

表 12-6　第五居民小组大学毕业生一览表

研究生	大学本科	大专
/	潘　萍　肖爱国　潘兰珍　汝美娟 莫亮亮　张　鹏　莫俊峰　张思杰	潘　俊　计永芳　储　江　吴静娴 陈琪雯　汝晓春　汝晓峰　安慧敏 王　晓　莫晓岚　计　华　潘旭东 莫素根　宋　晨

注：共22人，其中本科生8人、大专生14人。

表 12-7　第六居民小组大学毕业生一览表

研究生	大学本科	大专
/	潘倩婷　许　琴　潘春兰　杨利飞 马芳芳　卢福东　徐晓清　马琦华 姚叶青　张　斌　姚玉峰	马艳婷　潘振华　许俊敏　潘俊强 马佳伟　马微微　潘　虹　马　旭 潘晓玲　潘永昌　何　兴

注：共22人，其中本科生11人、大专生11人。

表 12-8　第七居民小组大学毕业生一览表

研究生	大学本科	大专
/	徐玉凤　徐　俊　赵　莉　赵　花 赵志惠　赵志康　赵俞妹　徐伟春 徐　春　王晓珍　徐政康　徐　萍 张　雅　赵　冬　赵燕琴　赵　妤 赵立文	赵俊昊　赵　娟　赵静静　赵一晨 赵小燕　金文婷　徐斌磊　赵涵晔 徐晓平

注：共26人，其中本科生17人、大专生9人。

表 12-9　第八居民小组大学毕业生一览表

研究生	大学本科	大专
/	徐燕桦　徐美芳　徐美丽　徐允平 徐慧娟　徐丹虹　徐国欣　赵婷婷 赵燕燕　徐晓峰　徐天倚　徐春花 徐　芳	徐燕萍　赵兰兰　徐嘉盛 陆嫣情　冯慧婷　徐联冠

注：共19人，其中本科生13人、大专生6人。

表 12-10　第九居民小组大学毕业生一览表

研究生	大学本科	大专
/	顾小灵　陆月萍　汤兴兴　汤晓玲 俞晓萍　汤利成　钮建伟　汤华萍	徐　琴　高　俊　汤庆红　洪　磊 顾建男　汤春华　徐　华　顾　莹 顾忠琪　汤晓峰　顾梦婷　汤海珍

注：共20人，其中本科生8人、大专生12人。

第四节 荣誉录

中华人民共和国成立以来到1998年期间,各时段获得集体荣誉的资料查无实物留存和文字记载,故仅将1999年以后获得集体荣誉的记录在册,共55项。

表12-11 新江社区1999—2015年获奖情况表

序号	获奖名称	颁奖单位	获奖时间
1	安全文明村	吴县市社会治安综合治理委员会	1999.1
2	江苏省卫生村	江苏省爱国卫生运动委员会	1999
3	文明村	苏州市精神文明建设委员会	2000
4	村民自治模范村	吴县市民政局	2000.3
5	先进基层党组织	中共苏州市吴中区委员会	2003.6
6	2003—2004年度爱国卫生先进集体	苏州市吴中区爱国卫生运动委员会 苏州市吴中区人事局	2005.2
7	2005年度先进老年人协会	苏州市老龄工作委员会	2005.11
8	2005年度社会治安安全社区	苏州市吴中区服务"两个率先建设平安吴中活动领导小组"	2006.2
9	苏州市吴中区人口和计划生育先进集体	中共苏州市吴中区委员会 苏州市吴中区人民政府	2006.4
10	2004—2005年度文明单位	中共苏州市吴中区委员会 苏州市吴中区人民政府	2006.6
11	实践"三个代表"实现"两个率先"先锋社区	中共苏州市委员会	2006.6
12	2005年度先进基层党组织	中共苏州市吴中区城南街道工作委员会	2006.6
13	全国人口抽样调查先进集体	苏州市人口抽样调查办公室	2006.9
14	和谐示范社区	中共苏州市吴中区委员会 苏州市吴中区人民政府	2006.12
15	苏州市农村集体财务规范化管理示范单位	中共苏州市农村工作办公室	2006.12
16	民主法治示范村(社区)	苏州市吴中区依法治区领导小组	2007.1
17	民主法治社区	苏州市依法治市领导小组办公室 苏州市司法局 苏州市民政局	2007.4
18	2006年度先进基层党组织	中共苏州市吴中区城南街道工作委员会	2007.6

续表

序号	获奖名称	颁奖单位	获奖时间
19	吴中区"十佳"基层党建工作示范点	中共苏州市吴中区委组织部	2007.7
20	苏州市吴中区关心下一代工作"四有五无"先进村（居委会）	苏州市吴中区关心下一代工作委员会	2007
21	吴中区关心下一代先进集体	苏州市吴中区关心下一代工作委员会 苏州市吴中区精神文明建设指导委员会办公室	2007.12
22	2007年度先进基层党组织	中共苏州市吴中区城南街道工作委员会	2008.6
23	苏州市农村（社区）消费维权工作先进投诉站	江苏省苏州市工商行政管理局 苏州市消费者权益保护委员会	2008.1
24	土地管理先进村	苏州市国土局吴中区分局	2008.11
25	2007—2008年度爱国卫生先进集体	苏州市吴中区爱国卫生运动委员会 苏州市吴中区人事局	2009.1
26	苏州市建设社会主义新农村示范村	中共苏州市委员会 苏州市人民政府	2009.2
27	江苏省民主法治示范社区	江苏省依法治省领导小组	2009.2
28	和谐示范社区	中共苏州市委员会 苏州市人民政府	2009.6
29	苏州吴中经济开发区2009年度村（社区）经济先进单位	中共苏州市吴中区经济开发区工作委员会 苏州吴中经济技术开发区管理委员会	2010.2
30	新农村建设明星示范村（社区）	中共苏州市吴中区委员会 苏州市吴中区人民政府	2010.3
31	2009年度先进基层党组织	中共苏州市吴中区城南街道工作委员会	2010.6
32	2010年度吴中区城南街道先进基层工会	苏州市吴中区城南街道工会工作委员会	2011.1
33	2009—2010年度先进基层分党校	中共苏州市吴中区委宣传部 中共苏州市吴中区委组织部	2011.1
34	苏州市村级经济发展百强村	中共苏州市委员会 苏州市人民政府	2011.2
35	2010年征兵工作先进单位	苏州吴中区经济开发区管理委员会	2011.10
36	苏州市消费放心城市长效管理工作基层典型示范社区	苏州市创建消费放心城市指挥部	2011.10
37	2008—2010年度文明单位	中共苏州市吴中区委员会 苏州市吴中区人民政府	2011.12
38	2011年度先进基层工会	苏州市吴中区城南街道工会工作委员会	2012.1

续表

序号	获奖名称	颁奖单位	获奖时间
39	五好村（社区）工会	苏州市吴中区委组织部	2012.1
		苏州市吴中区总工会	
40	吴中区2011年度集体稳定收入超千万元村	中共苏州市吴中区委员会	2012.2
		苏州市吴中区人民政府	
41	开发区2011年度村（社区）经济发展先进单位	中共苏州市吴中区经济开发区工作委员会	2012.2
		苏州吴中经济开发区管理委员会	
42	国土资源管理先进单位	苏州市吴中区人民政府	2012.3
43	创先争优先进基层党组织	中共苏州市吴中区委员会	2012.6
44	全区关心下一代工作先进集体	苏州市吴中区关心下一代工作委员会	2012.9
		苏州市吴中区精神文明建设指导委员会办公室	
45	征兵工作先进集体	苏州市吴中区人武部	2012.10
46	苏州市绿色社区	苏州市人民政府	2013.9
47	土地管理先进村	苏州市国土资源局吴中分局	2013.12
48	苏州市规范化村（社区）人民调解委员会	苏州市司法局	2013.12
49	苏州市第二批全民健康生活方式行动示范社区	苏州市疾病预防控制中心	2014.1
50	2014年度城南街道先进集体	苏州市吴中区城南街道办事处	2015.1
		苏州市吴中区城南街道工作委员会	
51	吴中区2014年度作风效能建设先进集体	中共苏州市吴中区委员会	2015.2
		苏州市吴中区人民政府	
52	吴中区2014年度农村集体（合作）经济发展先进单位	苏州市吴中区人民政府	2015.2
53	2014年度苏州市绿色社区	中共苏州吴中经济开发区工作委员会	2015.3
		苏州市吴中区开发区管理委员会	
54	2014年度征兵工作先进单位	苏州吴中经济开发区工作委员会	2015.7
		苏州市吴中区开发区管理委员会	
55	2015年先进集体	苏州市吴中区城南街道工作委员会、办事处	2016.1

第十三章 居民家庭记载

2015年底，新江社区有3个自然村，即罗盛里、朱家上、迎春花园。有9个居民小组。常住户302户（其中6户为单人户，已并入小辈户）；常住户籍人口1365人，其中男性668人，女性697人。

本章主要简述现有家庭人员、已故家属、家庭大事三项。为了全面反映每户家庭人员的全貌，故将2015年底户籍不在新江的人员一并记述在内，加"*"表示。

家庭大事依各家情况不同，简述主要事件。

本章表前不列表序。

第十三章 居民家庭记载

新江社区户主名单

	一组	二组	三组	四组	五组	六组	七组	八组	九组
1	顾才兴	钱龙男	赵根才	汤双明	潘国良	马大男	赵春芳	徐武军	钱根元
2	钱小毛	钱康明	徐进昌	汤小明	汝祥明	潘文昌	赵全男	徐林芳	汤文元
3	钱建新	钱永华	徐进根	汤老土	汝纪男	马文元	王志华	徐建明	顾雪男
4	钱玉狗	钱永明	孙林福	孙林男	陈林弟	潘云南	王永昌	徐永康	徐先工
5	钱玉林	钱菊男	孙祥龙	汤月明	方会昌	潘振华	徐亮	徐天根	朱小毛
6	顾永军	钱雪平	陆雪根	顾水元	方根男	许龙弟	赵火林	徐永华	顾云男
7	金爱民	钱全明	汤菊男	顾金明	储龙根	马根元	赵立平	徐永林	顾云明
8	金华明	张荣福	赵金才	孙林弟	潘红良	马多男	徐连元	徐文彬	顾志芳
9	张妹珍	钱文元	汤新元	汤火全	储福男	马火林	徐炳良	徐云昌	陆永昌
10	金福新	钱雪根	汤金元	孙雪昌	徐文林	马桂媛	赵祥明	潘妹姐	陆会男
11	金福昌	钱云弟	徐建华	顾春元	潘雪明	许会男	赵菊明	徐中男	顾水昌
12	金全男	石文香	汤坤元	徐会青	潘银弟	潘纪根	王根生	冯兆荣	徐云根
13	钱明	磨飞勇	汤全男	孙雪芳	汝祥弟	潘桂根	赵金弟	徐根元	徐炳根
14	金福康	钱后根	汤景贤	顾文林	储建元	马金明	赵菊昌	徐毛弟	汤林元
15	钱祥男	钱金英	陆水根	顾会贤	汝祥根	许杏男	赵全昌	徐玉山	陆云男
16	钱玉平	钱永红	莫祥根	赵彩珍	王木男	马金芳	赵金庭	徐熙彬	汤玉林
17	钱玉泉	钱永芳	莫祥弟	顾工先	潘雪根	许火根	赵金木	徐雪昌	汤建林
18	金永昌	钱菊明	汤新根	徐宏	莫根元	许敏	袁向荣	徐永昌	汤雪元
19	顾木军	钱龙金	朱新妹	顾文昌	潘金全	许林根	赵立文	徐福男	顾水金
20	顾祥弟	钱根男	徐建平	顾文明	方全男	莫春华	徐海和	徐纪男	徐祥男
21	金云男	钱水男	赵祥龙	顾会先	储天和	许仙男	赵明秋	徐灵敏	徐炳珍
22	金雪昌	钱根林	赵祥兴	汤永明	莫素根	潘云弟	王祥龙	赵龙弟	徐官根
23	金根男	钱金根	孙根福	汤根元	陈水土	许会全	徐林海	徐丽华	顾云弟
24	钱龙根	钱福明	徐建生	汤大男	莫菊明	马四根	徐炳元	徐三男	汤龙元
25	钱文明	石勇	孙雪明	汤金男	计水男	许福全	赵祥芳	潘杏珍	顾建男
26	金福明	钱毛男	汤锦明	汤金水	计水元	马林男	徐柄男	徐菊男	陆建妹
27	丁仁荣	石峰	汤云根	汤火男	计水昌	潘永昌	赵福明	徐勇敏	汤金华
28		钱泉元	徐建明	汤老火	潘银泉	赵仙根	徐根元	徐建龙	汤建龙
29		钱水火	孙雪林	汤丽华	汝菊男	莫根全	赵雪男	徐金林	汤连元
30		戈建平	汤丽珍	王木金	汝龙元	许官根	徐炳灵	徐云元	汤毛毛
31		钱金昌		汤龙金	储连元	潘杏根	赵振华	徐觉敏	徐纪根
32				严雪红	潘林明	潘木根	赵金祥	徐剑妹	徐纪男
33				汤芳珍	潘林男		赵银喜	徐永良	朱福男
34					方兴男		赵盘金	徐永忠	
35					汤林水		徐全元	赵龙金	
36							赵龙元	徐明芳	
37							赵银弟	徐联冠	
38								徐永平	

新江社区第一居民小组　自然村：罗盛里

		与户主关系	出生日期	民族	已故家属	
					称呼	姓名
现有家庭成员	顾才兴	户主	1945年9月30日	汉	祖父	顾招大
	钱仙根	妻	1948年9月9日	汉	祖母	顾金珠
	汤福元	女婿	1963年3月3日	汉	父亲	顾寿宝
	顾福珍	长女	1968年1月27日	汉	母亲	顾桂英
	顾俊超	孙子	1988年7月8日	汉		
	*马敏娟	孙媳妇	1989年10月3日	汉		
	顾子轩	曾重孙	2011年11月4日	汉		
	马其乐	曾孙女	2015年8月3日	汉		
家庭大事记	1992年12月，郑庄上拆迁移址罗盛里，建造楼房3间。 2009年购置商品房。					

新江社区第一居民小组　自然村：罗盛里

		与户主关系	出生日期	民族	已故家属	
					称呼	姓名
现有家庭成员	钱小毛	户主	1963年3月17日	汉	祖父	钱三根
	汤玉珍	妻	1963年9月2日	汉	祖母	柳老土
	钱亮亮	子	1986年1月23日	汉	父亲	钱金弟
	*钱晓虹	儿媳	1986年5月8日	汉	母亲	顾祥妹
	钱昊泽	孙子	2012年4月16日	汉		
家庭大事记	1990年7月，郑庄上平房移地建造楼房3间。 1993年5月，郑庄上拆迁移址罗盛里，建造楼房3间。 2008年购置商品房。					

第十三章　居民家庭记载

新江社区第一居民小组　自然村：罗盛里

		与户主关系	出生日期	民族	已故家属	
					称呼	姓名
现有家庭成员	钱建新	户主	1963年4月24日	汉	祖父	钱仁祥
	赵福香	妻	1964年11月11日	汉	祖母	钱根林
	钱桂林	母亲	1933年1月24日	汉	父亲	钱好根
	葛志亮	女婿	1986年6月5日	汉		
	钱晓虹	女儿	1986年5月8日	汉		
	钱莘玛	孙女	2012年2月17日	汉		
家庭大事记	1994年9月，郑庄上拆迁移址罗盛里，建造楼房3间。 2000年购置商品房。					

新江社区第一居民小组　自然村：罗盛里

		与户主关系	出生日期	民族	已故家属	
					称呼	姓名
现有家庭成员	钱玉狗	户主	1956年6月2日	汉	祖父	许水福
	徐火桂	妻子	1957年12月20日	汉	祖母	钱根妹
	钱长姐	母亲	1928年4月1日	汉	父亲	钱长根
	叶亮亮	女婿	1982年10月10日	汉		
	钱珍	女儿	1982年10月10日	汉		
	钱宸逸	孙女	2008年9月27日	汉		
	叶宸昕	小孙女	2012年7月30日	汉		
家庭大事记	1988年11月，郑庄上原地翻建楼房3间。 1998年5月，郑庄上拆迁移址罗盛里，建造楼房3间。 2006年购置商品房。					

新江社区第一居民小组　自然村：罗盛里

		与户主关系	出生日期	民族	已故家属	
					称呼	姓名
现有家庭成员	钱玉林	户主	1968年11月19日	汉	祖父	许水福
	顾韵红	妻子	1969年12月27日	汉	祖母	钱根妹
	钱长姐	母亲	1928年4月1日	汉	父亲	钱长根
	钱纬	儿子	1992年10月17日			
家庭大事记	钱玉林1986年1月—1990年3月服役。 1995年，郑庄上拆迁移址罗盛里，建造楼房3间。 2015年购置商品房。					

新江社区第一居民小组　自然村：罗盛里

		与户主关系	出生日期	民族	已故家属	
					称呼	姓名
现有家庭成员	顾永军	户主	1957年3月7日	汉	祖父	顾毛头
	潘仙林	妻	1957年12月12日	汉	祖母	顾小妹
	顾福妹	母亲	1924年10月22日	汉	父亲	顾才根
	顾志华	儿子	1982年1月12日	汉		
	*方郁琴	儿媳	1981年10月12日	汉		
	顾润	孙子	2005年4月20日			
家庭大事记	1987年3月，郑庄上平房原地翻建楼房3间。 1994年，郑庄上拆迁移址罗盛里，建造楼房3间。 2014年购置商品房。					

第十三章 居民家庭记载

新江社区第一居民小组　自然村：罗盛里

		与户主关系	出生日期	民族	已故家属	
					称呼	姓名
现有家庭成员	金爱民	户主	1974年11月30日	汉	太祖父	金阿金
	计艳芹	妻	1972年6月9日	汉	曾祖父	金仁宝
	金云妹	母亲	1951年8月18日	汉	曾祖母	柳银珠
	金　婕	女儿	1998年3月21日	汉	曾祖母	董云宝
					祖母	金四妹
					父亲	金锦男
家庭大事记	1994年9月，郑庄上拆迁移址罗盛里，建造楼房3间。 2015年购置商品房。					

新江社区第一居民小组　自然村：罗盛里

		与户主关系	出生日期	民族	已故家属	
					称呼	姓名
现有家庭成员	金华明	户主	1978年8月16日	汉	太祖父	金阿金
	*陆玉琴	妻	1978年10月26日	汉	曾祖父	金仁宝
	金云妹	母亲	1951年8月18日	汉	曾祖母	柳银珠
	金陆辉	儿子	2002年8月26日	汉	曾祖母	董云宝
					祖母	金四妹
					父亲	金锦男
家庭大事记	1994年9月，郑庄上拆迁移址罗盛里，建造楼房3间。					

新江社区第一居民小组　自然村：罗盛里

		与户主关系	出生日期	民族	已故家属	
					称呼	姓名
现有家庭成员	张妹珍	户主	1965年11月6日	汉		
家庭大事记						

新江社区第一居民小组　自然村：罗盛里

		与户主关系	出生日期	民族	已故家属	
					称呼	姓名
现有家庭成员	金福新	户主	1964年7月6日	汉	太祖父	金阿金
	潘桂英	妻	1965年11月19日	汉	曾祖父	金仁宝
	金杏英	母亲	1933年8月24日	汉	曾祖母	柳银珠
	金　丽	女儿	1987年10月28日	汉	曾祖母	董云宝
	*王　伟	女婿	1986年1月11日	汉	祖父	金木林
	谢仁红	女儿	1987年11月28日	汉	祖母	金彩妹
	王子麒	孙子	2014年11月27日	汉	父亲	金根法
家庭大事记	1989年11月，郑庄上平房原地翻建楼房3间。 1993年5月，郑庄上拆迁移址罗盛里，建造楼房3间。					

第十三章 居民家庭记载

新江社区第一居民小组　自然村：罗盛里

		与户主关系	出生日期	民族	已故家属	
					称呼	姓名
现有家庭成员	金福昌	户主	1957年4月19日	汉	太祖父	金阿金
	钱文金	妻	1955年10月16日	汉	曾祖父	金仁宝
	金杏云	母亲	1933年8月24日	汉	曾祖母	柳银珠
	施东辉	女婿	1976年11月6日	汉	曾祖母	董云宝
	金菊华	女儿	1982年2月28日	汉	祖父	金木林
	金施辰昱	孙子	2008年1月15日	汉	祖母	金彩妹
					父亲	金根法
家庭大事记	施东辉1995—2015年服役。 1989年11月，郑庄上平房原地翻建楼房3间。 1993年5月，郑庄上拆迁移址罗盛里，建造楼房3间。					

新江社区第一居民小组　自然村：罗盛里

		与户主关系	出生日期	民族	已故家属	
					称呼	姓名
现有家庭成员	金全男	户主	1966年8月7日	汉	太祖父	金财宝
	赵红梅	妻	1967年11月20日	汉	曾祖父	金阿金
	金新根	父亲	1932年3月1日	汉	祖父	金仁宝
	金叶	女	1989年11月6日	汉	祖母	柳银妹
	*杭郁	女婿	1989年9月1日	汉	祖母	董云宝
	杭叶菲	孙女	2014年9月15日	汉	母亲	金四妹
	金娃雷神	孙子	2015年1月6日	汉		
家庭大事记	1993年5月，郑庄上拆迁移址罗盛里，建造楼房3间。					

新江社区第一居民小组　自然村：罗盛里

		与户主关系	出生日期	民族	已故家属	
					称呼	姓名
现有家庭成员	钱　明	户主	1970年10月10日	汉	祖父	钱小弟
	陆双梅	妻	1974年11月18日	汉	祖母	钱老土
	钱根兴	父亲	1944年7月23日	汉		
	钱林英	母亲	1946年11月3日	汉		
	钱畯熙	儿子	1996年12月14日	汉		
家庭大事记	1994年，郑庄上拆迁移址罗盛里，建造楼房3间。 2008年购置商品房。					

新江社区第一居民小组　自然村：罗盛里

		与户主关系	出生日期	民族	已故家属	
					称呼	姓名
现有家庭成员	金福康	户主	1957年7月27日	汉	太祖父	金阿金
	*史方英	妻	1974年2月17日	汉	曾祖父	金阿水
	金怡婕	女儿	1998年9月25日	汉	曾祖母	钱银妹
					祖父	金腊利
					祖母	金云娜
					父亲	金根木
					母亲	金土姐
家庭大事记	1989年10月，郑庄上平房原地翻建楼房。 1995年4月，郑庄上拆迁移址罗盛里，建造楼房3间。 2007年购置商品房。					

第十三章　居民家庭记载

新江社区第一居民小组　自然村：罗盛里

		与户主关系	出生日期	民族	已故家属	
					称呼	姓名
现有家庭成员	钱祥男	户主	1957年3月7日	汉	父亲	钱小弟
	胡香妹	妻	1963年12月16日	汉	母亲	钱老土
	钱　晓	儿子	1985年6月29日	汉		
	郁丽霞	儿媳	1986年6月26日	汉		
	钱俊朵	孙女	2009年9月29日	汉		
家庭大事记	1989年11月郑庄上平房原地翻建楼房3间。 1993年5月，郑庄上拆迁移址罗盛里，建造楼房3间。 2006年购置商品房。					

新江社区第一居民小组　自然村：罗盛里

		与户主关系	出生日期	民族	已故家属	
					称呼	姓名
现有家庭成员	钱玉平	户主	1970年5月7日	汉	祖父	钱小弟
	许春香	妻	1971年12月27日	汉	祖母	钱老土
	钱祥兴	父亲	1947年1月14日	汉		
	钱菊英	母亲	1949年4月10日	汉		
	钱佳慧	女儿	1994年2月3日	汉		
家庭大事记	1993年，郑庄上拆迁移址罗盛里，建造楼房3间。 2010年购置商品房。					

新江社区第一居民小组　自然村：罗盛里

		与户主关系	出生日期	民族	已故家属	
					称呼	姓名
现有家庭成员	钱玉泉	户主	1972年10月24日	汉	祖父	钱小弟
	杨 艳	妻	1970年12月2日	汉	祖母	钱老土
	钱祥兴	父亲	1947年1月14日	汉		
	钱菊英	母亲	1949年4月10日	汉		
	钱 雨	女儿	1994年8月15日	汉		
家庭大事记	1993年5月，郑庄上拆迁移址罗盛里，建造楼房3间。					

新江社区第一居民小组　自然村：罗盛里

		与户主关系	出生日期	民族	已故家属	
					称呼	姓名
现有家庭成员	金永昌	户主	1953年12月28日	汉	太祖父	金财宝
	金 华	女儿	1979年9月23日	汉	曾祖父	金阿金
	*朱水荣	女婿	1980年9月19日	汉	祖父	金阿水
	金朱逸	长孙子	2004年6月8日	汉	祖母	钱银妹
	朱金逸	次孙子	2007年5月18日	汉	父亲	金阿新
					母亲	金保金
					妻子	钱菊英
家庭大事记	1988年8月，郑庄上平房原地翻建楼房3间。 1994年，郑庄上拆迁移址罗盛里，建造楼房3间。 2019年购置商品房。					

第十三章 居民家庭记载

新江社区第一居民小组　自然村：罗盛里

		与户主关系	出生日期	民族	已故家属	
					称呼	姓名
现有家庭成员	顾木军	户主	1950年7月21日	汉	祖父	顾毛头
	徐火妹	妻	1951年7月5日	汉	祖母	顾小妹
	顾福妹	母亲	1924年10月22日	汉	父亲	顾才根
	顾丽华	女儿	1976年12月23日	汉		
	*许春华	女婿	1973年7月21日	汉		
	顾文彬	儿子	1979年11月17日	汉		
	李春梅	儿媳	1982年5月26日	汉		
	顾浩宇	孙子	1998年8月25日	汉		
	顾梓涵	孙女	2006年10月9日	汉		
家庭大事记	顾木军1972—1976年服役。 1998年，郑庄上拆迁移址罗盛里，建造楼房3间。 2011年购置商品房。					

新江社区第一居民小组　自然村：罗盛里

		与户主关系	出生日期	民族	已故家属	
					称呼	姓名
现有家庭成员	顾祥弟	户主	1955年12月1日	汉	曾祖父	顾招大
	徐金文	妻	1955年12月1日	汉	曾祖母	顾金妹
	顾才福	父亲	1934年11月14日	汉	祖父	顾寿宝
	顾根妹	母亲	1935年10月12日	汉	祖母	顾桂云
	顾国平	儿子	1981年9月14日	汉		
	宓月兰	媳妇	1981年8月25日	汉		
	顾小娟	女儿	1988年7月1日	汉		
	*徐正东	女婿	1988年12月25日	汉		
	顾语宸	长孙女	2008年7月30日	汉		
	徐锦逸	外孙	2011年8月2日	汉		
	宓晓晟	次孙女	2012年3月28日	汉		
家庭大事记	1987年8月，郑庄上平房原地翻建楼房3间。 1998年5月，郑庄上拆迁移址罗盛里，建造楼房3间。 2004年购置商品房。					

新江社区第一居民小组　自然村：罗盛里

		与户主关系	出生日期	民族	已故家属	
					称呼	姓名
现有家庭成员	金云男	户主	1944年8月3日	汉	太祖父	金财宝
	金爱妹	妻	1945年7月20日	汉	曾祖父	金阿金
	金建昌	儿子	1965年7月10日	汉	祖父	柳银妹
	顾菊妹	媳妇	1964年10月3日	汉	祖母	董云宝
	金学峰	孙女	1988年12月15日	汉	父亲	金福林
	*孙 益	孙女婿	1988年4月29日	汉	母亲	金大妹
	金涵悦	曾孙女	2012年2月21日	汉		
	孙昕悦	曾孙女	2014年5月22日	汉		
家庭大事记	1988年9月，郑庄上平房原地翻建楼房3间。 1998年，郑庄上拆迁移址罗盛里，建造楼房3间。 2010年购置商品房。					

新江社区第一居民小组　自然村：罗盛里

		与户主关系	出生日期	民族	已故家属	
					称呼	姓名
现有家庭成员	金雪昌	户主	1956年9月19日	汉	曾祖父	金阿金
	徐菊芳	妻子	1965年1月28日	汉	祖父	金阿水
	*金 意	女儿	1981年11月13日	汉	祖母	金银妹
	*徐春荣	女婿	1987年3月18日	汉	父亲	金阿新
	徐 健	儿子	1989年11月10日	汉	母亲	金保金
	章芝慧	儿媳	1988年8月19日	汉	妻子	潘雪妹
	*徐金好	外孙女	2008年8月18日	汉		
	金睿麒	孙子	2014年9月30日	汉		
家庭大事记	1989年7月，郑庄上平房原地翻建楼房3间。 1998年，郑庄上拆迁移址罗盛里，建造楼房3间。					

第十三章 居民家庭记载

新江社区第一居民小组　自然村：罗盛里

		与户主关系	出生日期	民族	已故家属	
					称呼	姓名
现有家庭成员	金根男	户主	1945年12月22日	汉	太祖父	金财宝
	金水媛	妻	1944年5月15日	汉	曾祖父	金阿金
	金玉明	儿子	1968年10月5日	汉	祖父	金仁宝
	杨永梅	儿媳	1969年1月10日	汉	祖母	柳银妹
	金耀	孙子	1991年6月28日	汉	祖母	董云宝
	秦诗怡	孙媳	1993年4月6日	汉	父亲	金木林
	金熙洋	曾孙	2014年4月28日	汉	母亲	金彩妹
家庭大事记	金耀2010—2012年服役。 1987年，郑庄上平房原地翻建楼房3间。 1998年，郑庄上拆迁移址罗盛里，建造楼房3间。 2011年购置商品房。					

新江社区第一居民小组　自然村：罗盛里

		与户主关系	出生日期	民族	已故家属	
					称呼	姓名
现有家庭成员	钱龙根	户主	1952年11月16日	汉	祖父	许水福
	陈林保	妻	1953年9月20日	汉	祖母	钱银妹
	钱洪彬	子	1978年8月12日	汉	父亲	钱三妹
	朱兰凤	儿媳	1973年4月5日	汉	母亲	钱小妹
	钱晶	长孙女	2003年3月10日	汉		
	钱莹	次孙女	2014年8月2日	汉		
家庭大事记	1981年10月，郑庄上平房原地翻建楼房2间。 1990年7月，郑庄上楼房原地翻建楼房3间。 1998年，郑庄上拆迁移址罗盛里，建造楼房3间。 2011年购置商品房。					

新江社区第一居民小组　自然村：罗盛里

		与户主关系	出生日期	民族	已故家属	
					称呼	姓名
现有家庭成员	钱文明	户主	1967年7月19日	汉	祖父	钱小弟
	钱龙英	妻	1968年9月24日	汉	祖母	钱老土
	钱根兴	父亲	1944年7月23日	汉		
	钱林英	母亲	1946年11月3日	汉		
	钱祥福	叔叔	1953年1月27日	汉		
	钱凯铖	子	1990年12月18日	汉		
	*沈　吉	儿媳	1994年1月9日	汉		
家庭大事记	1988年10月，郑庄上平房原地翻建楼房3间。 1998年，郑庄上拆迁移址罗盛里，建造楼房3间。 2006年购置商品房。					

新江社区第一居民小组　自然村：罗盛里

		与户主关系	出生日期	民族	已故家属	
					称呼	姓名
现有家庭成员	金福明	户主	1972年1月19日	汉	曾祖父	金阿水
	汤彩芳	妻	1972年10月26日	汉	曾祖母	金银妹
	金芝琳	女儿	2001年9月2日	汉	祖父	金腊利
					祖母	金云娜
					父亲	金根木
					母亲	金土姐
家庭大事记	1998年，郑庄上拆迁移址罗盛里，建造楼房3间。 2007年购置商品房。					

第十三章 居民家庭记载

新江社区第一居民小组　自然村：罗盛里

		与户主关系	出生日期	民族	已故家属	
					称呼	姓名
现有家庭成员	丁仁荣	户主	1967年9月24日	汉	祖父	金福林
	金建娥	妻	1968年8月20日	汉	祖母	金大妹
	丁仕君	女儿	1993年5月30日	汉		
	*顾志昊	女婿	1992年7月6日	汉		
家庭大事记	1992年9月，张角里批建楼房2间。 2001年，张角里拆迁移址迎春花园，建造楼房3间。 2012年购置商品房。					

新江社区第二居民小组　自然村：罗盛里

		与户主关系	出生日期	民族	已故家属	
					称呼	姓名
现有家庭成员	钱龙男	户主	1955年8月2日	汉	祖父	钱申元
	杨明华	妻	1957年12月21日	汉	祖母	钱金珠
	钱芳华	儿子	1981年10月1日	汉	父亲	钱大福根
	罗琴	儿媳	1981年9月20日	汉	母亲	钱福姐
	钱毅	孙子	2004年9月24日	汉		
	钱紫余	孙女	2010年8月30日	汉		
家庭大事记	1992年9月，郑庄上拆迁移址罗盛里，建造楼房3间。 2009年购置商品房。					

新江社区第二居民小组　自然村：罗盛里

		与户主关系	出生日期	民族	已故家属	
					称呼	姓名
现有家庭成员	钱康明	户主	1976年8月31日	汉	祖父	钱根泉
	钱炳男	父亲	1948年12月24日	汉	祖母	钱根奴
	钱水娥	母亲	1950年8月4日	汉	妻	张银华
	钱来珺	女儿	2001年12月6日	汉		
家庭大事记	1993年9月，郑庄上拆迁移址罗盛里，建造楼房3间。 2014年购置商品房。					

新江社区第二居民小组　自然村：罗盛里

		与户主关系	出生日期	民族	已故家属	
					称呼	姓名
现有家庭成员	钱永华	户主	1974年3月1日	汉	祖父	钱大福根
	张锦芳	妻	1975年5月20日	汉	祖母	钱福姐
	钱林妹	母亲	1950年1月1日	汉	父亲	钱火根
	钱佩青	女儿	1997年5月27日	汉		
家庭大事记	1993年4月，郑庄上拆迁移址罗盛里，建造楼房3间。 2011年购置商品房。					

新江社区第二居民小组　自然村：罗盛里

		与户主关系	出生日期	民族	已故家属	
					称呼	姓名
现有家庭成员	钱永明	户主	1970年1月5日	汉	祖父	钱大福根
	马雪文	妻	1972年1月27日	汉	祖母	钱福姐
	钱林妹	母亲	1950年1月1日	汉	父亲	钱火根
	钱　婷	女儿	1994年3月6日	汉		
家庭大事记	1993年4月，郑庄上拆迁移址罗盛里，建造楼房3间。 2009年购置商品房。					

新江社区第二居民小组　自然村：罗盛里

		与户主关系	出生日期	民族	已故家属	
					称呼	姓名
现有家庭成员	钱菊男	户主	1965年7月11日	汉	祖父	钱木根
	王玉妹	妻	1966年6月22日	汉	祖母	钱连妹
	钱根妹	母亲	1943年10月18日	汉	父亲	钱林根
	钱佳俊	儿子	1988年10月9日	汉		
	*许佳妮	儿媳	1989年1月5日	汉		
	钱雨萌	孙女	2014年5月26日	汉		
家庭大事记	1994年，郑庄上拆迁移址罗盛里，建造楼房3间。 2003年购置商品房					

新江社区第二居民小组　自然村：罗盛里

		与户主关系	出生日期	民族	已故家属	
					称呼	姓名
现有家庭成员	钱雪平	户主	1967年8月29日	汉	祖父	钱水大
	徐建芳	妻	1967年4月7日	汉	祖母	钱根奴
	钱会根	父亲	1937年12月6日	汉		
	钱关英	母亲	1938年7月14日	汉		
	钱倩芬	女	1990年9月12日	汉		
	*汝晓春	女婿	1990年10月8日	汉		
家庭大事记	钱会根1957—1961年服役。 1997年2月，郑庄上拆迁移址罗盛里，建造楼房3间。					

新江社区第二居民小组　自然村：罗盛里

		与户主关系	出生日期	民族	已故家属	
					称呼	姓名
现有家庭成员	钱全明	户主	1970年7月6日	汉	祖父	钱根水官
	赵银花	妻	1972年10月5日	汉	祖母	钱金姐
	钱木妹	母亲	1947年1月6日	汉	父亲	钱纪根
	钱琦	女儿	1993年4月16日	汉		
家庭大事记	1972年，郑庄上草屋原地翻建平房2间。 1996年7月，郑庄上拆迁移址罗盛里，建造楼房3间。 2014年购置商品房。					

第十三章　居民家庭记载

新江社区第二居民小组　自然村：罗盛里

		与户主关系	出生日期	民族	已故家属	
					称呼	姓名
现有家庭成员	张荣福	户主	1941年8月5日	汉	丈人	钱土金
	钱数英	妻子	1951年10月25日	汉	丈母	钱根姐
	张春泉	儿子	1974年7月8日	汉	儿媳	方英
	*沈红芳	儿媳	1973年5月9日	汉		
	张静霞	孙女	1997年12月17日	汉		
	张静雯	孙女	2000年4月24日	汉		
家庭大事记	1997年，郑庄上拆迁移址罗盛里，建造楼房3间。 2010年购置商品房。					

新江社区第二居民小组　自然村：罗盛里

		与户主关系	出生日期	民族	已故家属	
					称呼	姓名
现有家庭成员	钱文元	户主	1957年8月6日	汉	祖父	钱申元
	马泉珍	妻子	1964年2月2日	汉	祖母	钱金珠
	钱军	儿子	1985年12月11日	汉	父亲	钱大福根
	*薛小青	儿媳	1985年5月11日	汉	母亲	钱福姐
家庭大事记	1995年10月，郑庄上拆迁移址罗盛里，建造楼房3间。					

新江社区第二居民小组　自然村：罗盛里

		与户主关系	出生日期	民族	已故家属	
					称呼	姓名
现有家庭成员	钱雪根	户主	1965年8月10日	汉	祖父	钱木根
	钱文珍	妻	1965年5月13日	汉	祖母	钱连妹
	钱华婴	长女	1988年9月27日	汉	父亲	钱进法
	钱华雅	次女	1992年8月24日	汉	母亲	钱根姐
家庭大事记	1997年3月，郑庄上拆迁移址罗盛里，建造楼房3间。 2013年购置商品房。					

新江社区第二居民小组　自然村：罗盛里

		与户主关系	出生日期	民族	已故家属	
					称呼	姓名
现有家庭成员	钱云弟	户主	1952年8月19日	汉	父亲	钱啊五
	钱龙英	妻	1955年3月13日	汉	母亲	钱云奴
	钱肖云	长子	1979年3月23日	汉		
	*秦利芳	大儿媳	1979年8月16日	汉		
	钱敏敏	次子	1988年11月2日	汉		
	夏丹	小儿媳	1987年2月12日	汉		
	钱亦语	孙女	2004年10月25日	汉		
	钱亦琪	孙子	2013年12月18日	汉		
家庭大事记	1993年2月，郑庄上拆迁移址罗盛里，建造楼房3间。 2012年购置商品房。					

第十三章 居民家庭记载

新江社区第二居民小组　自然村：罗盛里

		与户主关系	出生日期	民族	已故家属	
					称呼	姓名
现有家庭成员	石文香	户主	1964年1月6日	汉	祖父	石根寿
	*吴如生	丈夫	1960年10月14日	汉	祖母	石巧林
	李范奘	儿子	1988年10月19日	汉	丈夫	李世明
	黄娇龙	儿媳	1989年3月18日	汉		
	李澄然	孙女	2014年11月15日	汉		
家庭大事记	1995年5月，罗盛里批建2间。 2014年购置商品房。					

新江社区第二居民小组　自然村：罗盛里

		与户主关系	出生日期	民族	已故家属	
					称呼	姓名
现有家庭成员	磨飞勇	户主	1969年10月28日	汉	祖父	钱根泉
	钱红梅	妻子	1973年10月26日	汉	祖母	钱根娜
	钱炳男	父亲	1948年12月24日	汉		
	钱水娥	母亲	1948年12月24日	汉		
	钱来东	儿子	1995年12月8日	汉		
家庭大事记	1995年5月，罗盛里批建2间。 2014年购置商品房。					

新江社区第二居民小组　自然村：罗盛里

		与户主关系	出生日期	民族	已故家属	
					称呼	姓名
现有家庭成员	钱后根	户主	1956年12月4日	汉	祖父	钱长生
	钱双保	妻	1955年3月14日	汉	祖母	钱水林
	钱珍	女儿	1981年12月5日	汉	父亲	钱和尚
	朱德福	女婿	1975年4月13日	汉	母亲	钱连保
	钱明宇	孙子	2004年11月15日	汉		
	朱明慧	孙女	2010年5月28日	汉		
家庭大事记	朱德福1995年12月—2003年12月服役。 1986年2月，郑庄上平房移地建造楼房3间。 1998年，郑庄上拆迁移址罗盛里，建造楼房3间。 2010年购置商品房。					

新江社区第二居民小组　自然村：罗盛里

		与户主关系	出生日期	民族	已故家属	
					称呼	姓名
现有家庭成员	钱金英	户主	1955年8月14日	汉	祖父	钱彩仙
	沈向华	儿媳	1980年2月7日	汉	祖母	钱银妹
	钱胜涛	长孙	2006年4月8日	汉	公公	钱连根
	沈致远	次孙	2010年4月21日	汉	公婆	钱水妹
					丈夫	钱毛大
					儿子	钱洪华
家庭大事记	1988年，郑庄上平房原地翻建楼房3间。 1998年，郑庄上拆迁移址罗盛里，建造楼房3间。					

第十三章 居民家庭记载

新江社区第二居民小组　自然村：罗盛里

		与户主关系	出生日期	民族	已故家属	
					称呼	姓名
现有家庭成员	钱永红	户主	1971年7月16日	汉	祖父	钱木根火
	金建芳	妻	1971年3月4日	汉	祖母	钱阿妹
	陆林根	母亲	1951年4月4日	汉	父亲	钱金水
	钱佳雄	儿子	1995年2月20日	汉		
家庭大事记	1990年7月，郑庄上平房原地翻建楼房3间。 1997年，郑庄上拆迁移址罗盛里，建造楼房3间。 2012年购置商品房。					

新江社区第二居民小组　自然村：罗盛里

		与户主关系	出生日期	民族	已故家属	
					称呼	姓名
现有家庭成员	钱永芳	户主	1972年12月1日	汉	祖父	钱木根火
	俞文燕	妻	1974年2月18日	汉	祖母	钱阿妹
	陆林根	母亲	1951年4月4日	汉	父亲	钱金水
	钱佳敏	儿子	1998年1月4日	汉		
家庭大事记	1990年，郑庄上平房原地翻建楼房3间。 1997年，郑庄上拆迁移址罗盛里，建造楼房3间。 2012年购置商品房。					

新江社区第二居民小组　自然村：罗盛里

		与户主关系	出生日期	民族	已故家属	
					称呼	姓名
现有家庭成员	钱菊明	户主	1963年11月26日	汉	祖父	钱木根
	马文香	妻	1965年11月20日	汉	祖母	钱连妹
	钱根妹	母亲	1943年10月18日	汉	父亲	钱林根
	钱娟	长女	1988年12月28日	汉		
	*卫宏	女婿	1988年4月24日	汉		
	卫赟妍	孙女	2012年8月6日	汉		
家庭大事记	1989年7月，郑庄上平房原地翻建楼房3间。 1997年，郑庄上拆迁移址罗盛里，建造楼房3间。 2000年购置商品房。					

新江社区第二居民小组　自然村：罗盛里

		与户主关系	出生日期	民族	已故家属	
					称呼	姓名
现有家庭成员	钱龙金	户主	1956年10月17日	汉	祖父	钱水大
	邓彩芬	妻	1968年11月15日	汉	祖母	钱根奴
	钱福根	父亲	1929年12月14日	汉	妻	金双宝
	钱保根	母亲	1934年7月5日	汉		
	钱冬冬	儿子	1982年6月29日	汉		
	宋丽娟	儿媳	1981年5月9日	汉		
	钱锦锋	孙子	2005年9月7日	汉		
家庭大事记	1987年11月，郑庄上平房原地翻建楼房3间。 1997年，郑庄上拆迁移址罗盛里，建造楼房3间。 2014年购置商品房。					

第十三章 居民家庭记载

新江社区第二居民小组　自然村：罗盛里

		与户主关系	出生日期	民族	已故家属	
					称呼	姓名
现有家庭成员	钱根男	户主	1952年7月12日	汉	祖父	钱彩仙
	钱妹英	妻	1954年9月14日	汉	祖母	钱银妹
	钱龙珠	母亲	1928年10月10日	汉	父亲	钱水根
	钱红林	儿子	1978年8月14日	汉		
	张玉霞	儿媳	1979年1月3日	汉		
	钱 磊	孙子	2004年2月3日	汉		
家庭大事记	钱根男1970年12月—1975年3月服役。 1989年，郑庄上平房原地翻建楼房3间。 1997年，郑庄上拆迁移址罗盛里，建造楼房3间。					

新江社区第二居民小组　自然村：罗盛里

		与户主关系	出生日期	民族	已故家属	
					称呼	姓名
现有家庭成员	钱水男	户主	1959年7月27日	汉	曾祖父	钱寿生
	王玉英	妻	1960年4月5日	汉	曾祖母	钱爱珠
	钱 莉	女儿	1985年6月19日	汉	祖父	钱水金
	胡文华	女婿	1985年5月3日	汉	祖母	钱阿三
	钱馨蕾	孙女	2008年1月15日	汉	父亲	钱长法
	胡梓宸	孙子	2012年9月21日	汉	母亲	钱才英
家庭大事记	1998年，郑庄上拆迁移址罗盛里，建造楼房3间。					

193

新江社区第二居民小组　自然村：罗盛里

		与户主关系	出生日期	民族	已故家属	
					称呼	姓名
现有家庭成员	钱根林	户主	1945年12月18日	汉	祖父	钱彩仙
	钱招英	妻	1947年10月25日	汉	祖母	钱银妹
	钱龙珠	母亲	1928年10月10日	汉	父亲	钱水根
	钱育明	儿子	1967年2月2日	汉		
	徐建珍	儿媳	1968年11月3日	汉		
	钱伟伟	孙子	1990年4月1日	汉		
	谢希慧	孙媳妇	1990年12月21日	汉		
家庭大事记	1987年7月，郑庄上平房原地翻建楼房3间。 1997年，郑庄上拆迁移址罗盛里，建造楼房3间。 2002年购置商品房。					

新江社区第二居民小组　自然村：罗盛里

		与户主关系	出生日期	民族	已故家属	
					称呼	姓名
现有家庭成员	钱金根	户主	1959年11月13日	汉	祖父	钱长生
	钱雪香	妻	1963年8月9日	汉	祖母	钱水林
	钱金元	父亲	1932年6月19日	汉		
	钱土保	母亲	1937年5月30日	汉		
	钱小华	儿子	1992年12月2日	汉		
家庭大事记	1990年7月，郑庄上平房原地翻建楼房3间。 1997年，郑庄上拆迁移址罗盛里，建造楼房3间。 2006年购置商品房。					

第十三章 居民家庭记载

新江社区第二居民小组　自然村：罗盛里

		与户主关系	出生日期	民族	已故家属	
					称呼	姓名
现有家庭成员	钱福明	户主	1950年7月20日	汉	祖父	钱海州
	吴银仙	妻	1950年7月4日	汉	祖母	钱云金
	钱金明	儿子	1972年4月15日	汉	父亲	钱火林
	金祥芳	儿媳	1972年5月11日	汉	母亲	钱云林
	钱伟康	孙子	1995年4月19日	汉		
家庭大事记	1988年8月，郑庄上平房原地翻建楼房3间。 1997年，郑庄上拆迁移址罗盛里，建造楼房3间。 2003年购置商品房。					

新江社区第二居民小组　自然村：罗盛里

		与户主关系	出生日期	民族	已故家属	
					称呼	姓名
现有家庭成员	石勇	户主	1966年3月5日	汉	祖父	石根寿
	何仙林	妻	1966年7月27日	汉	祖母	石巧林
	石关根	父亲	1944年12月4日	汉		
	石黑妹	母亲	1945年5月2日	汉		
	石夏祺	儿子	1990年6月30日	汉		
	夏丹丹	儿媳妇	1992年8月30日	汉		
	石昕	孙子	2013年6月28日	汉		
家庭大事记	1990年6月，郑庄上平房原地翻建楼房2间。 1998年，郑庄上拆迁移址罗盛里，建造楼房3间。 2006年购置商品房。					

新江社区第二居民小组　自然村：罗盛里

		与户主关系	出生日期	民族	已故家属	
					称呼	姓名
现有家庭成员	钱毛男	户主	1946年12月12日	汉	祖父	钱彩仙
	钱福金	妻	1947年8月20日	汉	祖母	钱银妹
	钱振华	儿子	1969年3月28日	汉	父亲	钱连根
	徐明芳	儿媳	1971年3月20日	汉	母亲	钱水妹
	钱亚静	孙女	1993年1月6日	汉		
家庭大事记	1953年8月，郑庄上草屋翻建平房2间。 1988年11月，郑庄上原地翻建楼房2间，1989年西侧傍楼房1间。 1998年，郑庄上拆迁移址罗盛里，建造楼房3间。 2005年购置商品房。					

新江社区第二居民小组　自然村：罗盛里

		与户主关系	出生日期	民族	已故家属	
					称呼	姓名
现有家庭成员	石峰	户主	1968年7月2日	汉	祖父	石根寿
	汤月珍	妻	1969年1月19日	汉	祖母	石巧林
	石关根	父亲	1944年12月4日	汉		
	石黑妹	母亲	1945年5月2日	汉		
	石雨	女儿	1992年12月4日	汉		
	莫晓刚	女婿	1992年7月1日	汉		
家庭大事记	1990年6月，郑庄上平房原地翻建楼房2间。 1998年，郑庄上拆迁移址罗盛里，建造楼房3间。 石峰1987年11月—1991年12月服役。 2014年购置商品房。					

第十三章 居民家庭记载

新江社区第二居民小组　自然村：罗盛里

		与户主关系	出生日期	民族	已故家属	
					称呼	姓名
现有家庭成员	钱泉元	户主	1942年8月4日	汉	祖父	钱海州
	钱小珠	妻	1942年11月24日	汉	祖母	钱云金
	钱文昌	女婿	1963年6月19日	汉	父亲	钱火根金
	钱菊珍	长女	1964年3月15日	汉	母亲	钱妹根
	钱雅萍	孙女	1986年7月15日	汉		
	*嵇健锋	孙女婿	1982年7月25日	汉		
	钱律清	曾孙	2012年12月19日	汉		
	嵇荟清	曾孙女	2015年12月26日	汉		
家庭大事记	1988年，郑庄上平房原地翻建楼房3间。 1998年，郑庄上拆迁移址罗盛里，建造楼房3间。 2004年购置商品房。					

新江社区第二居民小组　自然村：罗盛里

		与户主关系	出生日期	民族	已故家属	
					称呼	姓名
现有家庭成员	钱水火	户主	1955年7月20日	汉	曾祖父	钱寿生
	陆仁香	妻	1956年4月4日	汉	曾祖母	钱爱珠
	钱彬	儿子	1981年6月4日	汉	祖父	钱水金
	查胡芳	儿媳	1982年6月8日	汉	祖母	钱阿三
	钱羽诚	孙子	2006年5月16日	汉	父亲	钱长法
	查羽菲	孙女	2010年6月29日	汉	母亲	钱才英
家庭大事记	1989年11月，郑庄上平房原地翻建楼房3间。 1998年，郑庄上拆迁移址罗盛里，建造楼房3间。					

新江社区第二居民小组　自然村：罗盛里

		与户主关系	出生日期	民族	已故家属	
					称呼	姓名
现有家庭成员	戈建平	户主	1966年9月12日	汉	祖父	钱连根
	钱雪珍	妻	1966年12月6日	汉	祖母	钱水妹
	戈志豪	儿子	1991年2月10日	汉		
家庭大事记	1993年，张角里批建楼房2间。 2001年，张角里拆迁移址迎春花园，建造楼房3间。 戈建平1984年11月—1990年3月服役。 2009年购置商品房。					

新江社区第二居民小组　自然村：罗盛里

		与户主关系	出生日期	民族	已故家属	
					称呼	姓名
现有家庭成员	*钱金昌	户主	1963年10月19日	汉	祖父	钱长生
	*吕　华	妻	1963年10月16日	汉	祖母	钱水林
	钱金元	父亲	1932年6月19日	汉	妻	陆菊妹
	钱土保	母亲	1937年5月30日	汉		
	*钱玉娟	女儿	1986年11月5日	汉		
	*李艳红	女儿	1987年12月11日	汉		
家庭大事记	1989年11月，郑庄上平房原地翻建楼房3间。 1998年，郑庄上拆迁未建，自购商品房。 2011年购置商品房。					

新江社区第三居民小组　自然村：罗盛里

		与户主关系	出生日期	民族	已故家属	
					称呼	姓名
现有家庭成员	赵根才	户主	1944年1月1日	汉	祖父	赵阿土
	赵金妹	妻	1943年12月15日	汉	祖母	赵根妹
	赵梅勇	儿子	1969年6月25日	汉	父亲	赵阿三
	李红艳	儿媳	1979年9月18日	汉	母亲	赵壮妹
	*赵悦莲	孙女	1992年7月16日	汉		
	李　旺	孙子	2002年5月2日	汉		
	张　杰	外甥	1992年3月2日	汉		
	*赵梅珍	次女	1967年6月25日	汉		
家庭大事记	1958年，由张角里移址罗盛里建平房。 1987年，平房原地翻建楼房3间。 2013年购置商品房。					

新江社区第三居民小组　自然村：罗盛里

		与户主关系	出生日期	民族	已故家属	
					称呼	姓名
现有家庭成员	徐进昌	户主	1952年11月23日	汉	祖父	徐土泉
	陆玉妹	妻	1953年9月30日	汉	祖母	徐爱妹
	徐　平	女儿	1979年6月7日	汉	父亲	徐关林
	*严国平	女婿	1979年3月18日	汉	母亲	徐金姐
	*严奕苦	孙女	2008年3月26日	汉		
家庭大事记	1990年11月，平房原地翻建楼房3间。 2006年购置商品房。					

新江社区第三居民小组　自然村：罗盛里

		与户主关系	出生日期	民族	已故家属	
					称呼	姓名
现有家庭成员	徐进根	户主	1959年1月26日	汉	祖父	徐土泉
	*裘菊英	妻子	1966年10月23日	汉	祖母	徐爱妹
					父亲	徐关林
					母亲	徐金姐
家庭大事记	1990年平房原地翻建楼房2间。 2001年5月，批建楼房1间。					

新江社区第三居民小组　自然村：罗盛里

		与户主关系	出生日期	民族	已故家属	
					称呼	姓名
现有家庭成员	孙林福	户主	1963年4月28日	汉	祖父	孙长法
	赵玉珍	妻	1963年8月16日	汉	父亲	孙关根
	孙叶	女儿	1986年2月26日	汉	母亲	孙长保
	*沈惠明	女婿	1976年10月6日	汉		
	孙宇哲	孙子	2012年9月16日	汉		
家庭大事记	1990年1月，平房原地翻建楼房3间。 2008年购置商品房。					

新江社区第三居民小组　自然村：罗盛里

		与户主关系	出生日期	民族	已故家属	
					称呼	姓名
现有家庭成员	孙祥龙	户主	1949年6月17日	汉	祖父	孙寿大
	孙全英	妻	1952年11月22日	汉	祖母	孙小妹
	孙永珍	女儿	1972年3月14日	汉	父亲	孙才法
	徐惠元	女婿	1969年2月22日	汉	母亲	孙连根妹
	孙逸冰	孙子	1994年2月28日	汉		
家庭大事记	1987年11月，平房移地建造楼房3间。 2001年购置商品房。					

新江社区第三居民小组　自然村：罗盛里

		与户主关系	出生日期	民族	已故家属	
					称呼	姓名
现有家庭成员	陆雪根	户主	1965年7月21日	汉	祖父	陆巧福
	鲍玉好	妻	1968年1月5日	汉	父亲	陆长寿
	陆君霞	女儿	1993年5月14日	汉	母亲	陆才英
家庭大事记	1978年移址建平房。 1995年2月，平房原地翻建楼房3间。 2005年购置商品房。					

新江社区第三居民小组　自然村：罗盛里

		与户主关系	出生日期	民族	已故家属	
					称呼	姓名
现有家庭成员	汤菊男	户主	1954年2月5日	汉	祖父	汤阿木
	王文香	妻	1955年7月27日	汉	祖母	汤根妹
	汤会芳	女儿	1979年11月11日	汉	父亲	汤长福
	刘荣辉	女婿	1979年10月13日	汉	母亲	汤保金
	刘汤皓	孙子	2008年4月16日	汉		
	汤皓天	孙子	2015年12月21日	汉		
家庭大事记	1988年11月，平房原地翻建楼房3间。 2004年购置商品房。					

新江社区第三居民小组　自然村：罗盛里

		与户主关系	出生日期	民族	已故家属	
					称呼	姓名
现有家庭成员	赵金才	户主	1951年3月23日	汉	祖父	赵阿土
	顾杏官	妻	1955年5月4日	汉	祖母	赵根妹
	赵为华	儿子	1978年11月15日	汉	父亲	赵阿三
	朱丽娟	儿媳	1980年4月16日	汉	母亲	赵壮妹
	赵东晟	孙子	2006年12月6日	汉		
家庭大事记	1958年，由张角里移址罗盛里建平房。 1975年建新宅建平房。 1987年平房原地翻建楼房3间。 2004年购置商品房。					

新江社区第三居民小组　自然村：罗盛里

		与户主关系	出生日期	民族	已故家属	
					称呼	姓名
现有家庭成员	汤新元	户主	1958年6月15日	汉	祖母	汤招娣
	徐秋英	妻	1963年5月19日	汉	父亲	汤金云
	汤采金	母亲	1931年10月10日	汉		
	汤志康	儿子	1985年11月21日	汉		
	*吴晓燕	儿媳	1987年4月20日	汉		
	汤乐萱	孙女	2010年3月20日	汉		
家庭大事记	1989年7月，平房原地翻建楼房3间。 2004年购置商品房。					

新江社区第三居民小组　自然村：罗盛里

		与户主关系	出生日期	民族	已故家属	
					称呼	姓名
现有家庭成员	汤金元	户主	1954年11月2日	汉	祖母	汤招娣
	汤全娣	妻	1956年6月23日	汉	父亲	汤金云
	汤采金	母亲	1931年10月10日	汉		
	汤奇明	儿子	1982年1月1日	汉		
	*姚芳英	儿媳	1983年2月9日	汉		
	汤怡婷	孙女	2006年12月17日	汉		
	姚家伟	孙子	2010年11月5日	汉		
家庭大事记	1983年移地建平房3间。 1988年8月，平房原地翻建楼房3间。 2007年购置商品房。					

新江社区第三居民小组　自然村：罗盛里

		与户主关系	出生日期	民族	已故家属	
					称呼	姓名
现有家庭成员	徐建华	户主	1954年4月8日	汉	祖母	徐根妹
	陆火妹	妻	1955年6月10日	汉	祖父	徐根金
	徐勇	儿子	1979年12月27日	汉	父亲	徐关寿
	戴丽平	儿媳	1980年6月30日	汉	母亲	徐爱娣
	徐心愉	孙女	2003年6月7日	汉		
家庭大事记	1986年平房移地建造楼房3间。 2006年购置商品房。					

新江社区第三居民小组　自然村：罗盛里

		与户主关系	出生日期	民族	已故家属	
					称呼	姓名
现有家庭成员	汤坤元	户主	1952年10月28日	汉	祖母	汤招娣
	汤全妹	妻	1954年3月6日	汉	父亲	汤金云
	汤采金	母亲	1931年10月10日	汉		
	汤晓敏	儿子	1988年7月3日	汉		
	钱明娟	儿媳	1989年12月10日	汉		
	汤宇轩	孙子	2012年1月10日	汉		
家庭大事记	1983年移建平房3间。 1990年11月，平房原地翻建楼房3间。 2007年购置商品房。					

新江社区第三居民小组　自然村：罗盛里

		与户主关系	出生日期	民族	已故家属	
					称呼	姓名
现有家庭成员	汤全男	户主	1950年8月18日	汉	祖父	汤阿木
	汤桂妹	妻	1949年11月25日	汉	祖母	汤根妹
	汤锦良	儿子	1973年11月18日	汉	父亲	汤长福
	朱巧英	儿媳	1975年1月3日	汉	母亲	汤保金
	汤华珍	女儿	1971年12月27日	汉		
	汤俊杰	孙子	1997年1月30日	汉		
家庭大事记	1981年移建平房3间。 1988年11月，平房原地翻建楼房3间。 2005年购置商品房。					

新江社区第三居民小组　自然村：罗盛里

		与户主关系	出生日期	民族	已故家属	
					称呼	姓名
现有家庭成员	汤景贤	户主	1971年12月9日	汉	曾祖父	汤阿木
	费秋英	妻	1972年8月27日	汉	曾祖母	汤根妹
	汤福英	母亲	1944年10月21日	汉	祖父	汤长福
	汤荣杰	儿子	1994年9月11日	汉	祖母	汤保金
					父亲	汤全根
家庭大事记	1981年建平房3间。 1993年平房原地翻建楼房3间。 2007年购置商品房。					

新江社区第三居民小组　自然村：罗盛里

		与户主关系	出生日期	民族	已故家属	
					称呼	姓名
现有家庭成员	陆水根	户主	1943年7月7日	汉	祖父	陆巧福
	陆兰英	妻	1946年8月18日	汉	父亲	陆长寿
	居会根	次女婿	1973年10月14日	汉	母亲	陆才英
	陆林华	次女儿	1973年12月4日	汉		
	陆林珍	长女	1968年12月19日	汉		
	陆子魏	孙女	1996年3月16日	汉		
家庭大事记	1980年移地建平房3间。 1995年5月，平房原地翻建楼房3间。 居会根1991年11月—1994年11月服役。					

新江社区第三居民小组　自然村：罗盛里

		与户主关系	出生日期	民族	已故家属	
					称呼	姓名
现有家庭成员	莫祥根	户主	1962年7月26日	汉	祖父	汤寿林
	李春英	妻	1964年10月8日	汉	祖母	汤香妹
	李斌	长子	1986年2月27日	汉	父亲	莫云龙
	孔令萍	长儿媳	1987年10月18日	汉	母亲	汤招妹
	莫涛	次子	1989年10月29日	汉		
	李卓然	孙子	2013年12月9日	汉		
家庭大事记	1976年移建平房3间。 1995年，平房原地翻建楼房3间。 2008年购置商品房。					

第十三章　居民家庭记载

新江社区第三居民小组　自然村：罗盛里

		与户主关系	出生日期	民族	已故家属	
					称呼	姓名
现有家庭成员	莫祥弟	户主	1964年10月22日	汉	祖父	汤寿林
	沈林姐	妻	1965年11月20日	汉	祖母	汤香妹
	莫晓东	儿子	1988年8月27日	汉	父亲	莫云龙
	*黄晓霞	儿媳	1989年9月9日	汉	母亲	汤招妹
家庭大事记	1976年移建平房。 1996年11月，平房原地翻建楼房2间。 2004年购置商品房。					

新江社区第三居民小组　自然村：罗盛里

		与户主关系	出生日期	民族	已故家属	
					称呼	姓名
现有家庭成员	汤新根	户主	1964年6月7日	汉	祖父	汤寿林
	王林娥	妻	1965年8月17日	汉	祖母	汤香妹
	汤炜彬	儿子	1988年4月23日	汉	父亲	汤招大
	*沈婷	儿媳	1991年7月28日	汉	母亲	汤贵妹
	*沈熙雯	孙女	2015年10月5日	汉		
家庭大事记	1977年建平房3间。 1993年4月，平房原地翻建楼房3间。 2004年购置商品房。					

新江社区第三居民小组　自然村：罗盛里

		与户主关系	出生日期	民族	已故家属	
					称呼	姓名
现有家庭成员	朱新妹	户主	1960年11月4日	汉	父亲	徐关寿
	徐 康	儿子	1985年7月15日	汉	母亲	徐爱妹
	*莫燕萍	儿媳	1986年12月23日	汉	丈夫	徐建林
	徐懿骋	长孙子	2012年9月10日	汉		
	莫懿恒	次孙子	2015年9月22日	汉		
家庭大事记	1977年建平房3间。 1994年3月，平房原地翻建楼房3间。 2010年购置商品房。					

新江社区第三居民小组　自然村：罗盛里

		与户主关系	出生日期	民族	已故家属	
					称呼	姓名
现有家庭成员	徐建平	户主	1953年5月15日	汉	父亲	徐关勾
	陆玉英	妻	1956年7月14日	汉	母亲	徐文英
	徐雪峰	儿子	1980年12月30日	汉	丈人	陆小弟
	*张 静	儿媳	1981年4月12日	汉	岳母	陆贵保
	陆怡萌	孙女	2011年2月15日	汉		
家庭大事记	1976年移地建平房3间。 1988年1月，平房原地翻建楼房3间。 2006年购置商品房。					

新江社区第三居民小组　自然村：罗盛里

		与户主关系	出生日期	民族	已故家属	
					称呼	姓名
现有家庭成员	赵祥龙	户主	1966年1月29日	汉	祖父	赵水生
	莫菊香	妻	1966年11月11日	汉	祖母	赵香妹
	赵福根	父亲	1942年5月23日	汉	母亲	赵根娣
	赵培红	女儿	1992年2月1日	汉		
家庭大事记	1978年移地建平房3间。 1988年，平房原地翻建楼房3间。 2003年购置商品房。					

新江社区第三居民小组　自然村：罗盛里

		与户主关系	出生日期	民族	已故家属	
					称呼	姓名
现有家庭成员	赵祥兴	户主	1969年8月18日	汉	祖父	赵水生
	蔡雪芳	妻	1968年11月18日	汉	祖母	赵香妹
	赵福根	父亲	1942年5月23日	汉	母亲	赵根娣
	赵寅杰	儿子	1993年1月17日	汉		
家庭大事记	1978年移地建平房3间。 1988年，平房原地翻建楼房3间。 2004年购置商品房。					

新江社区第三居民小组　自然村：罗盛里

		与户主关系	出生日期	民族	已故家属	
					称呼	姓名
现有家庭成员	孙根福	户主	1952年7月4日	汉	祖父	孙长法
	顾水香	妻	1955年4月9日	汉	父亲	孙关根
	孙华	儿子	1979年8月21日	汉	母亲	孙长保
	*傅雪芳	儿媳	1981年1月29日	汉		
	孙仁杰	孙子	2004年10月11日	汉		
	孙仁怡	孙女	2011年5月3日	汉		
家庭大事记	1987年7月，平房原地翻建楼房3间。 孙根福1969—1975年服役。 2009年购置商品房。					

新江社区第三居民小组　自然村：罗盛里

		与户主关系	出生日期	民族	已故家属	
					称呼	姓名
现有家庭成员	徐建生	户主	1942年4月12日	汉	父亲	孙寿大
	孙金妹	妻	1949年4月14日	汉	母亲	孙小妹
	翁林根	女婿	1967年2月13日	汉		
	孙全珍	女儿	1969年9月19日	汉		
	孙佳雯	孙女	1990年12月12日	汉		
家庭大事记	1989年，平房原地翻建楼房3间。 2012年购置商品房。					

第十三章 居民家庭记载

新江社区第三居民小组　自然村：罗盛里

		与户主关系	出生日期	民族	已故家属	
					称呼	姓名
现有家庭成员	孙雪明	户主	1965年5月20日	汉	祖父	孙长兴
	储龙仙	妻	1968年2月21日	汉	祖母	孙香保
	孙火泉	父亲	1942年12月31日	汉	曾祖父	孙银寿
	孙白妹	母亲	1946年9月10日	汉	曾祖母	孙云妹
	孙旭峰	儿子	1989年10月17日	汉		
	*赵　靓	儿媳	1990年10月11日	汉		
	孙昕妍	孙女	2015年2月25日	汉		
	孙昕寰	孙子	2015年2月25日	汉		
家庭大事记	1991年4月，平房原地翻建楼房3间。 2007年购置商品房。					

新江社区第三居民小组　自然村：罗盛里

		与户主关系	出生日期	民族	已故家属	
					称呼	姓名
现有家庭成员	汤锦明	户主	1965年6月26日	汉	曾祖父	汤阿木
	金根香	妻	1967年3月26日	汉	曾祖母	汤根妹
	汤福英	母亲	1944年10月20日	汉	祖父	汤长福
	汤丹红	女儿	1990年3月9日	汉	祖母	汤保金
	唐悠冉	孙女	2014年9月18日	汉	父亲	汤全根
	唐　磊	女婿	1989年9月16日	汉		
家庭大事记	1987年3月，平房原地翻建楼房3间。 2007年购置商品房。					

新江社区第三居民小组　自然村：罗盛里

		与户主关系	出生日期	民族	已故家属	
					称呼	姓名
现有家庭成员	汤云根	户主	1954年11月5日	汉	祖父	汤寿林
	王全妹	妻	1954年1月4日	汉	祖母	汤香妹
	汤国平	儿子	1981年1月7日	汉	父亲	汤招大
	*史小娟	儿媳	1981年10月26日	汉	母亲	汤贵妹
	汤乐凡	长孙	2005年3月23日	汉		
	汤亦凡	次孙	2010年6月10日	汉		
家庭大事记	1987年11月，平房原地翻建楼房3间。 2010年购置商品房。					

新江社区第三居民小组　自然村：罗盛里

		与户主关系	出生日期	民族	已故家属	
					称呼	姓名
现有家庭成员	徐建明	户主	1956年11月10日	汉	父亲	徐福林
	徐秋媛	妻	1958年5月27日	汉	母亲	徐三妹
	徐雁	儿子	1982年12月6日	汉	祖父	徐水泉
	*徐彩芳	儿媳	1983年7月5日	汉		
	*徐佳乐	孙女	2014年4月12日	汉		
家庭大事记	1988年3月，平房移地建造楼房3间。 2006年购置商品房。					

新江社区第三居民小组　自然村：罗盛里

		与户主关系	出生日期	民族	已故家属	
					称呼	姓名
现有家庭成员	孙雪林	户主	1973年3月13日	汉	祖父	孙长兴
	孙火泉	父亲	1942年12月31日	汉	祖母	孙香保
	孙白妹	母亲	1946年9月10日	汉	曾祖父	孙银寿
	陈其红	妻	1976年11月26日	汉	曾祖母	孙云妹
	孙梦薇	女儿	1997年8月5日	汉		
家庭大事记	1996年3月，平房原地翻建楼房3间。 2015年购置商品房。					

新江社区第三居民小组　自然村：罗盛里

		与户主关系	出生日期	民族	已故家属	
					称呼	姓名
现有家庭成员	汤丽珍	户主	1968年7月25日	汉	祖父	汤寿林
	金文婷	女儿	1993年1月26日	汉	祖母	汤香妹
	金建林	非亲属	1966年11月3日	汉	父亲	汤招大
					母亲	汤贵妹
家庭大事记	1990年平房原地翻建楼房2间。 2001年张角里拆迁移址迎春花园，建造楼房3间。					

新江社区第四居民小组　自然村：罗盛里

		与户主关系	出生日期	民族	已故家属	
					称呼	姓名
现有家庭成员	汤双明	户主	1973年6月8日	汉	太祖父	汤金林
	刘玉月	妻	1975年1月19日	汉	曾祖父	汤根大
	汤林姐	母亲	1944年4月28日	汉	曾祖母	汤阿秋
	汤振梁	儿子	1997年3月18日	汉	祖父	汤根元
					祖母	汤三根妹
					父亲	汤龙弟
					姑母	汤小妹妹
家庭大事记	1995年平房原地翻建楼房3间。 2007年购置商品房。					

新江社区第四居民小组　自然村：罗盛里

		与户主关系	出生日期	民族	已故家属	
					称呼	姓名
现有家庭成员	汤小明	户主	1973年6月8日	汉	太祖父	汤金林
	董建梅	妻	1972年4月5日	汉	曾祖父	汤根大
	汤林姐	母亲	1944年4月28日	汉	曾祖母	汤阿秋
	汤佩娟	女儿	1997年4月24日	汉	祖父	汤根元
					祖母	汤三根妹
					父亲	汤龙弟
					姑母	汤小妹妹
家庭大事记	1988年平房原地翻建楼房2间。 2007年购置商品房。					

新江社区第四居民小组　自然村：罗盛里

		与户主关系	出生日期	民族	已故家属	
					称呼	姓名
现有家庭成员	汤老土	户主	1959年6月12日	汉	祖父	汤金林
	赵海萍	妻	1967年11月21日	汉	父亲	汤多金
	汤圣杰	儿子	1990年6月5日	汉	母亲	汤根姐
	李丽	儿媳	1992年4月14日	汉	哥	汤连根
	汤皓轩	孙子	2015年9月24日	汉		
家庭大事记	1995年10月，平房原地翻建楼房3间。 2008年购置商品房。					

新江社区第四居民小组　自然村：罗盛里

		与户主关系	出生日期	民族	已故家属	
					称呼	姓名
现有家庭成员	孙林男	户主	1971年1月10日	汉	曾祖父	孙金福
	张建花	妻	1970年12月22日	汉	后祖父	孙银寿
	孙二保	母亲	1933年5月16日	汉	曾祖母	孙爱官
	孙勇	儿子	1993年10月21日	汉	祖父	孙寿林
					祖母	孙云妹
					父亲	孙长林
家庭大事记	1995年5月，平房原地翻建楼房3间。 2008年购置商品房。					

新江社区第四居民小组　自然村：罗盛里

		与户主关系	出生日期	民族	已故家属	
					称呼	姓名
现有家庭成员	汤月明	户主	1969年11月30日	汉	太祖父	汤金林
	刘妹珍	妻	1968年11月1日	汉	曾祖父	汤根大
	汤林姐	母亲	1944年4月28日	汉	曾祖母	汤阿秋
	汤正强	儿子	1992年12月9日	汉	祖父	汤根元
					祖母	汤三根妹
					父亲	汤龙弟
					姑母	汤小妹妹
家庭大事记	1991年9月，平房原地翻建楼房3间。 2015年购置商品房。					

新江社区第四居民小组　自然村：罗盛里

		与户主关系	出生日期	民族	已故家属	
					称呼	姓名
现有家庭成员	顾水元	户主	1948年8月1日	汉	曾祖父	顾才高
	顾林妹	妻	1951年11月11日	汉	祖父	顾根福
	金炳生	长女婿	1963年8月22日	汉	祖母	顾大妹
	顾永仙	长女	1970年12月8日	汉	父亲	顾长才
	顾永芳	次女	1972年12月5日	汉	母亲	顾根小妹
	孙贴	次女婿	1998年2月16日	汉		
	顾金珂	孙子	1992年10月24日	汉		
家庭大事记	1978年，平房移地建造平房3间。 1989年，平房原地翻建楼房3间。 2004年购置商品房。					

新江社区第四居民小组　自然村：罗盛里

		与户主关系	出生日期	民族	已故家属	
					称呼	姓名
现有家庭成员	顾金明	户主	1962年3月21日	汉	祖父	顾根全
	赵祥娥	妻	1962年4月6日	汉	祖母	顾腊妹
	顾小娟	女儿	1985年12月18日	汉	父亲	顾木根
	*林东	女婿	1982年11月3日	汉	母亲	顾林根妹
	顾剑锋	儿子	1990年12月4日	汉		
	林睿瑶	外孙女	2010年2月28日	汉		
家庭大事记	1978年平房移地建造平房3间。 1990年11月，平房原地翻建楼房3间。 2001年购置商品房。					

新江社区第四居民小组　自然村：罗盛里

		与户主关系	出生日期	民族	已故家属	
					称呼	姓名
现有家庭成员	孙林弟	户主	1963年12月3日	汉	曾祖父	孙金福
	钱玉凤	妻	1963年11月24日	汉	后祖父	孙银寿
	孙二保	母亲	1933年5月16日	汉	曾祖母	孙爱官
	孙洁	女儿	1987年10月9日	汉	祖父	孙寿林
	*高晔	女婿	1985年7月30日	汉	祖母	孙云妹
	*高洋	外孙	2015年11月27日	汉	父亲	孙长林
家庭大事记	1978年平房移地建造平房4间。 1991年9月，平房原地翻建楼房3间。 2008年购置商品房。					

新江社区第四居民小组　自然村：罗盛里

		与户主关系	出生日期	民族	已故家属	
					称呼	姓名
现有家庭成员	汤火全	户主	1955年4月20日	汉	祖父	汤金林
	张桂金	妻	1959年3月24日	汉	父亲	汤毛男
	张秋花	女儿	1981年11月29日	汉	母亲	汤招林
	*徐建林	女婿	1979年6月5日	汉	哥	汤火金
	汤顺吉	儿子	1996年4月16日	汉		
	*徐　雯	外孙女	2010年2月5日	汉		
	*徐天右	外孙	2011年11月2日	汉		
家庭大事记	1994年，平房原地翻建楼房2间。 2001年，楼房原地翻建楼房2间。					

新江社区第四居民小组　自然村：罗盛里

		与户主关系	出生日期	民族	已故家属	
					称呼	姓名
现有家庭成员	孙雪昌	户主	1965年1月9日	汉	曾祖父	孙阿大
	汤妹珍	妻	1965年8月23日	汉	曾祖母	孙爱妹
	孙杏根	父亲	1937年9月12日	汉	祖父	孙根三大
	孙多头	母亲	1940年12月27日	汉	祖母	孙根奴
	孙晓红	女儿	1987年11月15日	汉		
	马剑琦	女婿	1987年7月30日	汉		
	马晨熠	孙女	2013年1月27日	汉		
家庭大事记	1979年，平房移地建造平房3间。 1991年9月，平房原地翻建楼房3间。 2004年购置商品房。					

第十三章 居民家庭记载

新江社区第四居民小组　自然村：罗盛里

		与户主关系	出生日期	民族	已故家属	
					称呼	姓名
现有家庭成员	顾春元	户主	1947年8月13日	汉	祖父	顾银和
	姚建明	女婿	1967年5月21日	汉	祖母	顾壮妹
	顾丽珍	女儿	1969年11月16日	汉	父亲	顾根保
	顾艳婷	孙女	1990年10月22日	汉	母亲	顾龙珠
	*鲍士杰	孙女婿	1991年1月7日	汉	妻	顾林英
家庭大事记	1964年，草屋原地翻建平房3间。 1988年8月，平房原地翻建楼房3间。 2003年购置商品房。					

新江社区第四居民小组　自然村：罗盛里

		与户主关系	出生日期	民族	已故家属	
					称呼	姓名
现有家庭成员	徐会青	户主	1974年10月8日	汉	曾祖父	徐仁堂
	蒋晓静	妻	1982年10月2日	汉	曾祖母	方老太
	徐福昌	父亲	1951年11月25日	汉	祖父	徐招大
	徐子轩	儿子	2008年1月19日	汉	祖母	徐根珠
					母亲	徐龙珠
家庭大事记	1995年11月，平房原地翻建楼房3间。 2005年购置商品房。					

新江社区第四居民小组　自然村：罗盛里

		与户主关系	出生日期	民族	已故家属	
					称呼	姓名
现有家庭成员	孙雪芳	户主	1966年11月11日	汉	曾祖父	孙阿大
	磨飞媛	妻	1963年5月30日	汉	曾祖母	孙爱妹
	孙杏根	父亲	1937年9月12日	汉	祖父	孙根三大
	孙多头	母亲	1940年12月27日	汉	祖母	孙根奴
	孙旭东	儿子	1989年10月12日	汉		
	黎梅	儿媳	1990年4月12日	汉		
家庭大事记	1993年，平房原地翻建楼房3间。 2007年购置商品房。					

新江社区第四居民小组　自然村：罗盛里

		与户主关系	出生日期	民族	已故家属	
					称呼	姓名
现有家庭成员	顾文林	户主	1970年2月11日	汉	祖父	顾杏泉
	周银娟	妻	1969年3月31日	汉	祖母	顾招根
	顾香保	母亲	1941年5月21日	汉	父亲	顾水法
	顾濛芸	女儿	1993年11月21日	汉		
家庭大事记	1996年5月，平房移地建造楼房3间。					

第十三章 居民家庭记载

新江社区第四居民小组　自然村：罗盛里

		与户主关系	出生日期	民族	已故家属	
					称呼	姓名
现有家庭成员	顾会贤	户主	1967年12月30日	汉	曾祖父	顾银和
	徐金仙	妻	1967年8月23日	汉	曾祖母	顾壮妹
	顾金男	父亲	1938年7月5日	汉	祖父	顾根保
	顾黑妹	母亲	1940年12月20日	汉	祖母	顾龙珠
	顾　健	儿子	1990年10月9日	汉		
家庭大事记	1991年，平房原地翻建楼房3间。 2005年购置商品房。					

新江社区第四居民小组　自然村：罗盛里

		与户主关系	出生日期	民族	已故家属	
					称呼	姓名
现有家庭成员	赵彩珍	户主	1964年8月12日	汉	祖父	赵火根
	*丁学柱	丈夫	1957年1月17日	汉	祖母	赵龙妹
					父亲	王全生
家庭大事记	1988年，平房原地翻建楼房1间。					

新江社区第四居民小组　自然村：罗盛里

		与户主关系	出生日期	民族	已故家属	
					称呼	姓名
现有家庭成员	顾工先	户主	1962年9月25日	汉	曾祖父	顾财高
	*蔡立玲	妻	1963年7月20日	汉	祖父	顾根福
	顾元才	父亲	1943年6月2日	汉	祖母	顾大妹
	顾数英	母亲	1942年8月20日	汉		
	顾黎明	儿子	1985年9月17日	汉		
	*周雪娟	儿媳	1986年11月13日	汉		
	*田思闻	女儿	1989年10月9日	汉		
	*顾嘉禾	长孙	2011年12月18日	汉		
	*周嘉谙	次孙	2013年12月17日			
家庭大事记	1988年，平房原地翻建楼房3间。 2004年购置商品房。					

新江社区第四居民小组　自然村：罗盛里

		与户主关系	出生日期	民族	已故家属	
					称呼	姓名
现有家庭成员	徐　宏	户主	1977年6月26日	汉	曾祖父	徐仁堂
	赵慧珍	妻	1978年2月12日	汉	曾祖母	徐方老大
	徐福昌	父亲	1951年11月25日	汉	祖父	徐招大
	徐晓雯	女儿	2001年9月24日	汉	祖母	徐根珠
	徐梓洋	儿子	2010年5月12日	汉	母亲	徐龙妹
家庭大事记	1989年，平房原地翻建楼房3间。 2008年购置商品房。					

新江社区第四居民小组　自然村：罗盛里

		与户主关系	出生日期	民族	已故家属	
					称呼	姓名
现有家庭成员	顾文昌	户主	1941年10月8日	汉	曾祖父	徐仁堂
	徐仙文	妻	1946年4月8日	汉	曾祖母	徐方老太
	徐招寿	父亲	1924年12月20日	汉	祖父	徐云龙
	张建芳	女婿	1964年6月23日	汉	祖母	徐银妹
	徐明珍	女儿	1964年6月11日	汉	母亲	徐千金
	徐莉	孙女	1986年12月14日	汉		
	徐俊杰	孙子	1990年1月13日	汉		
家庭大事记	1988年，平房原地翻建楼房3间。 2009年购置商品房。					

新江社区第四居民小组　自然村：罗盛里

		与户主关系	出生日期	民族	已故家属	
					称呼	姓名
现有家庭成员	顾文明	户主	1966年10月17日	汉	祖父	顾杏全
	*张琴华	妻	1969年6月15日	汉	祖母	顾招根
	顾香保	母亲	1941年5月21日	汉	父亲	顾水法
	顾俊	儿子	1990年11月17日	汉		
	姜鲁云	儿媳	1988年7月2日	汉		
	顾云馨	孙女	2014年11月27日	汉		
家庭大事记	1998年，平房原地翻建楼房3间。					

新江社区第四居民小组　自然村：罗盛里

		与户主关系	出生日期	民族	已故家属	
					称呼	姓名
现有家庭成员	顾会先	户主	1968年7月4日	汉	曾祖父	顾财高
	柳金凤	妻	1968年8月6日	汉	祖父	顾根福
	顾元才	父亲	1943年6月2日	汉	祖母	顾大妹
	顾数英	母亲	1942年8月20日	汉		
	顾颖颖	女儿	1993年4月15日	汉		
家庭大事记	1990年，平房原地翻建楼房3间。 2006年购置商品房。					

新江社区第四居民小组　自然村：罗盛里

		与户主关系	出生日期	民族	已故家属	
					称呼	姓名
现有家庭成员	汤永明	户主	1962年9月13日	汉	曾祖父	汤金林
	顾文香	妻	1964年3月14日	汉	祖父	汤根大
	汤才元	父亲	1929年11月29日	汉	祖母	汤阿秋
	汤庆庆	女儿	1985年11月2日	汉	母亲	汤长姐
	*朱晨杰	女婿	1984年11月13日	汉		
	朱佳灏	孙子	2010年9月26日	汉		
	汤佳奕	孙女	2013年10月6日	汉		
家庭大事记	1989年，平房原地翻建楼房3间。 2006年购置商品房。					

新江社区第四居民小组　自然村：罗盛里

		与户主关系	出生日期	民族	已故家属	
					称呼	姓名
现有家庭成员	汤根元	户主	1961年4月12日	汉	曾祖父	汤长大
	汝文珍	妻	1962年6月21日	汉	曾祖母	汤美金
	汤阿娥	母亲	1942年5月5日	汉	祖父	汤根保
	汤靖春	儿子	1986年2月17日	汉	祖母	汤会奴
	*王霞萍	儿媳	1987年9月29日	汉	父亲	汤关根
	汤昕城	长孙	2013年12月23日	汉		
	*王子诚	次孙	2015年8月18日	汉		
家庭大事记	1991年4月，平房原地翻建楼房3间。 2004年购置商品房。					

新江社区第四居民小组　自然村：罗盛里

		与户主关系	出生日期	民族	已故家属	
					称呼	姓名
现有家庭成员	汤大男	户主	1952年5月3日	汉	祖父	汤长大
	汤文保	妻	1953年5月25日	汉	祖母	汤美金
	汤老土	母亲	1931年12月24日	汉	父亲	汤白男
	汤琦芳	儿子	1978年8月1日	汉		
	温伟莉	儿媳	1977年11月23日	汉		
	汤婧娴	孙女	2005年10月13日	汉		
家庭大事记	1988年，平房原地翻建楼房3间。 2012年购置商品房。					

新江社区第四居民小组　自然村：罗盛里

		与户主关系	出生日期	民族	已故家属	
					称呼	姓名
现有家庭成员	汤金男	户主	1952年8月4日	汉	祖父	汤长大
	汤祥英	妻	1952年1月19日	汉	祖母	汤美金
	汤芳芳	长女	1986年11月10日	汉	父亲	汤根生
	倪申建	长女婿	1982年12月15日	汉	母亲	汤金英
	汤容容	次女	1988年6月3日	汉		
	汤静怡	孙女	2008年10月27日	汉		
家庭大事记	1989年11月，平房原地翻建楼房3间。 2006年购置商品房。					

新江社区第四居民小组　自然村：罗盛里

		与户主关系	出生日期	民族	已故家属	
					称呼	姓名
现有家庭成员	汤金水	户主	1959年5月26日	汉	祖父	汤长大
	夏金妹	妻	1963年3月17日	汉	祖母	汤美金
	汤老土	母亲	1931年12月24日	汉	父亲	汤白男
	汤奇明	儿子	1985年10月12日	汉		
	*朱　虹	儿媳	1986年3月29日	汉		
	汤佑昕	孙子	2010年7月4日	汉		
	*朱幼宜	孙女	2012年9月16日	汉		
家庭大事记	1994年，平房原地翻建楼房2间。 2007年购置商品房。					

新江社区第四居民小组　自然村：罗盛里

		与户主关系	出生日期	民族	已故家属	
					称呼	姓名
现有家庭成员	汤火男	户主	1952年4月4日	汉	祖父	汤金林
	汤金娣	妻	1957年8月12日	汉	父亲	汤毛男
	汤爱红	儿子	1982年9月28日	汉	母亲	汤招林
	盛荷英	儿媳	1984年4月23日	汉	哥哥	汤火金
	汤妹红	女儿	1987年2月7日	汉		
	*陆晓峰	女婿	1985年8月12日	汉		
	汤馨语	孙女	2009年2月15日	汉		
	*陆亦晨	外孙	2011年1月21日	汉		
家庭大事记	1988年11月，平房原地翻建楼房3间。					

新江社区第四居民小组　自然村：罗盛里

		与户主关系	出生日期	民族	已故家属	
					称呼	姓名
现有家庭成员	汤老火	户主	1950年12月3日	汉	祖父	汤金狗
	汤火英	妻	1953年9月17日	汉	祖母	汤招娣
	汤红华	长女	1979年3月14日	汉	父亲	汤水根
	沈忠伟	长女婿	1974年6月18日	汉	母亲	汤香根妹
	汤红忠	次女儿	1975年6月22日	汉		
	*杨晓骥	次女婿	1978年11月14日	汉		
	汤扬	孙子	2000年6月21日	汉		
	杨佳浩	外甥	2006年10月5日	汉		
家庭大事记	1949年筑草屋2间。 1958年买房1间。 1972年，平房移地建造平房3间。 1988年8月，平房原地翻建楼房3间。 汤老火1969—1974年服役。 2004年购置商品房。					

新江社区第四居民小组　自然村：罗盛里

		与户主关系	出生日期	民族	已故家属	
					称呼	姓名
现有家庭成员	汤丽华	户主	1979年10月3日	汉	曾祖父	汤金林
	陆菊珍	妻	1980年12月1日	汉	祖父	汤多金
	王三林	父亲	1951年4月13日	汉	祖母	汤根姐
	姚雪金	母亲	1954年3月7日	汉	父亲	汤水男
	汤佳莹	女儿	2002年12月6日	汉	伯父	汤连根
家庭大事记	1987年3月，平房原地翻建楼房2间。 2004年购置商品房。					

新江社区第四居民小组　自然村：罗盛里

		与户主关系	出生日期	民族	已故家属	
					称呼	姓名
现有家庭成员	王木金	户主	1954年10月12日	汉	叔祖父	王小好大
	钱林英	妻	1955年8月8日	汉	祖父	王银全
	王妹林	母亲	1934年11月11日	汉	祖母	王招妹
	王晓桦	长女	1981年2月4日	汉	后祖母	王保妹
	顾志华	女婿	1979年6月3日	汉	父亲	王火根
	王辰皓	孙子	2002年7月26日	汉		
家庭大事记	1990年，平房原地翻建楼房3间。 2009年购置商品房。					

第十三章 居民家庭记载

新江社区第四居民小组　自然村：罗盛里

		与户主关系	出生日期	民族	已故家属	
					称呼	姓名
现有家庭成员	汤龙金	户主	1957年1月17日	汉	祖父	汤金林
	钱文仙	妻	1958年6月5日	汉	父亲	汤三寿
	汤奇珍	长女	1982年4月21日	汉	母亲	汤香林
	顾林军	长女婿	1976年7月28日	汉	哥哥	汤水金
	汤丽燕	次女	1988年1月6日	汉		
	*王　牧	次女婿	1986年1月2日	汉		
	汤泽煊	孙子	2005年4月11日	汉		
家庭大事记	1987年7月，平房原地翻建楼房3间。 顾林军1997年—2002年12月服役。 2007年购置商品房。					

新江社区第四居民小组　自然村：罗盛里

		与户主关系	出生日期	民族	已故家属	
					称呼	姓名
现有家庭成员	严雪红	户主	1975年12月1日	汉		
	徐敏君	女儿	1997年7月11日	汉		
	于　浩	儿子	2015年11月6日	汉		
家庭大事记						

新江社区第四居民小组　自然村：罗盛里

		与户主关系	出生日期	民族	已故家属	
					称呼	姓名
现有家庭成员	汤方珍	户主	1966年3月7日	汉	曾祖父	汤长大
	*熊江南	夫	1961年11月25日	汉	曾祖母	汤美金
	汤阿娥	母亲	1942年5月5日	汉	祖父	汤根保
	*熊汉文	儿子	1999年1月17日	汉	祖母	汤会奴
					父亲	汤关根
家庭大事记	2001年，罗盛里批建楼房2间。					

新江社区第五居民小组　自然村：朱家上

		与户主关系	出生日期	民族	已故家属	
					称呼	姓名
现有家庭成员	潘国良	户主	1977年3月24日	汉	曾祖父	潘阿四
	*孙梅珍	妻	1978年12月18日	汉	曾祖母	张海妹
	潘金全	父亲	1949年8月25日	汉	祖父	潘龙夫
	潘苏金	母亲	1952年5月24日	汉	祖母	潘阿大
	潘　勇	儿子	2001年5月3日	汉		
	*潘晞诺	女儿	2014年11月1日	汉		
家庭大事记	潘金全1969—1974年服役。 1995年5月，朱家上批建楼房2间。 2007年购置商品房。					

新江社区第五居民小组　自然村：朱家上

		与户主关系	出生日期	民族	已故家属	
					称呼	姓名
现有家庭成员	汝祥明	户主	1969年4月18日	汉	祖父	汝连大
	司有群	妻	1972年11月24日	汉	祖母	汝阿壮
	汝伏妹	母亲	1942年6月21日	汉	父亲	汝三根
	汝晓莹	女儿	1995年4月20日	汉		
家庭大事记	1995年5月，朱家上批建楼房2间。 2011年购置商品房。					

新江社区第五居民小组　自然村：朱家上

		与户主关系	出生日期	民族	已故家属	
					称呼	姓名
现有家庭成员	汝纪男	户主	1967年9月27日	汉	曾祖父	汝根金
	李天娥	妻	1971年10月30日	汉	曾祖母	汝根珠
	汝才法	父亲	1945年9月3日	汉	祖父	汝福林
	汝保金	母亲	1948年2月9日	汉	祖母	汝仙保
	汝敏华	儿子	1992年4月16日	汉		
	陆美琴	儿媳	1990年4月1日	汉		
	汝佳萱	孙女	2015年5月29日	汉		
家庭大事记	1987年3月，朱家上批建楼房3间。 2009年购置商品房。					

新江社区第五居民小组　自然村：朱家上

		与户主关系	出生日期	民族	已故家属	
					称呼	姓名
现有家庭成员	陈林弟	户主	1968年6月2日	汉	祖父	陈寿保
	陆建珍	妻	1970年4月3日	汉	祖母	陈阿大
	宋晨	女婿	1987年9月16日	汉	父亲	陈五福
	陈琪雯	女儿	1991年8月17日	汉	母亲	陈桂英
	宋暖心	孙儿	2015年5月12日	汉		
家庭大事记	1969年6月，草屋原地翻建平房3间。 1987年3月，移地建造楼房3间。 2010年购置商品房。					

新江社区第五居民小组　自然村：朱家上

		与户主关系	出生日期	民族	已故家属	
					称呼	姓名
现有家庭成员	方会昌	户主	1946年3月15日	汉	祖父	方春山
	方根妹	妻	1946年4月24日	汉	父亲	方根保
	*钱金荣	长女婿	1963年5月9日	汉	母亲	方会保
	方林英	长女	1967年3月21日	汉		
	方春男	儿子	1973年6月20日	汉		
	吴旗珍	儿媳	1975年2月14日	汉		
	钱丰	外孙	1990年10月16日	汉		
	方明辉	孙子	1997年10月21日	汉		
家庭大事记	1987年11月，平房原地翻建楼房3间。 2005年购置商品房。					

新江社区第五居民小组　自然村：朱家上

		与户主关系	出生日期	民族	已故家属	
					称呼	姓名
现有家庭成员	方根男	户主	1957年8月15日	汉	祖父	方春山
	李彩英	妻	1959年11月4日	汉	父亲	方根保
	方 萍	女儿	1981年1月9日	汉	母亲	方会保
	杨方怡	孙女	2003年10月5日	汉	女婿	杨振华
家庭大事记	1975年8月，原地草屋翻建平房2间。 1989年3月，原地平房翻建楼房2间。 2007年购置商品房。					

新江社区第五居民小组　自然村：朱家上

		与户主关系	出生日期	民族	已故家属	
					称呼	姓名
现有家庭成员	储龙根	户主	1964年7月10日	汉	祖父	储龙祥
	许壮妹	妻	1965年1月8日	汉	祖母	储会金
	储会元	父亲	1939年11月28日	汉	母亲	储老土
	张 鹏	女婿	1982年8月21日	汉		
	储小勇	女儿	1987年12月12日	汉		
	张宸希	孙子	2010年1月30日	汉		
家庭大事记	1964年8月，草屋原地翻建平房2间。 1993年2月，平房原地翻建楼房3间。 2014年9月购置商品房。					

新江社区第五居民小组　自然村：朱家上

		与户主关系	出生日期	民族	已故家属	
					称呼	姓名
现有家庭成员	潘红良	户主	1985年11月16日	汉	曾祖父	潘锦祥
	朱小妹	妻子	1985年12月16日	汉	曾祖母	潘腊妹
	潘雪英	母亲	1962年9月2日	汉	祖父	潘根水
	潘天宇	儿子	2008年1月7日	汉	祖母	潘全妹
					父亲	顾多根
家庭大事记	1963年10月，草屋原地翻建平房2间。 1992年12月，平房原地翻建楼房2间。 2013年购置商品房。					

新江社区第五居民小组　自然村：朱家上

		与户主关系	出生日期	民族	已故家属	
					称呼	姓名
现有家庭成员	储福男	户主	1951年12月29日	汉	祖父	储云高
	王五妹	妻	1950年11月19日	汉	父亲	储老虎
	储建芳	儿子	1975年11月25日	汉	母亲	储四妹
	郁国英	儿媳	1975年10月25日	汉		
	储　裕	孙女	2002年3月20日	汉		
家庭大事记	1987年11月，平房原地翻建楼房3间。 2005年购置商品房。					

第十三章 居民家庭记载

新江社区第五居民小组　自然村：朱家上

		与户主关系	出生日期	民族	已故家属	
					称呼	姓名
现有家庭成员	徐文林	户主	1956年9月12日	汉	祖父	王阿敖
	汤呆妹	妻	1956年1月10日	汉	祖母	王水金
	徐玉根	儿子	1981年11月22日	汉	父亲	徐小木根
	朱艳	儿媳	1982年11月7日	汉	母亲	王长妹
	徐朱奕	长孙女	2004年12月3日	汉		
	朱徐蕊	次孙女	2010年10月3日	汉		
家庭大事记	1987年3月，平房原地翻建楼房3间。 2008年7月购置商品房。					

新江社区第五居民小组　自然村：朱家上

		与户主关系	出生日期	民族	已故家属	
					称呼	姓名
现有家庭成员	潘雪明	户主	1967年2月12日	汉	祖父	潘招妹
	徐家云	妻	1967年9月7日	汉	祖母	潘云保
	潘俊	儿子	1992年12月22日	汉	父亲	潘长泉
					母亲	潘林妹
家庭大事记	潘长泉1953年3月—1957年3月服役。 1989年2月，平房原地翻建楼房2间。 2002年8月购置商品房。					

新江社区第五居民小组　自然村：朱家上

		与户主关系	出生日期	民族	已故家属	
					称呼	姓名
现有家庭成员	潘银弟	户主	1963年9月13日	汉	祖父	潘阿四
	汝雪珍	妻	1964年8月6日	汉	祖母	张海妹
	潘萍	女儿	1986年9月21日	汉	父亲	潘龙夫
					母亲	潘阿大
家庭大事记	1991年9月，平房原地翻建楼房3间。 2001年1月拆迁移地建造楼房3间。 2007年8月购置商品房。					

新江社区第五居民小组　自然村：朱家上

		与户主关系	出生日期	民族	已故家属	
					称呼	姓名
现有家庭成员	汝祥弟	户主	1967年4月5日	汉	祖父	汝连大
	莫素金	妻	1966年5月28日	汉	祖母	汝阿壮
	汝伏妹	母亲	1942年6月21日	汉	父亲	汝三根
	汝晓春	儿子	1990年10月8日	汉		
家庭大事记	1994年3月，平房原地翻建楼房3间。 2007年购置商品房。					

新江社区第五居民小组　自然村：朱家上

		与户主关系	出生日期	民族	已故家属	
					称呼	姓名
现有家庭成员	储建元	户主	1959年2月24日	汉	祖父	储云高
	王林秀	妻	1963年11月9日	汉	父亲	储老虎
	储志武	儿子	1990年8月1日	汉	母亲	储四妹
	*缪惠玉	儿媳	1986年9月15日	汉		
家庭大事记	1994年12月，平房原地翻建楼房2间。					

新江社区第五居民小组　自然村：朱家上

		与户主关系	出生日期	民族	已故家属	
					称呼	姓名
现有家庭成员	汝祥根	户主	1962年6月28日	汉	祖父	汝连大
	沈林英	妻	1963年12月11日	汉	祖母	汝阿壮
	汝伏妹	母亲	1942年6月21日	汉	父亲	汝三根
	汝晓锋	儿子	1986年9月26日	汉		
	安慧敏	儿媳	1986年2月4日	汉		
	汝雨瑶	孙女	2010年12月14日	汉		
家庭大事记	1962年8月，草屋原地翻建平房1间。 1994年11月，平房原地翻建楼房3间。 2013年5月购置商品房。					

新江社区第五居民小组　自然村：朱家上

		与户主关系	出生日期	民族	已故家属	
					称呼	姓名
现有家庭成员	王木男	户主	1946年10月30日	汉	祖父	王阿敖
	王金妹	妻	1949年6月10日	汉	祖母	王水金
	王玉明	儿子	1968年5月19日	汉	父亲	王根金
	马世明	儿媳	1967年10月2日	汉	母亲	王长妹
	王　晓	孙子	1991年1月22日	汉		
	＊王　莉	孙媳	1992年3月11日	汉		
	王诗涵	曾孙女	2015年6月13日	汉		
家庭大事记	1970年6月，草屋原地翻建平房2间。 1986年3月，平房原地翻建楼房2间。 2006年4月购置商品房。					

新江社区第五居民小组　自然村：朱家上

		与户主关系	出生日期	民族	已故家属	
					称呼	姓名
现有家庭成员	潘雪根	户主	1963年9月3日	汉	祖父	潘招妹
	莫金香	妻	1963年9月3日	汉	祖母	潘云保
	蒋晓晨	女婿	1987年12月2日	汉	父亲	潘长泉
	潘艳虹	女儿	1988年1月21日	汉	母亲	潘林妹
	蒋潘俊贤	孙子	2012年12月8日	汉		
家庭大事记	潘长泉1953年3月—1957年3月服役。 1992年11月，平房原地翻建楼房3间。 2006年7月购置商品房。					

新江社区第五居民小组　自然村：朱家上

		与户主关系	出生日期	民族	已故家属	
					称呼	姓名
现有家庭成员	莫根元	户主	1951年7月8日	汉	父亲	莫根福
	莫福英	妻	1952年7月14日	汉	母亲	莫招根
	莫康良	儿子	1976年2月7日	汉		
	马志文	儿媳	1979年10月22日	汉		
	莫婧怡	长孙女	1999年11月30日	汉		
	莫雯瑜	次孙女	2005年8月4日	汉		
家庭大事记	1979年7月，草屋原地翻建平房2间。 1987年3月，平房原地翻建楼房3间。 2009年9月购置商品房。					

新江社区第五居民小组　自然村：朱家上

		与户主关系	出生日期	民族	已故家属	
					称呼	姓名
现有家庭成员	潘金全	户主	1949年8月25日	汉	祖父	潘阿四
	潘苏金	妻	1952年5月24日	汉	祖母	张海妹
	潘国英	长子	1975年7月3日	汉	父亲	潘龙夫
	计金兰	长媳	1977年5月22日	汉	母亲	潘阿大
	潘仁斌	长孙子	1998年8月11日	汉		
家庭大事记	潘金全1969—1974年服役。 1978年3月，移地翻建平房4间。 1989年7月，平房原地翻建楼房3间。 2007年3月购置商品房。					

新江社区第五居民小组　自然村：朱家上

		与户主关系	出生日期	民族	已故家属	
					称呼	姓名
现有家庭成员	方全男	户主	1951年9月25日	汉	祖父	方春山
	马毛妹	妻	1951年12月3日	汉	父亲	方根保
	方文明	儿子	1976年3月29日	汉	母亲	方会保
	洪爱华	儿媳	1976年12月18日	汉		
	方文金	女儿	1978年8月26日	汉		
	方鸿天	孙子	2003年9月21日	汉		
家庭大事记	1978年4月，移地翻建平房4间。 1988年8月，平房原地翻建楼房3间。 2013年2月购置商品房。					

新江社区第五居民小组　自然村：朱家上

		与户主关系	出生日期	民族	已故家属	
					称呼	姓名
现有家庭成员	储天和	户主	1957年5月7日	汉	祖父	储龙祥
	储玉妹	妻	1957年8月20日	汉	祖母	储会金
	*王庆东	女婿	1979年12月29日	汉	父亲	储金男
	储兰芳	女儿	1981年10月3日	汉	母亲	储老土
家庭大事记	1979年5月，朱家上批建平房3间。 1987年11月，平房原地翻建楼房3间。 2006年4月购置商品房。					

第十三章 居民家庭记载

新江社区第五居民小组　自然村：朱家上

		与户主关系	出生日期	民族	已故家属	
					称呼	姓名
现有家庭成员	莫素根	户主	1963年2月28日	汉	祖父	莫连保
	李四妹	妻	1963年7月13日	汉	祖母	莫千金
	莫俊锋	子	1987年2月3日	汉	父亲	莫长才
	*谢仁红	儿媳	1987年11月28日	汉	母亲	莫金妹
	莫翊凡	孙女	2014年7月31日	汉		
家庭大事记	1979年5月，移地建造平房4间。 1985年11月，平房原地翻建楼房3间。 2007年购置商品房。					

新江社区第五居民小组　自然村：朱家上

		与户主关系	出生日期	民族	已故家属	
					称呼	姓名
现有家庭成员	陈水土	户主	1956年8月23日	汉	祖父	陈阿三
	周妹英	妻	1956年10月16日	汉	祖母	陈阿金
	陈林	儿子	1981年12月3日	汉	父亲	陈云根
	姜海燕	儿媳	1985年3月13日	汉	母亲	陈金娣
	陈最	孙子	2007年1月10日	汉		
	陈好	孙女	2015年1月12日	汉		
家庭大事记	1971年4月，草屋原地翻建平房2间。 1987年9月，平房原地翻建楼房3间。 2011年5月购置商品房。					

新江社区第五居民小组　自然村：朱家上

		与户主关系	出生日期	民族	已故家属	
					称呼	姓名
现有家庭成员	莫菊明	户主	1970年1月19日	汉	曾祖父	莫会庆
	王玉珍	妻	1971年10月27日	汉	曾祖母	莫保妹
	莫连官	父亲	1937年10月20日	汉	祖父	莫五保
	莫爱根	母亲	1945年12月11日	汉	祖母	莫长保
	莫晓岚	女儿	1993年3月5日	汉		
家庭大事记	1987年11月，平房原地翻建楼房3间。 2008年7月购置商品房。					

新江社区第五居民小组　自然村：朱家上

		与户主关系	出生日期	民族	已故家属	
					称呼	姓名
现有家庭成员	计水男	户主	1950年9月5日	汉	祖父	计火金
	张素珍	妻	1952年2月21日	汉	祖母	计云拿
	*张建新	女婿	1976年12月18日	汉	父亲	计仁金
	计永芳	女儿	1977年12月15日	汉	母亲	计香妹
	计俊杰	孙子	2000年1月6日	汉		
	计思郁	孙女	2010年6月10日	汉		
家庭大事记	1969年7月，草屋原地翻建平房2间。 1989年3月，平房原地翻建楼房2间。 2006年4月购置商品房。					

第十三章 居民家庭记载

新江社区第五居民小组　自然村：朱家上

		与户主关系	出生日期	民族	已故家属	
					称呼	姓名
现有家庭成员	计水元	户主	1956年9月3日	汉	祖父	计火金
	吴壮妹	妻	1957年2月28日	汉	祖母	计云拿
	*王敏华	长女婿	1980年4月11日	汉	父亲	计木金
	计秀珍	长女	1981年6月13日	汉	母亲	计长姐
	*徐 斌	次女婿	1987年9月22日	汉		
	计建珍	次女	1987年3月5日	汉		
	计佳瑜	孙女	2003年5月28日	汉		
	徐欣琳	外孙女	2011年1月24日	汉		
	计龙龙	孙子	2012年7月26日	汉		
家庭大事记	1973年8月，草屋原地翻建平房2间。 1988年11月，平房原地翻建楼房2间。 2006年8月购置商品房。					

新江社区第五居民小组　自然村：朱家上

		与户主关系	出生日期	民族	已故家属	
					称呼	姓名
现有家庭成员	计水昌	户主	1965年10月22日	汉	祖父	计火金
	王建文	妻	1967年6月6日	汉	祖母	计云拿
	计 华	儿子	1988年10月18日	汉	父亲	计仁金
	吴静娴	儿媳	1988年8月15日	汉	母亲	计香妹
	计新雨	孙子	2012年7月15日	汉		
家庭大事记	1979年3月，朱家上批建平房2间。 1995年5月，平房原地翻建楼房3间。 1995年12月购置商品房。					

新江社区第五居民小组　自然村：朱家上

		与户主关系	出生日期	民族	已故家属	
					称呼	姓名
现有家庭成员	潘银泉	户主	1955年1月27日	汉	祖父	潘阿四
	李杏英	妻	1957年1月24日	汉	祖母	张海妹
	肖爱国	女婿	1971年8月8日	汉	父亲	潘龙夫
	潘兰珍	女儿	1980年11月22日	汉	母亲	潘阿大
	潘肖焘	孙子	2007年5月15日	汉		
	肖潘妤	孙女	2011年4月8日	汉		
家庭大事记	肖爱国1990年3月—2007年12月服役。 1978年3月，朱家上批建平房2间。 1984年12月，平房原地翻建楼房2间。 2003年6月购置商品房。					

新江社区第五居民小组　自然村：朱家上

		与户主关系	出生日期	民族	已故家属	
					称呼	姓名
现有家庭成员	汝菊男	户主	1971年10月8日	汉	曾祖父	汝根金
	邹金芳	妻	1975年11月18日	汉	曾祖母	汝根珠
	汝才法	父亲	1945年9月3日	汉	祖父	汝福林
	汝保金	母亲	1948年2月9日	汉	祖母	汝仙保
	汝怡洁	女儿	1999年9月11日	汉		
家庭大事记	1975年5月，移地建造平房4间。 1993年10月，平房原地翻建楼房3间。 2009年购置商品房。					

新江社区第五居民小组　自然村：朱家上

		与户主关系	出生日期	民族	已故家属	
					称呼	姓名
现有家庭成员	汝龙元	户主	1955年8月21日	汉	祖父	汝根金
	莫素媛	妻	1958年4月20日	汉	祖母	汝根珠
	张恩杰	女婿	1978年7月6日	汉	父亲	汝福林
	汝美娟	女儿	1982年10月21日	汉	母亲	汝仙保
	汝章秀	孙女	2009年4月30日	汉		
	张汝成	孙子	2014年12月12日	汉		
家庭大事记	1975年5月，移地建造平房4间。 1988年8月，平房原地翻建楼房3间。 张恩杰1997年12月—2012年12月服役。 2007年10月购置商品房。					

新江社区第五居民小组　自然村：朱家上

		与户主关系	出生日期	民族	已故家属	
					称呼	姓名
现有家庭成员	储连元	户主	1958年4月21日	汉	曾祖父	储阿金
	徐香英	妻	1958年10月17日	汉	祖父	储水根
	汝根妹	母亲	1935年9月20日	汉	祖母	储保妹
	储江	儿子	1983年3月21日	汉	父亲	储木根
	*顾芳芳	儿媳	1986年7月22日	汉		
	储君胤	长孙子	2010年3月21日	汉		
	顾君艺	次孙子	2015年12月3日	汉		
家庭大事记	1978年5月，朱家上批建平房2间。 1985年4月，平房原地翻建楼房2间。 2010年5月购置商品房。					

新江社区第五居民小组　自然村：朱家上

		与户主关系	出生日期	民族	已故家属	
					称呼	姓名
现有家庭成员	潘林明	户主	1971年2月4日	汉	曾祖父	潘锦祥
	陈秋芳	妻	1970年9月5日	汉	曾祖母	潘腊妹
	潘木根	父亲	1946年12月1日	汉	祖父	潘根水
	潘根妹	母亲	1945年6月3日	汉	祖母	潘澳妹
	潘旭东	儿子	1994年1月31日	汉		
家庭大事记	潘林明1989年3月—1991年12月服役。 1978年8月，移地建造平房2间。 1985年4月，移地建造楼房2间。 2008年6月购置商品房。					

新江社区第五居民小组　自然村：朱家上

		与户主关系	出生日期	民族	已故家属	
					称呼	姓名
现有家庭成员	潘林男	户主	1968年10月13日	汉	曾祖父	潘锦祥
	顾建妹	妻	1969年9月21日	汉	曾祖母	潘腊妹
	潘木根	父亲	1946年12月1日	汉	祖父	潘根水
	潘根妹	母亲	1945年6月3日	汉	祖母	潘澳妹
	潘东明	儿子	1992年1月25日	汉		
家庭大事记	1978年8月，移地建造平房3间。 1988年8月，原地翻建楼房3间。 2010年6月购置商品房。					

新江社区第五居民小组　自然村：朱家上

		与户主关系	出生日期	民族	已故家属	
					称呼	姓名
现有家庭成员	方兴男	户主	1954年8月16日	汉	祖父	方春山
	孙雪珍	妻	1957年1月14日	汉	祖母	
	方永华	儿子	1981年5月9日	汉	父亲	方根保
	*严佩芳	儿媳	1981年10月19日	汉	母亲	方会保
	方愉佳	长孙女	2007年2月27日	汉		
	严愉禾	次孙女	2008年12月15日	汉		
家庭大事记	方永华2000年11月—2002年1月服役。 1978年10月，移地建造平房3间。 1986年3月，平房原地翻建楼房3间。 2006年购置商品房。					

新江社区第五居民小组　自然村：朱家上

		与户主关系	出生日期	民族	已故家属	
					称呼	姓名
现有家庭成员	汤林水	户主	1956年8月10日	汉	祖父	莫会庆
	莫梅香	妻	1959年11月23日	汉	祖母	莫保妹
	莫亮亮	儿子	1982年5月31日	汉	父亲	莫五保
	*张丽新	儿媳	1984年3月11日	汉	母亲	莫长保
	莫 涵	长孙女	2012年10月31日	汉		
	莫 然	次孙女	2014年10月6日	汉		
家庭大事记	汤林水1977年12月—1981年1月服役。 1990年9月，平房原地翻建楼房3间。 2009年7月购置商品房。					

新江社区第六居民小组　自然村：朱家上

		与户主关系	出生日期	民族	已故家属	
					称呼	姓名
现有家庭成员	马大男	户主	1955年9月25日	汉	祖父	马富山
	马祥保	妻	1957年8月8日	汉	祖母	马阿大
	马水妹	母亲	1932年11月12日	汉	父亲	马龙水
	杨利飞	女婿	1979年12月21日	汉		
	马芳芳	女儿	1981年9月3日	汉		
	马晓东	儿子	1987年2月28日	汉		
	高晟婷	儿媳	1989年8月20日	汉		
	杨靖羿	孙子	2008年2月10日	汉		
	马沫涵	孙女	2012年7月24日	汉		
家庭大事记	1962年10月，草屋原地翻建平房2间。1985年9月平房移地翻建楼房3间。2012年3月购置商品房。					

新江社区第六居民小组　自然村：朱家上

		与户主关系	出生日期	民族	已故家属	
					称呼	姓名
现有家庭成员	潘文昌	户主	1953年12月26日	汉	祖父	潘长生
	张菊英	妻子	1953年5月27日	汉	祖母	潘罗妹
	卢福东	女婿	1976年12月12日	汉	父亲	潘寿妹
	潘春兰	女儿	1979年12月19日	汉	母亲	潘根保
	卢潘怡	孙女	2005年3月16日	汉		
	卢奕帆	孙子	2015年9月11日	汉		
家庭大事记	1985年5月，平房移地建造楼房2间。2004年5月购置商品房。					

新江社区第六居民小组　自然村：朱家上

		与户主关系	出生日期	民族	已故家属	
					称呼	姓名
现有家庭成员	马文元	户主	1963年8月23日	汉	曾祖父	马菊生
	王数珍	妻	1964年8月21日	汉	祖父	马采堂
	马巧妹	母亲	1946年7月1日	汉	祖母	马福妹
	马勇	儿子	1987年2月22日	汉	父亲	马火水根
	郑杰	儿媳	1987年1月13日	汉		
	马一诺	孙子	2015年5月4日	汉		
家庭大事记	1972年5月，移地建造平房3间。 1984年10月，平房移地翻建楼房3间。 2006年购置商品房。					

新江社区第六居民小组　自然村：朱家上

		与户主关系	出生日期	民族	已故家属	
					称呼	姓名
现有家庭成员	潘云南	户主	1963年8月3日	汉	曾祖母	潘云奴
	马祥珍	妻	1964年2月3日	汉	祖父	潘长福
	潘根土	父亲	1936年6月7日	汉	祖母	潘木根
	潘才妹	母亲	1939年11月7日	汉		
	*王澄	女婿	1986年7月11日	汉		
	潘倩婷	女儿	1986年12月21日	汉		
家庭大事记	潘根土1956—1960年服役。 1965年10月，草屋原地翻建平房1间。 1971年8月，移地建造平房3间。 1988年原地平房翻建楼房3间。 2002年购置商品房。					

新江社区第六居民小组　自然村：朱家上

	与户主关系	出生日期	民族	已故家属 称呼	已故家属 姓名
现有家庭成员	潘振华	户主	1976年11月4日	汉	曾祖父	潘文元
	朱雪琴	儿媳	1978年6月22日	汉	曾祖母	潘水妹
	潘三根	父亲	1951年11月12日	汉	祖父	潘仁林
	潘爱妹	母亲	1953年8月2日	汉	祖母	潘大妹
	潘振芳	妹妹	1979年3月10日	汉		
	潘敏莹	女儿	2002年7月11日	汉		
	潘敏昊	儿子	2012年2月20日	汉		

注：表格首列应为"现有家庭成员"，合并单元格

家庭大事记	1970年4月，移地建造平房3间。 1987年11月，平房原地翻建楼房3间。 2007年4月购置商品房。

新江社区第六居民小组　自然村：朱家上

	与户主关系	出生日期	民族	已故家属 称呼	已故家属 姓名
现有家庭成员	许龙弟	户主	1963年7月16日	汉	祖父	许才庆
	许仙珍	妻	1963年8月8日	汉	祖母	许三宝
	许福全	父亲	1934年3月4日	汉		
	许爱金	母亲	1938年10月19日	汉		
	张斌	女婿	1987年8月17日	汉		
	许晓清	女儿	1987年7月14日	汉		
	张嘉锐	孙子	2013年4月22日	汉		

家庭大事记	1990年11月，平房移地建造楼房3间。 1998年10月购置商品房。

第十三章 居民家庭记载

新江社区第六居民小组　自然村：朱家上

		与户主关系	出生日期	民族	已故家属	
					称呼	姓名
现有家庭成员	马根元	户主	1947年9月1日	汉	祖父	马福山
	马林妹	妻	1950年2月7日	汉	祖母	马宝珠
	*蔡叶华	女婿	1972年8月4日	汉	父亲	马进才
	马红芳	女儿	1973年8月6日	汉	母亲	马小妹
	马红弟	儿子	1976年10月3日	汉		
	*周爱华	儿媳	1979年11月2日	汉		
	蔡华晨	外孙	1995年9月18日	汉		
	马晨豪	孙子	2004年8月11日	汉		
家庭大事记	1992年12月，平房原地翻建楼房3间。 2001年购置商品房。					

新江社区第六居民小组　自然村：朱家上

		与户主关系	出生日期	民族	已故家属	
					称呼	姓名
现有家庭成员	马多男	户主	1952年8月6日	汉	祖父	马福山
	许会英	妻	1957年8月6日	汉	祖母	马宝珠
	*盛建平	女婿	1978年2月8日	汉	父亲	马进才
	马芳兰	女儿	1981年9月18日	汉	母亲	马小妹
	马雨轩	长孙女	2002年11月27日	汉		
	马馨儿	次孙女	2010年2月6日	汉		
家庭大事记	1995年5月，平房原地翻建楼房3间。					

新江社区第六居民小组　自然村：朱家上

		与户主关系	出生日期	民族	已故家属	
					称呼	姓名
现有家庭成员	马火林	户主	1955年8月9日	汉	祖父	马水大
	潘仙妹	妻	1954年5月6日	汉	祖母	马云珠
	马会姐	母亲	1937年7月26日	汉	父亲	马连根
	马琦华	儿子	1981年4月20日	汉		
	顾珏芳	儿媳	1982年2月8日	汉		
	马逸飞	孙女	2009年1月2日	汉		
家庭大事记	1987年11月，平房原地翻建楼房3间。 2005年购置商品房。					

新江社区第六居民小组　自然村：朱家上

		与户主关系	出生日期	民族	已故家属	
					称呼	姓名
现有家庭成员	马桂媛	户主	1948年12月23日	汉	祖父	马才兴
	*赵文伟	次女婿	1972年5月12日	汉	祖母	马爱官
	马会珍	次女	1971年11月27日	汉	父亲	马根火
	*朱文焰	三女婿	1965年7月5日	汉	母亲	马云官
	马方珍	三女	1974年4月7日	汉	丈夫	马保根
	赵嘉亮	次外孙	1996年4月24日	汉		
	*朱宏宇	三外孙	2000年10月20日	汉		
家庭大事记	1990年11月，平房原地翻建楼房3间。 2006年购置商品房。					

新江社区第六居民小组　自然村：朱家上

		与户主关系	出生日期	民族	已故家属	
					称呼	姓名
现有家庭成员	许会男	户主	1957年12月6日	汉	祖父	许金老虎
	袁丽琴	妻	1966年12月21日	汉	祖母	许千金
	许俊敏	儿子	1988年3月21日	汉	父亲	许官福
	*张晓燕	儿媳	1984年5月1日	汉	母亲	许木根妹
	许睿轩	孙子	2014年7月26日	汉		
家庭大事记	1982年3月，草屋原地翻建平房2间。 1994年11月，平房原地翻建楼房3间。 许俊敏2008年12月—2010年12月服役。 2012年购置商品房。					

新江社区第六居民小组　自然村：朱家上

		与户主关系	出生日期	民族	已故家属	
					称呼	姓名
现有家庭成员	潘纪根	户主	1941年12月1日	汉	祖母	潘云奴
	潘祥英	妻	1945年10月19日	汉	父亲	潘长福
	许小龙	女婿	1966年3月27日	汉	母亲	潘木根
	潘林珍	女儿	1968年1月10日	汉		
	潘俊强	孙子	1989年1月26日	汉		
	*马雅兰	孙媳	1989年10月27日	汉		
家庭大事记	1965年10月，草屋原地翻建平房1间。 1988年9月，平房原地翻建楼房3间。 2005年12月购置商品房。					

新江社区第六居民小组　自然村：朱家上

		与户主关系	出生日期	民族	已故家属	
					称呼	姓名
现有家庭成员	潘桂根	户主	1948年12月28日	汉	祖父	潘文元
	潘根媛	妻	1951年12月27日	汉	祖母	潘水妹
	邱天华	长女婿	1968年11月27日	汉	父亲	潘仁林
	潘琦芳	长女	1971年9月17日	汉	母亲	潘大妹
	费福明	次女婿	1968年2月9日	汉		
	潘琦珍	次女	1971年9月17日	汉		
	潘锦杰	次孙子	1992年7月1日	汉		
	*顾 萍	次孙媳	1990年6月30日	汉		
	邱天琦	长外孙	1994年8月15日	汉		
家庭大事记	1972年4月，草屋原地翻建平房3间。 1987年7月，平房原地翻建楼房3间。 2010年购置商品房。					

新江社区第六居民小组　自然村：朱家上

		与户主关系	出生日期	民族	已故家属	
					称呼	姓名
现有家庭成员	马金明	户主	1969年4月17日	汉	祖父	马根金
	陈妹芳	妻	1971年8月5日	汉	祖母	马云珠
	马巧珍	母亲	1945年7月7日	汉	父亲	马小毛
	何 兴	女婿	1991年5月18日	汉		
	马艳婷	女儿	1992年3月11日	汉		
家庭大事记	马小毛1963—1965年服役。 1988年11月，平房原地翻建楼房3间。 2012年6月购置商品房。					

新江社区第六居民小组　自然村：朱家上

		与户主关系	出生日期	民族	已故家属	
					称呼	姓名
现有家庭成员	许杏男	户主	1954年1月30日	汉	祖父	许全福（许叔元）
	周彩英	妻	1955年10月2日	汉	祖母	许桂珠
	许招妹	母亲	1933年5月6日	汉	父亲	许和尚
	姚叶青	女婿	1978年8月25日	汉		
	许琴	女儿	1980年1月15日	汉		
	许奕琪	孙女	2006年6月22日	汉		
	姚泽凯	孙子	2010年2月24日	汉		
家庭大事记	1984年10月，平房原地翻建楼房3间。 2000年5月购置商品房。					

新江社区第六居民小组　自然村：朱家上

		与户主关系	出生日期	民族	已故家属	
					称呼	姓名
现有家庭成员	马金芳	户主	1968年6月22日	汉	祖父	马进才
	沈东	妻	1970年5月20日	汉	祖母	马云保
	冯小妹	母亲	1944年1月28日	汉	父亲	马来元
	马金仙	姐姐	1966年10月30日	汉		
	马佳伟	儿子	1993年8月29日	汉		
家庭大事记	马佳伟2014年9月起服役。 1990年7月，平房原地翻建楼房3间。 2002年7月购置商品房。					

新江社区第六居民小组　自然村：朱家上

		与户主关系	出生日期	民族	已故家属	
					称呼	姓名
现有家庭成员	许火根	户主	1944年8月25日	汉	曾祖母	许小毛
	许彩英	妻	1948年12月14日	汉	祖父	许云州
	许毛头	母亲	1921年10月11日	汉	祖母	许香妹
	许学明	儿子	1970年10月25日	汉	父亲	许根金
	周彩珍	儿媳	1970年1月24日	汉		
	许琪琳	孙子	1994年11月6日	汉		
家庭大事记	1962年8月，草屋翻建平房2间。 1990年3月，平房原地翻建楼房3间。 2006年购置商品房。					

新江社区第六居民小组　自然村：朱家上

		与户主关系	出生日期	民族	已故家属	
					称呼	姓名
现有家庭成员	许　敏	户主	1970年7月11日	汉	曾祖父	许云州
	朱建英	妻	1971年12月27日	汉	曾祖母	许香妹
	许长姐	祖母	1928年12月20日	汉	祖父	许全保
	许官根	父亲	1947年7月18日	汉		
	许仙林	母亲	1948年5月6日	汉		
	许鸣杰	儿子	1996年5月24日	汉		
家庭大事记	1964年5月，草屋原地翻建平房3间。 1994年3月，平房原地翻建楼房3间。 2012年3月购置商品房。					

第十三章 居民家庭记载

新江社区第六居民小组　自然村：朱家上

		与户主关系	出生日期	民族	已故家属	
					称呼	姓名
现有家庭成员	许林根	户主	1956年11月26日	汉	祖父	许云州
	汤彩保	妻	1957年10月22日	汉	祖母	许香妹
	许长姐	母亲	1928年12月20日	汉	父亲	许全保
	*谢栋亮	女婿	1980年9月28日	汉		
	许洪	女儿	1982年2月27日	汉		
	许旭渊	孙女	2004年11月30日	汉		
家庭大事记	1995年11月，平房原地翻建楼房3间。 2013年11月购置商品房。					

新江社区第六居民小组　自然村：朱家上

		与户主关系	出生日期	民族	已故家属	
					称呼	姓名
现有家庭成员	莫春华	户主	1971年2月25日	汉	祖父	莫海祥
	王其芳	妻	1972年10月10日	汉	祖母	莫金妹
	莫仙英	母亲	1948年6月18日	汉	父亲	莫纪林
	莫依婷	女儿	1994年10月20日	汉		
家庭大事记	1988年8月，平房原地翻建楼房3间。 2002年7月购置商品房。					

新江社区第六居民小组　自然村：朱家上

		与户主关系	出生日期	民族	已故家属	
					称呼	姓名
现有家庭成员	许仙男	户主	1965年9月5日	汉	祖父	许留福
	严春妹	妻	1968年2月8日	汉	祖母	许林妹
	许金土	父亲	1934年3月1日	汉		
	许福金	母亲	1940年10月24日	汉		
	许蓉姣	儿子	1989年9月24日	汉		
	*朱娟	儿媳	1990年6月29日	汉		
	许皓轩	孙子	2014年6月22日	汉		
家庭大事记	1994年3月，平房原地翻建楼房3间。 许蓉姣2008年12月—2010年12月服役。 2006年购置商品房。					

新江社区第六居民小组　自然村：朱家上

		与户主关系	出生日期	民族	已故家属	
					称呼	姓名
现有家庭成员	潘云弟	户主	1966年8月5日	汉	曾祖父	马才兴
	马明珍	妻	1968年12月26日	汉	曾祖母	马爱官
	马桂媛	母亲	1948年12月23日	汉	祖父	马根火
	*查辛捷	女婿	1991年9月3日	汉	祖母	马云官
	马微微	女儿	1990年3月24日	汉	父亲	马保根
	查昕好	孙女	2015年1月1日	汉		
家庭大事记	1990年11月，平房原地翻建楼房3间。 2006年5月购置商品房。					

第十三章　居民家庭记载

新江社区第六居民小组　自然村：朱家上

		与户主关系	出生日期	民族	已故家属	
					称呼	姓名
现有家庭成员	许会全	户主	1963年8月10日	汉	祖父	许根宝
	钱文仙	妻	1963年9月4日	汉	父亲	许三男
	许彬彬	儿子	1987年2月5日	汉	母亲	许根姐
	*周丽娟	儿媳	1987年1月13日	汉		
	许晨浩	孙子	2013年5月16日	汉		
	周辰菲	孙女	2014年8月8日	汉		
家庭大事记	1991年9月，平房原地翻建楼房2间。 2012年购置商品房。					

新江社区第六居民小组　自然村：朱家上

		与户主关系	出生日期	民族	已故家属	
					称呼	姓名
现有家庭成员	马四根	户主	1947年8月15日	汉	祖父	许全福（许叙元）
	许千妹	妻	1951年6月23日	汉	祖母	许桂珠
	许招妹	母亲	1933年5月6日	汉	父亲	许龙大
	马明芳	儿子	1971年4月30日	汉		
	吴建芳	儿媳	1971年6月20日	汉		
	许嘉瑞	孙子	1994年11月22日	汉		
家庭大事记	1992年12月，平房原地翻建楼房2间。 2005年4月购置商品房。					

新江社区第六居民小组　自然村：朱家上

		与户主关系	出生日期	民族	已故家属	
					称呼	姓名
现有家庭成员	许福全	户主	1934年3月4日	汉	父亲	许才庆
	许爱金	妻	1938年10月19日	汉	母亲	许三宝
	许根弟	儿子	1960年3月22日	汉		
	占春爱	儿媳	1966年3月14日	汉		
	许弟弟	孙子	1986年1月24日	汉		
	*盛银莲	孙媳	1986年9月16日	汉		
	*盛许凉	曾孙	2015年2月19日	汉		
	徐雪珍	非亲属	1963年9月18日	汉		
家庭大事记	1983年3月，平房原地翻建楼房2间。 2015年12月购置商品房。					

新江社区第六居民小组　自然村：朱家上

		与户主关系	出生日期	民族	已故家属	
					称呼	姓名
现有家庭成员	马林男	户主	1963年5月30日	汉	祖父	马长大
	钱文英	妻	1964年3月28日	汉	祖母	马云珠
	马会姐	母亲	1937年7月26日	汉	父亲	马连根
	马伟东	儿子	1988年5月15日	汉		
	李红	儿媳	1989年11月7日	汉		
	马嘉祺	孙子	2013年7月12日	汉		
家庭大事记	1991年12月，平房原地翻建楼房3间。 2009年12月购置商品房。					

新江社区第六居民小组　自然村：朱家上

		与户主关系	出生日期	民族	已故家属	
					称呼	姓名
现有家庭成员	潘永昌	户主	1958年10月11日	汉	祖父	潘长生
	潘雪辰	儿子	2002年3月5日	汉	祖母	潘罗妹
					父亲	潘寿妹
					母亲	潘根保
家庭大事记	2006年3月，平房原地翻建楼房2间。 潘永昌1978年3月—1984年1月服役。 2005年8月购置商品房。					

新江社区第六居民小组　自然村：朱家上

		与户主关系	出生日期	民族	已故家属	
					称呼	姓名
现有家庭成员	赵仙根	户主	1958年6月28日	汉	祖父	潘长生
	马昶	女婿	1984年11月15日	汉	祖母	潘罗妹
	潘虹	女儿	1984年9月6日	汉	父亲	潘寿妹
					母亲	潘根保
家庭大事记	1991年3月，平房原地翻建楼房3间。 2012年5月购置商品房。					

新江社区第六居民小组　自然村：朱家上

		与户主关系	出生日期	民族	已故家属	
					称呼	姓名
现有家庭成员	莫根全	户主	1947年5月22日	汉	父亲	莫海祥
	莫林仙	妻	1947年11月16日	汉	母亲	莫金妹
	莫菊芳	儿子	1971年11月26日	汉		
	莫宏娟	儿媳	1974年5月31日	汉		
	莫留丹	孙子	1996年12月25日	汉		
家庭大事记	1991年12月，平房原地翻建楼房3间。 2006年3月购置商品房。					

新江社区第六居民小组　自然村：朱家上

		与户主关系	出生日期	民族	已故家属	
					称呼	姓名
现有家庭成员	许官根	户主	1947年7月18日	汉	祖父	许云州
	许仙林	妻	1948年5月6日	汉	祖母	许香妹
	许长姐	母亲	1928年12月20日	汉	父亲	许全保
	许全敏	儿子	1972年12月10日	汉		
	张群芳	儿媳	1973年4月6日	汉		
	许枫	孙子	1996年9月10日	汉		
家庭大事记	1989年10月，朱家上批建楼房3间。 2006年9月购置商品房。					

第十三章　居民家庭记载

新江社区第六居民小组　自然村：朱家上

		与户主关系	出生日期	民族	已故家属	
					称呼	姓名
现有家庭成员	潘杏根	户主	1967年7月4日	汉	曾祖父	潘文元
	钱月芳	妻	1968年9月4日	汉	曾祖母	潘水妹
	潘水根	父亲	1945年12月29日	汉	祖父	潘仁林
	潘会妹	母亲	1945年3月17日	汉	祖母	潘大妹
	姚玉峰	女婿	1990年12月23日	汉		
	潘丽娟	女儿	1991年2月27日	汉		
家庭大事记	1987年7月，平房移地翻建楼房3间。 2006年10月购置商品房。					

新江社区第六居民小组　自然村：朱家上

		与户主关系	出生日期	民族	已故家属	
					称呼	姓名
现有家庭成员	潘木根	户主	1943年7月4日	汉	父亲	潘锦祥
	潘三妹	妻	1942年9月3日	汉	母亲	潘腊妹
	潘文弟	儿子	1966年10月13日	汉		
	*张　君	次孙女婿	1992年2月6日	汉		
	潘晓玲	次孙女	1993年5月13日	汉		
家庭大事记	1968年8月，平房原地翻建楼房2间。 2001年1月，拆迁移地建造楼房3间。 2010年8月购置商品房。					

新江社区第七居民小组　自然村：迎春花园

		与户主关系	出生日期	民族	已故家属	
					称呼	姓名
现有家庭成员	赵春芳	户主	1970年1月9日	汉	祖父	赵根林
	邹建文	妻	1968年9月6日	汉	祖母	钱金媛
	赵立民	父亲	1940年12月15日	汉		
	赵黑妹	母亲	1945年5月14日	汉		
	赵俊昊	儿子	1992年10月19日	汉		
家庭大事记	赵立民1962—1969年服役。 1965年草屋原地翻建平房2间。 1989年11月，平房原地翻建楼房3间。 2001年，张角里拆迁移址迎春花园，建造楼房3间。 2006年购置商品房。					

新江社区第七居民小组　自然村：迎春花园

		与户主关系	出生日期	民族	已故家属	
					称呼	姓名
现有家庭成员	赵全男	户主	1964年05月05	汉	祖父	赵连和
	徐彩珍	妻	1968年8月2日	汉	祖母	陈林妹
	赵云珠	母亲	1930年7月12日	汉	父亲	赵长福
	*陆文慧	女婿	1991年5月1日	汉		
	赵娟	女儿	1993年11月11日	汉		
家庭大事记	1988年8月，平房原地翻建楼房3间。 2001年，张角里拆迁移址迎春花园，建造楼房3间。					

新江社区第七居民小组　自然村：迎春花园

		与户主关系	出生日期	民族	已故家属	
					称呼	姓名
现有家庭成员	王志华	户主	1973年3月1日	汉	祖父	王水根
	赵宏艳	妻	1978年8月11日	汉	祖母	杨金妹
	王都男	父亲	1941年10月5日	汉	母亲	王凤英
	王磊	儿子	2011年1月24日	汉		
家庭大事记	1995年5月，平房原地翻建楼房2间。 2001年，张角里拆迁移址迎春花园，建造楼房3间。					

新江社区第七居民小组　自然村：迎春花园

		与户主关系	出生日期	民族	已故家属	
					称呼	姓名
现有家庭成员	王永昌	户主	1953年12月13日	汉	祖父	王水根
	莫彩英	妻	1956年7月23日	汉	祖母	杨金妹
	王三妹	母亲	1926年7月8日	汉	父亲	王坤泉
	王晓华	儿子	1980年2月18日	汉		
	吴海泊	儿媳	1982年1月6日	汉		
	王思雨	孙女	2005年1月4日	汉		
家庭大事记	1989年3月，平房原地翻建楼房3间。 2001年，张角里拆迁移址迎春花园，建造楼房3间。 2013年购置商品房。					

新江社区第七居民小组　自然村：迎春花园

		与户主关系	出生日期	民族	已故家属	
					称呼	姓名
现有家庭成员	徐　亮	户主	1982年12月30日	汉	祖父	徐根福
	*姚　灵	妻	1985年3月13日	汉	父亲	徐玉明
	徐仙英	祖母	1939年1月25日	汉		
	徐心彦	长女	2007年1月5日	汉		
	姚心文	次女	2011年1月27日	汉		
家庭大事记	1986年10月，平房原地翻建楼房3间。 2001年，张角里拆迁移址迎春花园，建造楼房3间。 2012年购置商品房。					

新江社区第七居民小组　自然村：迎春花园

		与户主关系	出生日期	民族	已故家属	
					称呼	姓名
现有家庭成员	赵火林	户主	1942年12月27日	汉	父亲	赵连宝大
	赵小妹	妻	1948年12月5日	汉	母亲	徐根妹
	赵仙男	儿子	1971年12月10日	汉		
	尤学芳	儿媳	1971年8月24日	汉		
	赵东晖	孙子	1995年2月1日	汉		
家庭大事记	赵火林1964年12月—1969年3月服役。 1990年7月，平房原地翻建楼房3间。 2001年，张角里拆迁移址迎春花园，建造楼房3间。 2008年购置商品房。					

新江社区第七居民小组　自然村：迎春花园

		与户主关系	出生日期	民族	已故家属	
					称呼	姓名
现有家庭成员	赵立平	户主	1957年6月4日	汉	父亲	赵根林
	汤素珍	妻子	1958年6月21日	汉	母亲	钱金媛
	*张君俊	女婿	1985年5月24日	汉		
	赵静静	女儿	1985年10月5日	汉		
	张以恒	孙子	2011年5月7日	汉		
家庭大事记	1969年草屋原地翻建平房2间。 1990年7月，平房原地翻建楼房3间。 2001年，张角里拆迁移址迎春花园，建造楼房3间。 2005年购置商品房。					

新江社区第七居民小组　自然村：迎春花园

		与户主关系	出生日期	民族	已故家属	
					称呼	姓名
现有家庭成员	徐连元	户主	1951年5月22日	汉	父亲	徐寿高
	汝龙妹	妻子	1952年9月18日	汉	母亲	徐水英
	张海明	长女婿	1971年3月8日	汉		
	徐玉芳	长女	1976年1月27日	汉		
	*孟洪达	次女婿	1979年3月4日	汉		
	徐玉凤	次女	1979年4月22日	汉		
	徐彦青	长孙女	2000年6月7日	汉		
	*孟臻	外孙	2012年10月28日	汉		
家庭大事记	张海明1990年3月—1993年11月服役。 1985年3月，平房移地建造楼房2间。 2001年，张角里拆迁移址迎春花园，建造楼房3间。 2006年购置商品房。					

新江社区第七居民小组　自然村：迎春花园

		与户主关系	出生日期	民族	已故家属	
					称呼	姓名
现有家庭成员	徐炳良	户主	1964年9月23日	汉	祖父	徐木根
	潘熙珍	妻子	1966年5月22日	汉	祖母	孙二大
	徐景修	父亲	1937年12月12日	汉	母亲	钱木根妹
	徐 俊	儿子	1988年2月11日	汉		
	*徐 琛	儿媳	1987年2月4日	汉		
	*徐子谦	孙子	2015年3月22日	汉		
家庭大事记	1952年3月，草屋原地翻建平房2间。 1991年12月，平房原地翻建楼房3间。 2001年，张角里拆迁移址迎春花园，建造楼房3间。 1995年购置商品房。					

新江社区第七居民小组　自然村：迎春花园

		与户主关系	出生日期	民族	已故家属	
					称呼	姓名
现有家庭成员	赵祥明	户主	1966年4月22日	汉	祖父	赵仁金
	金会珍	妻子	1968年4月6日	汉	祖母	赵根妹
	赵爱姐	母亲	1940年3月28日	汉	父亲	赵孟男
	赵一晨	女儿	1991年10月29日	汉		
家庭大事记	1961年，草屋原地翻建平房2间。 1994年9月，平房原地翻建楼房3间。 2001年，张角里拆迁移址迎春花园，建造楼房3间。 2006年购置商品房。					

新江社区第七居民小组　自然村：迎春花园

		与户主关系	出生日期	民族	已故家属	
					称呼	姓名
现有家庭成员	赵菊明	户主	1966年11月16日	汉	祖父	赵连和
	马芳妹	妻子	1968年10月13日	汉	祖母	陈林妹
	赵龙根	父亲	1945年8月18日	汉		
	赵水英	母亲	1945年12月14日	汉		
	赵强强	儿子	1989年7月14日	汉		
	安云芳	儿媳	1986年3月3日	汉		
	赵玲玲	女儿	1989年7月14日	汉		
	赵奕云	孙子	2012年6月30日	汉		
家庭大事记	1984年12月，张角里批建楼房2间。 2001年，张角里拆迁移址迎春花园，建造楼房3间。					

新江社区第七居民小组　自然村：迎春花园

		与户主关系	出生日期	民族	已故家属	
					称呼	姓名
现有家庭成员	王根生	户主	1936年1月26日	汉	父亲	王水根
	张妹英	妻子	1948年12月21日	汉	母亲	杨金妹
	王应征	儿子	1971年4月3日	汉		
	陈　洁	儿媳	1972年8月13日	汉		
	王永娟	女儿	1973年7月1日	汉		
	*王伟荣	女婿	1970年6月29日	汉		
	王阳阳	孙子	1998年7月18日	汉		
	王烨豪	外孙子	1999年1月27日	汉		
	顾海芹	非亲属	1971年1月18日	汉		
家庭大事记	1992年8月，平房原地翻建楼房3间。 2001年，张角里拆迁移址迎春花园，建造楼房3间。 2015年购置商品房。					

新江社区第七居民小组　自然村：迎春花园

		与户主关系	出生日期	民族	已故家属	
					称呼	姓名
现有家庭成员	赵金弟	户主	1951年9月8日	汉	父亲	赵金水
	许龙妹	妻子	1952年7月26日	汉	母亲	赵招娣
	赵平华	儿子	1978年2月19日	汉		
	*许　英	儿媳	1979年5月20日	汉		
	赵一凡	孙子	2002年5月2日	汉		
家庭大事记	1990年3月,平房原地翻建楼房2间。 2001年,张角里拆迁移址迎春花园,建造楼房3间。 2011年购置商品房。					

新江社区第七居民小组　自然村：迎春花园

		与户主关系	出生日期	民族	已故家属	
					称呼	姓名
现有家庭成员	赵菊昌	户主	1970年1月6日	汉	祖父	赵火根
	费祥娟	妻子	1969年2月22日	汉	祖母	赵龙妹
	赵呆英	母亲	1945年7月30日	汉	父亲	王全生
	赵　莉	女儿	1992年11月18日	汉		
家庭大事记	1985年7月,平房原地翻建楼房3间。 2001年,张角里拆迁移址迎春花园,建造楼房3间。 2007年购置商品房。					

新江社区第七居民小组　自然村：迎春花园

		与户主关系	出生日期	民族	已故家属	
					称呼	姓名
现有家庭成员	赵全昌	户主	1959年8月8日	汉	祖父	赵连和
	陆金英	妻子	1959年4月6日	汉	祖母	陈林妹
	赵云珠	母亲	1930年7月12日	汉	父亲	赵长福
	*程凌	女婿	1981年3月12日	汉		
	赵花	女儿	1984年10月18日	汉		
	*程逸晴	长孙女	2011年12月1日	汉		
	*赵逸晨	次孙女	2013年10月18日	汉		
家庭大事记	赵全昌1979年1月—1984年1月服役。 1988年2月，平房原地翻建楼房3间。 2001年，张角里拆迁移址迎春花园，建造楼房3间。 2011年购置商品房。					

新江社区第七居民小组　自然村：迎春花园

		与户主关系	出生日期	民族	已故家属	
					称呼	姓名
现有家庭成员	赵金庭	户主	1954年8月26日	汉	祖父	赵水福
	赵爱根	妻子	1954年6月28日	汉	祖母	赵秋弟
	赵新根	父亲	1937年12月12日	汉		
	赵根媛	母亲	1936年1月11日	汉		
	*董熔炎	女婿	1979年2月22日	汉		
	赵俞妹	女儿	1980年12月3日	汉		
	*董馨	孙女	2011年8月4日	汉		
家庭大事记	1990年11月，平房原地翻建楼房3间。 2001年，张角里拆迁移址迎春花园，建造楼房3间。					

新江社区第七居民小组　自然村：迎春花园

		与户主关系	出生日期	民族	已故家属	
					称呼	姓名
现有家庭成员	赵金木	户主	1958年6月17日	汉	祖父	赵水福
	*陈春菊	妻	1963年1月14日	汉	祖母	赵秋弟
	赵根媛	母亲	1954年6月28日	汉		
	赵新根	父亲	1937年12月12日	汉		
	*赵文嘉	女儿	1985年12月31日	汉		
	*赵知恩	孙子	2012年1月2日	汉		
家庭大事记	1989年11月，平房原地翻建楼房3间。 2001年，张角里拆迁移址迎春花园，建造楼房3间。 1998年购置商品房。					

新江社区第七居民小组　自然村：迎春花园

		与户主关系	出生日期	民族	已故家属	
					称呼	姓名
现有家庭成员	袁向荣	户主	1972年1月9日	汉	外祖父	徐寿高
	徐祥娟	妻子	1972年2月20日	汉	外祖母	徐水英
	徐炳元	父亲	1948年10月25日	汉		
	赵全妹	母亲	1948年10月25日	汉		
	袁思瑜	女儿	1994年9月30日	汉		
家庭大事记	袁向荣1989年2月—1991年12月服役。 1994年12月，张角里批建楼房2间。 2001年，张角里拆迁移址迎春花园，建造楼房3间。 2012年购置商品房。					

第十三章 居民家庭记载

新江社区第七居民小组　自然村：迎春花园

		与户主关系	出生日期	民族	已故家属	
					称呼	姓名
现有家庭成员	*赵立文	户主	1958年1月16日	汉	父亲	赵根林
	汤仙妹	妻子	1953年12月2日	汉	母亲	钱金媛
	*姚子元	女婿	1979年8月30日	汉		
	*赵燕萍	女儿	1978年9月24日	汉		
	*姚　遥	孙女	2004年9月5日	汉		
家庭大事记	2001年，张角里拆迁移址迎春花园，建造楼房3间。 1990年购置商品房。					

新江社区第七居民小组　自然村：迎春花园

		与户主关系	出生日期	民族	已故家属	
					称呼	姓名
现有家庭成员	徐海和	户主	1954年9月24日	汉	父亲	徐寿高
	江小妹	妻子	1956年7月28日	汉	母亲	徐水英
	徐　春	儿子	1980年7月30日	汉		
	*张晓芳	儿媳	1986年4月25日	汉		
	徐一文	长孙女	2009年6月15日	汉		
	*张悦文	次孙女	2011年11月30日	汉		
家庭大事记	1987年3月，平房移地建造楼房3间。 2001年，张角里拆迁移址迎春花园，建造楼房3间。 2008年购置商品房。					

新江社区第七居民小组　自然村：迎春花园

		与户主关系	出生日期	民族	已故家属	
					称呼	姓名
现有家庭成员	赵明秋	户主	1969年1月16日	汉	祖父	赵水福
	金娥珍	妻子	1971年2月17日	汉	祖母	赵秋弟
	赵新根	父亲	1937年12月12日	汉		
	赵根媛	母亲	1936年1月11日	汉		
	赵梦丹	女儿	1992年1月26日	汉		
家庭大事记	1985年4月,张角里批建平房3间。 1987年3月,平房原地翻建楼房3间。 2000年,原地重建楼房3间。 2001年,张角里拆迁移址迎春花园,建造楼房3间。					

新江社区第七居民小组　自然村：迎春花园

		与户主关系	出生日期	民族	已故家属	
					称呼	姓名
现有家庭成员	王祥龙	户主	1957年1月15日	汉	父亲	王奎生
	朱文仙	妻子	1958年5月23日	汉	母亲	王才金
	*殷达	女婿	1989年1月9日	汉		
	王晓珍	女儿	1988年3月24日	汉		
	*殷嘉成	孙了	2012年8月20日	汉		
家庭大事记	1987年7月,平房原地翻建楼房3间。 2001年,张角里拆迁移址迎春花园,建造楼房3间。 2006年购置商品房。					

新江社区第七居民小组　自然村：迎春花园

		与户主关系	出生日期	民族	已故家属	
					称呼	姓名
现有家庭成员	徐林海	户主	1965年7月25日	汉	祖父	徐金土
	俞菊妹	妻子	1967年7月19日	汉	祖母	徐桂宝
	徐福根	父亲	1928年12月27日	汉		
	徐妹姐	母亲	1938年7月13日	汉		
	徐政康	儿子	1991年5月2日	汉		
家庭大事记	1987年11月，平房原地翻建楼房3间。 2001年，张角里拆迁移址迎春花园，建造楼房3间。 2012年购置商品房。					

新江社区第七居民小组　自然村：迎春花园

		与户主关系	出生日期	民族	已故家属	
					称呼	姓名
现有家庭成员	徐炳元	户主	1948年10月25日	汉	父亲	徐寿高
	赵全妹	妻子	1948年10月25日	汉	母亲	徐水英
	徐永祥	儿子	1970年6月17日	汉		
	江红芳	儿媳	1971年6月18日	汉		
	徐斌磊	孙子	1993年9月2日	汉		
家庭大事记	1990年8月，平房原地翻建楼房3建。 2001年，张角里拆迁移址迎春花园，建造楼房3间。 2008年购置商品房。					

新江社区第七居民小组　自然村：迎春花园

		与户主关系	出生日期	民族	已故家属	
					称呼	姓名
现有家庭成员	赵祥芳	户主	1969年5月21日	汉	祖父	赵仁金
	李凤雷	妻子	1970年6月23日	汉	祖母	赵根妹
	赵爱姐	母亲	1940年3月28日	汉	父亲	赵孟男
	赵涵晔	女儿	1994年5月7日	汉		
家庭大事记	赵祥芳1987年1月—1991年11月服役。 1993年10月，平房原地翻建楼房3间。 2001年，张角里拆迁移址迎春花园，建造楼房3间。 2015年购置商品房。					

新江社区第七居民小组　自然村：迎春花园

		与户主关系	出生日期	民族	已故家属	
					称呼	姓名
现有家庭成员	徐炳男	户主	1958年1月7日	汉	祖父	徐木根
	徐景修	父亲	1937年12月12日	汉	祖母	孙二大
	顾东林	女婿	1982年10月28日	汉	母亲	钱木根妹
	徐　萍	女儿	1982年9月17日	汉	妻子	莫数珍
	顾仁安	长孙子	2009年10月17日	汉		
	徐辰新	次孙子	2013年2月7日	汉		
家庭大事记	徐炳男1976年3月—1979年12月服役。 1989年10月，平房原地翻建楼房3间。 2001年，张角里拆迁移址迎春花园，建造楼房3间。					

第十三章 居民家庭记载

新江社区第七居民小组　自然村：迎春花园

		与户主关系	出生日期	民族	已故家属	
					称呼	姓名
现有家庭成员	赵福明	户主	1961年5月7日	汉	祖父	赵火根
	沈福妹	妻子	1964年9月28日	汉	祖母	赵龙妹
	赵林根	父亲	1936年12月17日	汉		
	赵才金	母亲	1940年1月14日	汉		
	赵　冬	儿子	1985年6月28日	汉		
	张　雅	儿媳	1987年7月27日	汉		
	赵淳元	孙女	2012年10月27日	汉		
家庭大事记	1991年9月，平房原地翻建楼房3间。 2001年，张角里拆迁移址迎春花园，建造楼房3间。 2006年购置商品房。					

新江社区第七居民小组　自然村：迎春花园

		与户主关系	出生日期	民族	已故家属	
					称呼	姓名
现有家庭成员	徐根元	户主	1953年10月13日	汉	父亲	徐寿发
	徐雪英	妻子	1954年10月29日	汉	母亲	徐多妹
	徐　明	儿子	1979年8月10日	汉		
	董玉英	儿媳	1975年3月14日	汉		
	徐　菲	孙女	2002年9月13日	汉		
	徐天成	孙子	2013年11月8日	汉		
家庭大事记	徐根元1972—1976年服役。 1987年7月，平房原地翻建楼房3间。 2001年，张角里拆迁移址迎春花园，建造楼房3间。 2006年购置商品房。					

新江社区第七居民小组　自然村：迎春花园

		与户主关系	出生日期	民族	已故家属	
					称呼	姓名
现有家庭成员	赵雪男	户主	1963年9月11日	汉	祖父	赵连宝大
	曹根英	妻子	1963年8月12日	汉	祖母	徐根妹
	赵火金	父亲	1936年9月29日	汉		
	赵根英	母亲	1942年7月16日	汉		
	*蒋思远	女婿	1984年3月10日	汉		
	赵燕琴	女儿	1986年9月23日	汉		
	蒋泽宇	孙子	2014年2月27日	汉		
家庭大事记	赵火金1956—1960年服役。 赵雪男1982年1月—1986年1月服役。 1993年2月，平房原地翻建楼房3间。 2001年，张角里拆迁移址迎春花园，建造楼房3间。 2012年购置商品房。					

新江社区第七居民小组　自然村：迎春花园

		与户主关系	出生日期	民族	已故家属	
					称呼	姓名
现有家庭成员	徐炳灵	户主	1972年12月20日	汉	祖父	徐木根
	沈小芹	妻子	1975年8月23日	汉	祖母	孙二大
	徐景修	父亲	1937年12月12日	汉	母亲	钱木根妹
	徐铖	儿子	1999年2月5日	汉		
家庭大事记	1995年5月，张角里批建楼房2间。 2001年，张角里拆迁移址迎春花园，建造楼房3间。 2012年购置商品房。					

第十三章 居民家庭记载

新江社区第七居民小组　自然村：迎春花园

		与户主关系	出生日期	民族	已故家属	
					称呼	姓名
现有家庭成员	赵振华	户主	1970年1月11日	汉	祖父	赵连和
	沈林芳	妻子	1971年8月30日	汉	祖母	陈林妹
	赵龙根	父亲	1945年8月18日	汉		
	赵水英	母亲	1945年12月14日	汉		
	赵 妤	女儿	1992年11月21日	汉		
家庭大事记	1987年7月，平房原地翻建楼房3间。 2001年，张角里拆迁移址迎春花园，建造楼房3间。 2006年购置商品房。					

新江社区第七居民小组　自然村：迎春花园

		与户主关系	出生日期	民族	已故家属	
					称呼	姓名
现有家庭成员	赵金祥	户主	1963年5月18日	汉	祖父	赵水福
	梁美芳	妻子	1966年9月5日	汉	祖母	赵秋弟
	赵新根	父亲	1937年12月12日	汉		
	赵根媛	母亲	1936年1月11日	汉		
	赵胜超	儿子	1988年6月23日	汉		
	*方 芳	儿媳	1989年1月16日	汉		
	赵熙雯	孙女	2013年10月18日	汉		
家庭大事记	1985年4月，张角里批建平房3间。 1987年3月，平房原地翻建楼房3间。 2000年，原地重建楼房3间。 2001年，张角里拆迁移址迎春花园，建造楼房3间。 2001年购置商品房。					

新江社区第七居民小组　自然村：罗盛里

		与户主关系	出生日期	民族	已故家属	
					称呼	姓名
现有家庭成员	赵银喜	户主	1965年10月16日	汉	祖父	赵水福
	潘长美	妻子	1966年3月13日	汉	祖母	赵秋弟
	赵新根	父亲	1937年12月12日	汉		
	赵根媛	母亲	1936年1月11日	汉		
	赵杰	儿子	1991年5月13日	汉		
家庭大事记	赵杰2010年12月—2012年12月服役。 1995年9月批建平房2间。 2001年5月，张角里移址罗盛里，建造楼房2间。 2014年购置商品房。					

新江社区第七居民小组　自然村：迎春花园

		与户主关系	出生日期	民族	已故家属	
					称呼	姓名
现有家庭成员	赵盘金	户主	1945年10月7日	汉	父亲	赵根泉
	徐秋英	妻子	1950年8月24日	汉	母亲	赵福金
	王小芳	儿媳	1975年11月1日	汉	儿子	赵文明
	赵旻晔	孙女	1996年9月7日	汉		
家庭大事记	赵盘金1964年12月—1969年3月服役。 1987年9月，平房原地翻建楼房3间。 2001年，张角里拆迁移址迎春花园，建造楼房3间。 2012年购置商品房。					

新江社区第七居民小组　自然村：迎春花园

		与户主关系	出生日期	民族	已故家属	
					称呼	姓名
现有家庭成员	徐全元	户主	1957年12月29日	汉	父亲	徐寿发
	徐数英	妻子	1958年2月19日	汉	母亲	徐多妹
	徐伟春	儿子	1982年4月3日	汉		
	于璐	儿媳	1982年10月21日	汉		
家庭大事记	1987年7月，平房移地建造楼房2间。 2001年，张角里拆迁移址迎春花园，建造楼房3间。 2012年购置商品房。					

新江社区第七居民小组　自然村：迎春花园

		与户主关系	出生日期	民族	已故家属	
					称呼	姓名
现有家庭成员	赵龙元	户主	1958年1月4日	汉	祖父	赵根泉
	徐玉英	妻子	1959年7月20日	汉	祖母	赵福金
	赵志惠	长子	1981年11月11日	汉	父亲	赵爱男
	*马春妹	长儿媳	1983年5月3日	汉		
	赵志康	次子	1988年11月21日	汉		
	赵信晔	长孙子	2008年1月30日	汉		
家庭大事记	1987年7月，平房移地建造楼房2间。 2001年，张角里拆迁移址迎春花园，建造楼房3间。					

新江社区第七居民小组　自然村：迎春花园

		与户主关系	出生日期	民族	已故家属	
					称呼	姓名
现有家庭成员	＊赵银弟	户主	1956年4月30日	汉	父亲	赵金水
	＊沈建英	妻子	1958年12月24日	汉	母亲	赵招娣
	＊吴敏军	女婿	1982年5月17日	汉		
	＊赵晓芳	女儿	1982年6月19日	汉		
	＊吴佳韵	长孙女	2008年4月8日	汉		
	＊赵佳歆	次孙女	2013年5月24日	汉		
家庭大事记	赵银弟1974年—1995年10月服役。 2001年，张角里拆迁移址迎春花园，建造楼房3间。 1995年购置商品房。					

新江社区第八居民小组　自然村：罗盛里

		与户主关系	出生日期	民族	已故家属	
					称呼	姓名
现有家庭成员	徐武军	户主	1970年12月2日	汉	祖父	徐圣祥
	陆美新	妻子	1972年9月21日	汉	祖母	徐阿二
	徐允若	父亲	1947年9月29日	汉		
	徐文英	母亲	1946年6月23日	汉		
	徐拥军	哥哥	1968年12月24日	汉		
	余　静	嫂子	1970年7月29日	汉		
	陆君晓	儿子	1993年11月8日	汉		
	徐　畅	侄女	2006年2月7日	汉		
家庭大事记	徐武军1989年3月—1991年11月服役。 1995年9月，罗盛里批建楼房2间。 2007年购置商品房。					

第十三章 居民家庭记载

新江社区第八居民小组　自然村：罗盛里

<table>
<tr><th rowspan="2"></th><th rowspan="2"></th><th rowspan="2">与户主关系</th><th rowspan="2">出生日期</th><th rowspan="2">民族</th><th colspan="2">已故家属</th></tr>
<tr><th>称呼</th><th>姓名</th></tr>
<tr><td rowspan="8">现有家庭成员</td><td>徐林芳</td><td>户主</td><td>1971年5月14日</td><td>汉</td><td>祖父</td><td>徐兴发</td></tr>
<tr><td>褚玉芬</td><td>妻子</td><td>1969年7月10日</td><td>汉</td><td>父亲</td><td>徐云坤</td></tr>
<tr><td>徐金英</td><td>祖母</td><td>1926年8月14日</td><td>汉</td><td>母亲</td><td>王根娣</td></tr>
<tr><td>徐嘉盛</td><td>儿子</td><td>1994年3月7日</td><td>汉</td><td></td><td></td></tr>
<tr><td></td><td></td><td></td><td></td><td></td><td></td></tr>
<tr><td></td><td></td><td></td><td></td><td></td><td></td></tr>
<tr><td></td><td></td><td></td><td></td><td></td><td></td></tr>
<tr><td></td><td></td><td></td><td></td><td></td><td></td></tr>
<tr><td>家庭大事记</td><td colspan="6">1989年7月移地建造平房3间。
1995年5月，张角里移址罗盛里，建造楼房3间。
2009年购置商品房。</td></tr>
</table>

新江社区第八居民小组　自然村：罗盛里

<table>
<tr><th rowspan="2"></th><th rowspan="2"></th><th rowspan="2">与户主关系</th><th rowspan="2">出生日期</th><th rowspan="2">民族</th><th colspan="2">已故家属</th></tr>
<tr><th>称呼</th><th>姓名</th></tr>
<tr><td rowspan="8">现有家庭成员</td><td>徐建明</td><td>户主</td><td>1966年7月18日</td><td>汉</td><td>祖父</td><td>徐兴高</td></tr>
<tr><td>顾宇敏</td><td>妻子</td><td>1967年8月25日</td><td>汉</td><td>父亲</td><td>徐木全根</td></tr>
<tr><td>徐阿多</td><td>祖母</td><td>1919年10月30日</td><td>汉</td><td></td><td></td></tr>
<tr><td>徐寿英</td><td>母亲</td><td>1942年9月19日</td><td>汉</td><td></td><td></td></tr>
<tr><td>徐佳斌</td><td>儿子</td><td>1997年6月26日</td><td>汉</td><td></td><td></td></tr>
<tr><td></td><td></td><td></td><td></td><td></td><td></td></tr>
<tr><td></td><td></td><td></td><td></td><td></td><td></td></tr>
<tr><td></td><td></td><td></td><td></td><td></td><td></td></tr>
<tr><td>家庭大事记</td><td colspan="6">1988年2月，平房原地翻建楼房3间。
1998年，张角里拆迁移址罗盛里，建造楼房3间。
2006年购置商品房。</td></tr>
</table>

新江社区第八居民小组　自然村：罗盛里

		与户主关系	出生日期	民族	已故家属	
					称呼	姓名
现有家庭成员	徐永康	户主	1957年11月19日	汉	父亲	徐圣祥
	钱龙妹	妻子	1960年4月4日	汉	母亲	徐阿二
	王新俊	女婿	1982年12月6日	汉		
	徐春花	女儿	1984年1月5日	汉		
	徐抒灵	长孙女	2012年10月2日	汉		
	王雪寒	次孙女	2014年9月30日	汉		
家庭大事记	1994年3月，原地翻建楼房3间。 1998年，张角里拆迁移址罗盛里，建造楼房3间。 2006年购置商品房。					

新江社区第八居民小组　自然村：罗盛里

		与户主关系	出生日期	民族	已故家属	
					称呼	姓名
现有家庭成员	徐天根	户主	1955年11月19日	汉	父亲	徐福林
	马仙珍	妻子	1957年7月18日	汉	母亲	徐美根
	徐　芳	儿子	1981年8月17日	汉		
	*杨　菁	儿媳	1986年3月28日	汉		
	徐　萍	女儿	1988年4月5日	汉		
	*吕青青	女婿	1987年6月9日	汉		
	徐子恩	长孙	2009年8月15日	汉		
	*扬子皓	次孙	2011年9月28日	汉		
	*吕　熙	外孙女	2013年6月11日	汉		
家庭大事记	1988年8月，平房原地翻建楼房2间。 1992年2月，移地建造楼房3间。 1998年，张角里拆迁移址罗盛里，建造楼房3间。 2005年购置商品房。					

新江社区第八居民小组　自然村：罗盛里

		与户主关系	出生日期	民族	已故家属	
					称呼	姓名
现有家庭成员	徐永华	户主	1970年3月18日	汉	父亲	徐根宝
	王凤珍	妻子	1970年7月2日	汉	母亲	徐招妹
	徐晓伟	女儿	1993年6月2日	汉		
家庭大事记	1993年10月，平房原地翻建楼房3间。 1998年，张角里拆迁移址罗盛里，建造楼房3间。 2009年购置商品房。					

新江社区第八居民小组　自然村：罗盛里

		与户主关系	出生日期	民族	已故家属	
					称呼	姓名
现有家庭成员	徐永林	户主	1970年10月9日	汉	祖父	徐根金
	徐丽娟	妻子	1970年11月30日	汉	祖母	徐招林
	徐云根	父亲	1949年7月13日	汉		
	陆火英	母亲	1951年9月6日	汉		
	徐思皓	女儿	1995年3月1日	汉		
家庭大事记	1990年6月，平房原地翻建楼房3间。 1998年，张角里拆迁移址罗盛里，建造楼房3间。 2012年购置商品房。					

新江社区第八居民小组　自然村：罗盛里

		与户主关系	出生日期	民族	已故家属	
					称呼	姓名
现有家庭成员	徐文彬	户主	1968年12月7日	汉	祖父	徐水金
	马月仙	妻子	1968年8月15日	汉	祖母	徐桂宝
	徐秋明	父亲	1941年1月23日	汉		
	徐根英	母亲	1943年8月7日	汉		
	徐天倚	儿子	1992年1月13日	汉		
家庭大事记	1989年7月，平房原地翻建楼房3间。 1998年，张角里拆迁移址罗盛里，建造楼房3间。 2001年购置商品房。					

新江社区第八居民小组　自然村：罗盛里

		与户主关系	出生日期	民族	已故家属	
					称呼	姓名
现有家庭成员	徐云昌	户主	1966年7月4日	汉	祖父	徐木老火
	刘根红	妻子	1972年3月14日	汉	父亲	徐根福
	徐骄凤	女儿	1994年5月1日	汉	母亲	徐火妹
家庭大事记	1998年，张角里拆迁移址罗盛里，建造楼房3间。 2011年购置商品房。					

新江社区第八居民小组　自然村：迎春花园

		与户主关系	出生日期	民族	已故家属	
					称呼	姓名
现有家庭成员	潘妹姐	户主	1959年12月29日	汉	父亲	徐寿金
	查国强	女婿	1981年3月26日	汉	母亲	徐多妹
	徐燕桦	女儿	1982年10月16日	汉		
	查 禹	长孙	2010年8月21日	汉		
	查禹杰	次孙	2014年9月19日	汉		
家庭大事记	1989年7月，平房原地翻建楼房3间。 1998年，张角里拆迁移址迎春花园，建造楼房3间。 2013年购置商品房。					

新江社区第八居民小组　自然村：迎春花园

		与户主关系	出生日期	民族	已故家属	
					称呼	姓名
现有家庭成员	徐中男	户主	1946年2月12日	汉	父亲	徐官福
	徐才英	妻子	1949年11月26日	汉	母亲	徐大妹
	徐秋方	儿子	1970年9月10日	汉		
	汤云芳	儿媳	1971年1月9日	汉		
	徐 峰	孙子	1994年5月28日	汉		
家庭大事记	1988年11月，平房原地翻建楼房3间。 2001年，拆迁移址迎春花园，建造楼房3间。 2012年购置商品房。					

新江社区第八居民小组　自然村：迎春花园

		与户主关系	出生日期	民族	已故家属	
					称呼	姓名
现有家庭成员	冯兆荣	户主	1968年10月18日	汉	祖父	徐木老火
	徐雪香	妻子	1968年10月29日	汉	父亲	徐根福
	冯慧婷	女儿	1993年6月15日	汉	母亲	徐火林
家庭大事记	1994年9月，张角里批建楼房2间。 2001年，张角里拆迁移址迎春花园，建造楼房3间。					

新江社区第八居民小组　自然村：罗盛里

		与户主关系	出生日期	民族	已故家属	
					称呼	姓名
现有家庭成员	徐根元	户主	1942年1月2日	汉	父亲	徐松三
	徐雪英	妻子	1944年1月13日	汉	母亲	徐大根妹
	徐建华	儿子	1964年11月4日	汉		
	赵月琴	儿媳	1972年2月2日	汉		
	*周伟伟	长孙女婿	1987年11月19日	汉		
	徐　凤	长孙女	1987年11月8日	汉		
	徐苑榕	次孙女	1999年6月30日	汉		
	周佳艺	曾孙女	2012年11月11日	汉		
	周佳楠	曾孙子	2014年12月14日	汉		
家庭大事记	1988年8月，平房原地翻建楼房2间。 2001年，张角里拆迁移址迎春花园，建造楼房3间。 2002年购置商品房。					

第十三章　居民家庭记载

新江社区第八居民小组　自然村：迎春花园

		与户主关系	出生日期	民族	已故家属	
					称呼	姓名
现有家庭成员	徐毛弟	户主	1957年4月28日	汉	父亲	徐土金
	莫仙金	妻子	1958年1月23日	汉	母亲	徐老土
	*吴　佳	长女婿	1981年10月5日	汉		
	徐美芳	长女儿	1982年1月17日	汉		
	*陈姜钧	次女婿	1985年1月18日	汉		
	徐美丽	次女儿	1987年2月14日	汉		
	徐吴悦	孙女	2006年7月5日	汉		
	陈　瑞	外孙子	2011年12月30日	汉		
	陈心瑶	外孙女	2015年7月10日	汉		
家庭大事记	1991年12月，平房移地翻建楼房3间。 2001年，张角里拆迁移址迎春花园，建造楼房3间。 2007年购置商品房。					

新江社区第八居民小组　自然村：迎春花园

		与户主关系	出生日期	民族	已故家属	
					称呼	姓名
现有家庭成员	徐玉山	户主	1947年11月22日	汉	父亲	徐兴高
	徐阿多	母亲	1919年10月30日	汉	妻子	马菊英
	徐永春	儿子	1972年11月1日	汉		
家庭大事记	2001年，张角里拆迁移址迎春花园，建造楼房3间。					

新江社区第八居民小组　自然村：迎春花园

		与户主关系	出生日期	民族	已故家属	
					称呼	姓名
现有家庭成员	徐熙彬	户主	1966年4月9日	汉	祖父	徐水金
	汤菊妹	妻子	1966年10月1日	汉	祖母	徐桂宝
	徐秋明	父亲	1941年1月23日	汉		
	徐根英	母亲	1943年8月7日	汉		
	袁斐	女婿	1988年5月8日	汉		
	徐燕萍	女儿	1989年8月9日	汉		
	袁瞳睿	孙子	2013年12月8日	汉		
家庭大事记	1990年11月，平房原地翻建楼房3间。 2001年，张角里拆迁移址迎春花园，建造楼房3间。 2007年购置商品房。					

新江社区第八居民小组　自然村：迎春花园

		与户主关系	出生日期	民族	已故家属	
					称呼	姓名
现有家庭成员	徐雪昌	户主	1964年1月5日	汉	祖父	徐木老火
	陆龙姐	妻子	1964年10月3日	汉	父亲	徐根福
	徐强	儿子	1989年12月4日	汉	母亲	徐火妹
	*陈洁如	儿媳	1989年12月20日	汉		
家庭大事记	徐强2010年12月—2012年12月服役。 1955年10月，平房原地翻建楼房3间。 2001年，张角里拆迁移址迎春花园，建造楼房3间。 2006年购置商品房。					

新江社区第八居民小组　自然村：迎春花园

		与户主关系	出生日期	民族	已故家属	
					称呼	姓名
现有家庭成员	徐永昌	户主	1958年7月4日	汉	父亲	徐会根
	马雪妹	妻子	1957年8月8日	汉		
	徐长姐	母亲	1927年10月3日	汉		
	陶文兵	女婿	1979年4月25日	汉		
	徐晓娟	女儿	1982年8月3日	汉		
家庭大事记	1988年10月，平房原地翻建楼房3间。 2001年，张角里拆迁移址迎春花园，建造楼房3间。					

新江社区第八居民小组　自然村：迎春花园

		与户主关系	出生日期	民族	已故家属	
					称呼	姓名
现有家庭成员	徐福男	户主	1956年9月20日	汉	父亲	徐兴高
	秦金花	妻子	1964年7月1日	汉		
	徐阿多	母亲	1919年10月30日	汉		
	徐嘉伟	儿子	1991年10月13日	汉		
家庭大事记	2001年，张角里拆迁移址迎春花园，建造楼房3间。					

新江社区第八居民小组　自然村：迎春花园

		与户主关系	出生日期	民族	已故家属	
					称呼	姓名
现有家庭成员	徐纪男	户主	1952年11月17日	汉	父亲	徐根火
	徐火珍	妻子	1956年9月5日	汉		
	徐金姐	母亲	1923年6月7日	汉		
	徐勇	儿子	1979年11月28日	汉		
	*周丽华	儿媳	1981年4月19日	汉		
	*徐珏婷	孙女	2004年7月23日	汉		
	周于淇	孙子	2010年3月8日	汉		
家庭大事记	徐纪男1972—1976年服役。 1989年7月，平房原地翻建楼房3间。 2001年，张角里拆迁移址迎春花园，建造楼房3间。					

新江社区第八居民小组　自然村：迎春花园

		与户主关系	出生日期	民族	已故家属	
					称呼	姓名
现有家庭成员	徐灵敏	户主	1957年11月16日	汉	祖父	徐金火
	徐彩娥	妻子	1960年6月4日	汉	祖母	徐招娣
	徐千金	母亲	1937年6月26日	汉	父亲	徐工先
	*吴兴	女婿	1983年4月26日	汉		
	徐慧娟	女儿	1982年11月4日	汉		
	吴子晨	孙子	2008年9月2日	汉		
	徐芷婧	孙女	2011年12月30日	汉		
家庭大事记	1988年8月，平房原地翻建楼房3间。 2001年，张角里拆迁移址迎春花园，建造楼房3间。 2003年购置商品房。					

新江社区第八居民小组　自然村：迎春花园

	姓名	与户主关系	出生日期	民族	已故家属 称呼	已故家属 姓名
现有家庭成员	赵龙弟	户主	1954年11月30日	汉	祖父	赵根泉
	沈壮妹	妻子	1957年5月6日	汉	祖母	赵福金
	赵根水	父亲	1928年1月23日	汉	母亲	赵根妹
	赵兰兰	女儿	1992年10月12日	汉		
家庭大事记	1987年7月，平房原地翻建楼房3间。 2001年，张角里拆迁移址迎春花园，建造楼房3间。					

新江社区第八居民小组　自然村：迎春花园

	姓名	与户主关系	出生日期	民族	已故家属 称呼	已故家属 姓名
现有家庭成员	徐丽华	户主	1965年9月7日	汉	祖父	徐寿金
	马方英	妻子	1966年11月18日	汉	祖母	徐多妹
	徐连根	父亲	1939年6月24日	汉	母亲	徐彩珠
	*胡　萍	女婿	1985年2月2日	汉		
	徐文娟	女儿	1988年10月22日	汉		
	徐文亮	儿子	1992年12月21日	汉		
	*胡依雯	外孙子	2010年1月19日	汉		
家庭大事记	1986年9月，平房原地翻建楼房2间。 2001年，张角里拆迁移址迎春花园，建造楼房3间。					

新江社区第八居民小组　自然村：迎春花园

		与户主关系	出生日期	民族	已故家属	
					称呼	姓名
现有家庭成员	徐三男	户主	1944年10月13日	汉	父亲	徐松三
	徐全英	妻子	1946年11月30日	汉	母亲	徐大根妹
	徐永芳	儿子	1969年7月1日	汉		
	邹　芬	儿媳	1971年9月18日	汉		
	徐晓健	孙子	1995年7月1日	汉		
家庭大事记	1994年9月，平房原地翻建楼房3间。 2001年，张角里拆迁移址迎春花园，建造楼房3间。 2012年购置商品房。					

新江社区第八居民小组　自然村：迎春花园

		与户主关系	出生日期	民族	已故家属	
					称呼	姓名
现有家庭成员	潘杏珍	户主	1969年7月21日	汉	祖父	徐圣祥
	王永根	丈夫	1966年2月15日	汉	祖母	徐阿三
	徐允若	父亲	1947年9月29日	汉		
	徐文英	母亲	1946年6月23日	汉		
	徐雪薇	女儿	1993年11月22日	汉		
家庭大事记	1989年7月，平房原地翻建楼房2间。 2001年，张角里拆迁移址迎春花园，建造楼房3间。 2012年购置商品房。					

第十三章 居民家庭记载

新江社区第八居民小组　自然村：迎春花园

		与户主关系	出生日期	民族	已故家属	
					称呼	姓名
现有家庭成员	徐菊男	户主	1963年8月21日	汉	父亲	徐根火
	顾水珍	妻子	1966年1月4日	汉		
	徐金姐	母亲	1923年6月7日	汉		
	沈晶辉	女婿	1982年11月5日	汉		
	徐丹虹	女儿	1986年9月15日	汉		
	沈嘉琪	孙女	2012年7月19日	汉		
家庭大事记	1991年12月，平房移地建造楼房3间。 2001年，张角里拆迁移址迎春花园，建造楼房3间。 2006年购置商品房。					

新江社区第八居民小组　自然村：迎春花园

		与户主关系	出生日期	民族	已故家属	
					称呼	姓名
现有家庭成员	徐勇敏	户主	1956年3月22日	汉	祖父	徐金火
	夏苏金	妻子	1957年4月12日	汉	祖母	徐招弟
	徐千金	母亲	1937年6月26日	汉	父亲	徐工先
	姚庆华	女婿	1978年1月7日	汉		
	徐晓颖	女儿	1981年11月21日	汉		
	姚天瑜	孙女	2009年2月16日	汉		
	徐瑞	孙子	2011年3月9日	汉		
家庭大事记	1988年8月，平房原地翻建楼房3间。 2001年，张角里拆迁移址迎春花园，建造楼房3间。 2006年购置商品房。					

新江社区第八居民小组　自然村：迎春花园

		与户主关系	出生日期	民族	已故家属	
					称呼	姓名
现有家庭成员	徐建龙	户主	1967年9月17日	汉	祖父	徐兴高
	唐金珍	妻子	1969年10月26日	汉	父亲	徐木金根
	徐阿多	祖母	1919年10月30日	汉		
	徐寿英	母亲	1942年9月19日	汉		
	徐金辰	儿子	1992年9月15日	汉		
家庭大事记	1994年3月，平房原地翻建楼房3间。 2001年，张角里拆迁移址迎春花园，建造楼房3间。 2012年购置商品房。					

新江社区第八居民小组　自然村：迎春花园

		与户主关系	出生日期	民族	已故家属	
					称呼	姓名
现有家庭成员	徐金林	户主	1941年10月8日	汉	父亲	徐火根金
	徐招妹	妻子	1947年2月14日	汉		
	徐狗妹	母亲	1925年8月26日	汉		
	徐泉明	儿子	1967年6月14日	汉		
	浦春仙	儿媳	1966年5月1日	汉		
	徐晓东	孙子	1993年8月30日	汉		
家庭大事记	徐金林1960—1966年服役。 1985年9月，平房原地翻建楼房3间。 2001年，张角里拆迁移址迎春花园，建造楼房3间。 2012年购置商品房。					

新江社区第八居民小组　自然村：迎春花园

		与户主关系	出生日期	民族	已故家属	
					称呼	姓名
现有家庭成员	徐云元	户主	1957年9月25日	汉	父亲	徐根金
	冯秀金	妻子	1959年6月22日	汉	母亲	徐招林
	*濮翔锋	女婿	1987年1月15日	汉		
	徐芳芳	女儿	1987年6月6日	汉		
	濮峻熙	孙子	2010年8月14日	汉		
	徐熙雅	孙女	2013年8月18日	汉		
家庭大事记	2001年，张角里拆迁移址迎春花园，建造楼房3间。					

新江社区第八居民小组　自然村：迎春花园

		与户主关系	出生日期	民族	已故家属	
					称呼	姓名
现有家庭成员	徐觉敏	户主	1964年9月17日	汉	祖父	徐金火
	何爱英	妻子	1967年5月19日	汉	祖母	徐招弟
	徐千金	母亲	1937年6月26日	汉	父亲	徐工先
	徐国欣	儿子	1991年3月4日	汉		
家庭大事记	1992年12月，平房原地翻建楼房3间。 2001年，张角里拆迁移址迎春花园，建造楼房3间。					

新江社区第八居民小组　自然村：迎春花园

		与户主关系	出生日期	民族	已故家属	
					称呼	姓名
现有家庭成员	徐剑妹	户主	1966年10月21日	汉	父亲	徐根宝
	陆嫣情	女儿	1993年10月31日	汉	母亲	徐招妹
					丈夫	陆林官
家庭大事记	1994年3月，张角里批建楼房2间。 2001年，张角里拆迁移址迎春花园，建造楼房3间。 2012年购置商品房。					

新江社区第八居民小组　自然村：迎春花园

		与户主关系	出生日期	民族	已故家属	
					称呼	姓名
现有家庭成员	徐永良	户主	1955年3月5日	汉	父亲	徐圣祥
	嵇雪英	妻子	1958年5月26日	汉	母亲	徐阿二
	徐晓平	儿子	1981年11月22日	汉		
	*吴雪琴	儿媳	1981年11月5日	汉		
	*吴佳蔚	长孙女	2006年11月8日	汉		
	*徐佳暄	次孙女	2012年12月19日	汉		
家庭大事记	1989年11月，平房原地翻建楼房3间。 2001年，张角里拆迁移址迎春花园，建造楼房3间。 2006年购置商品房。					

新江社区第八居民小组　自然村：迎春花园

		与户主关系	出生日期	民族	已故家属	
					称呼	姓名
现有家庭成员	徐永忠	户主	1973年3月19日	汉	祖父	徐根金
	莫芳华	妻子	1972年9月11日	汉	祖母	徐招林
	徐云根	父亲	1949年7月13日	汉		
	陆火英	母亲	1951年9月6日	汉		
	徐孝怡	女儿	1996年8月8日	汉		
家庭大事记	徐永忠1991年3月—1994年11月服役。 1994年9月，平房原地翻建楼房2间。 2001年，张角里拆迁移址迎春花园，建造楼房3间。 2006年购置商品房。					

新江社区第八居民小组　自然村：迎春花园

		与户主关系	出生日期	民族	已故家属	
					称呼	姓名
现有家庭成员	赵龙金	户主	1965年4月23日	汉	祖父	赵根泉
	房道兰	妻子	1971年5月22日	汉	祖母	赵福金
	赵根水	父亲	1928年1月23日	汉	母亲	赵根妹
	*俞雪刚	长女婿	1988年12月14日	汉		
	赵婷婷	长女	1988年12月15日	汉		
	*钱育飞	次女婿	1992年12月13日	汉		
	赵燕燕	次女	1992年10月27日	汉		
	*俞心妍	长外孙女	2012年7月5日	汉		
家庭大事记	2001年，张角里拆迁移址迎春花园，建造楼房3间。					

新江社区第八居民小组　自然村：迎春花园

		与户主关系	出生日期	民族	已故家属	
					称呼	姓名
现有家庭成员	徐明芳	户主	1967年10月19日	汉	祖父	徐松三
	陈永珍	妻子	1966年4月17日	汉	祖母	徐大根妹
	徐三男	父亲	1944年10月13日	汉		
	徐全英	母亲	1946年11月30日	汉		
	徐晓峰	儿子	1992年11月20日	汉		
家庭大事记	1990年8月，平房原地翻建楼房3间。 2001年，张角里拆迁移址迎春花园，建造楼房3间。 2012年购置商品房。					

新江社区第八居民小组　自然村：迎春花园

		与户主关系	出生日期	民族	已故家属	
					称呼	姓名
现有家庭成员	*徐联冠	户主	1958年2月4日	汉	父亲	徐寿金
	*谭梅红	妻子	1973年3月28日	汉	母亲	徐多妹
	*谭　奕	儿子	1994年3月6日	汉		
家庭大事记	2002年购置商品房。					

新江社区第八居民小组　自然村：迎春花园

		与户主关系	出生日期	民族	已故家属	
					称呼	姓名
现有家庭成员	*徐永平	户主	1966年5月26日	汉	父亲	徐圣祥
	*曾士琼	妻子	1965年8月15日	汉	母亲	徐阿二
	*徐洲	儿子	1993年11月5日	汉		
家庭大事记	1994年9月平房原地翻建楼房2间。 2001年，张角里拆迁移址迎春花园，建造楼房3间。					

新江社区第九居民小组　自然村：迎春花园

		与户主关系	出生日期	民族	已故家属	
					称呼	姓名
现有家庭成员	钱根元	户主	1958年4月18日	汉	太祖父	陆林堂
	陆剑英	妻子	1957年6月10日	汉	曾祖父	陆福巧
	陆丫同	母亲	1934年9月21日	汉	祖父	陆长全
	陆军军	儿子	1981年11月25日	汉	祖母	陆云妹
	*潘倩	儿媳	1980年11月22日	汉	父	陆水全
	*陆辰濡	孙女	2011年10月2日	汉		
家庭大事记	1989年平房原地翻建楼房3间。 2005年，罗盛里拆迁移址钱家花园，建造楼房3间。 钱根元1977年—1981年1月服役。 陆军军2002年—2006年12月服役。 2010年购置商品房。					

新江社区第九居民小组　自然村：罗盛里

		与户主关系	出生日期	民族	已故家属	
					称呼	姓名
现有家庭成员	汤文元	户主	1947年9月5日	汉	祖父	汤长生
	徐仙金	妻子	1948年12月1日	汉	祖母	汤招娣
	汤永良	儿子	1973年4月25日	汉	后继父	汤小毛
	徐彩珍	儿媳	1973年7月15日	汉	父	汤根和
	汤佳辰	孙子	1996年3月14日	汉	母	汤云全
					前母	汤长妹
家庭大事记	1986年平房原地翻建楼房3间。 2012年购置商品房。					

新江社区第九居民小组　自然村：罗盛里

		与户主关系	出生日期	民族	已故家属	
					称呼	姓名
现有家庭成员	顾雪男	户主	1964年8月16日	汉	曾祖父	顾银和
	缪玉英	妻子	1965年5月4日	汉	曾祖母	顾壮妹
	顾根妹	母亲	1940年10月15日	汉	祖父	顾好妹
	顾晓军	儿子	1988年1月20日	汉	祖母	顾小妹
	吴海燕	儿媳	1987年9月19日	汉	父	顾才跟
	顾玮琪	孙子	2009年8月1日	汉		
家庭大事记	1989年平房原地翻建楼房3间。 2005年购置商品房。					

新江社区第九居民小组　自然村：罗盛里

		与户主关系	出生日期	民族	已故家属	
					称呼	姓名
现有家庭成员	徐先工	户主	1964年6月4日	汉	太祖父	徐保生
	徐玉珍	妻子	1963年9月3日	汉	曾祖父	徐根泉
	徐盘根	父亲	1939年11月18日	汉	祖父	徐木根
	徐根妹	母亲	1937年1月28日	汉	祖母	徐长妹
	徐伟伟	长子	1986年12月29日	汉		
	*俞　周	长儿媳	1988年10月16日	汉		
	徐平平	次子	1986年12月29日	汉		
	*韩　静	次儿媳	1986年9月23日	汉		
	韩子淇	次孙女	2010年1月16日	汉		
	徐若兮	长孙女	2010年2月28日	汉		
	俞若彤	次孙女	2013年12月31日	汉		
家庭大事记	1987年平房原地翻建楼房3间。 徐平平2006年—2008年12月服役。 2009年购置商品房。					

新江社区第九居民小组　自然村：罗盛里

		与户主关系	出生日期	民族	已故家属	
					称呼	姓名
现有家庭成员	朱小毛	户主	1958年9月11日	汉	曾祖父	徐保生
	徐炳英	妻子	1959年3月17日	汉	祖父	徐连全
	徐芳芳	女儿	1982年6月7日	汉	祖母	徐香林
	*蒋洪林	女婿	1987年7月13日	汉	父	徐长金
	徐新	孙子	2004年9月22日	汉	母	徐根英
	蒋佳文	孙女	2011年1月12日	汉		
家庭大事记	1992年4月2日，平房原地翻建楼房3间。 2008年1月购置商品房。					

新江社区第九居民小组　自然村：罗盛里

		与户主关系	出生日期	民族	已故家属	
					称呼	姓名
现有家庭成员	顾云男	户主	1963年7月10日	汉	曾祖父	顾水大
	潘明珍	妻子	1965年3月6日	汉	曾祖母	顾爱金
	顾长法	父亲	1937年8月22日	汉	后曾祖父	顾金火
	顾金妹	母亲	1944年4月2日	汉	祖父	顾根土
	顾青青	女儿	1986年10月31日	汉	祖母	顾阿三
	陈　强	女婿	1986年6月9日	汉		
	顾晨希	孙子	2008年12月14日	汉		
	顾思琦	孙女	2010年11月10日	汉		
家庭大事记	1982年移地建造平房3间。 1991年9月4日，平房原地翻建楼房3间。 2006年5月购置商品房。					

新江社区第九居民小组　自然村：罗盛里

		与户主关系	出生日期	民族	已故家属	
					称呼	姓名
现有家庭成员	顾云明	户主	1969年7月19日	汉	曾祖父	顾水大
	徐月芳	妻子	1972年8月25日	汉	曾祖母	顾爱金
	顾长法	父亲	1937年8月22日	汉	后曾祖父	顾金火
	顾金妹	母亲	1944年4月2日	汉	祖父	顾根土
	顾梦婷	女儿	1993年7月15日	汉	祖母	顾阿三
	*马　超	女婿	1989年10月1日	汉		
家庭大事记	1994年12月，平房原地翻建楼房2间。 2007年5月购置商品房。					

新江社区第九居民小组　自然村：罗盛里

		与户主关系	出生日期	民族	已故家属	
					称呼	姓名
现有家庭成员	顾志芳	户主	1969年12月24日	汉	曾祖父	顾银和
	陈白妹	妻子	1967年7月11日	汉	曾祖母	顾壮妹
	顾根妹	母亲	1940年10月15日	汉	祖父	顾好妹
	顾　莹	儿子	1992年11月3日	汉	祖母	顾小妹
					父	顾才根
家庭大事记	1995年10月，平房原地翻建楼房2间。 2007年7月购置商品房。					

新江社区第九居民小组　自然村：罗盛里

		与户主关系	出生日期	民族	已故家属	
					称呼	姓名
现有家庭成员	陆永昌	户主	1953年10月1日	汉	曾祖父	陆林堂
	马五妹	妻子	1955年6月22日	汉	祖父	陆巧福
	陆冬华	儿子	1979年11月24日	汉	父亲	陆三寿
	吴洪芳	儿媳	1979年10月20日	汉	母亲	陆龙珠
	陆心妍	孙女	2002年8月20日	汉		
家庭大事记	1977年平房移地建造平房3间。 1986年平房移地建造楼房3间。 2006年6月购置商品房。					

新江社区第九居民小组　自然村：罗盛里

		与户主关系	出生日期	民族	已故家属	
					称呼	姓名
现有家庭成员	陆会男	户主	1963年4月13日	汉	曾祖父	陆根大
	顾兰珍	妻子	1965年7月16日	汉	曾祖母	陆云妹
	陆桂英	母亲	1936年1月2日	汉	祖父	陆根宝
	陆月萍	女儿	1986年11月20日	汉	祖母	陆根林
	*张求红	女婿	1983年1月12日	汉	父亲	陆会金
	张沛琦	孙女	2013年10月15日	汉		
家庭大事记	1974年草屋原地翻建平房3间。 1992年平房原地翻建楼房3间。 2003年购置商品房。					

新江社区第九居民小组　自然村：罗盛里

		与户主关系	出生日期	民族	已故家属	
					称呼	姓名
现有家庭成员	顾水昌	户主	1963年6月5日	汉	祖父	顾毛豆
	陈素英	妻子	1963年7月28日	汉	祖母	顾云奴
	顾根英	母亲	1939年1月8日	汉	父	顾根林
	顾小灵	女儿	1986年2月26日	汉		
	*谢文明	女婿	1985年5月30日	汉		
	顾谢和	长孙	2010年12月2日	汉		
	谢顾家	次孙	2015年1月20日	汉		
家庭大事记	1972年草屋原地翻建平房2间。 1992年8月，平房原地翻建楼房2间，批建楼房1间。 2006年6月购置商品房。					

新江社区第九居民小组　自然村：罗盛里

		与户主关系	出生日期	民族	已故家属	
					称呼	姓名
现有家庭成员	徐云根	户主	1960年11月27日	汉	太祖父	徐保生
	顾林官	妻子	1959年3月14日	汉	曾祖父	徐根泉
	徐盘根	父亲	1939年11月18日	汉	祖父	徐木根
	徐根妹	母亲	1937年1月28日	汉	祖母	徐长妹
	徐亮	儿子	1984年9月26日	汉		
	*王虹	儿媳	1989年5月11日	汉		
	徐家豪	孙子	2008年10月25日	汉		
	王家叶	孙女	2012年9月19日	汉		
家庭大事记	1988年平房原地翻建楼房3间。 徐云根1980年—1982年1月服役。 2004年购置商品房。					

新江社区第九居民小组　自然村：罗盛里

		与户主关系	出生日期	民族	已故家属	
					称呼	姓名
现有家庭成员	徐炳根	户主	1952年11月23日	汉	曾祖父	徐保生
	汤杏保	妻子	1953年2月17日	汉	祖父	徐连全
	徐志明	儿子	1978年12月19日	汉	祖母	徐香林
	钱芳琴	儿媳	1978年11月14日	汉	父	徐长金
	徐圣龙	长孙	2001年12月2日	汉	母	徐根英
	徐心睿	次孙	2011年6月12日	汉		
家庭大事记	1988年11月21日，平房原地翻建楼房3间。 2007年购置商品房。					

新江社区第九居民小组　自然村：罗盛里

		与户主关系	出生日期	民族	已故家属	
					称呼	姓名
现有家庭成员	汤林元	户主	1948年11月27日	汉	祖父	汤金大
	汤雪文	妻子	1948年8月13日	汉	父	汤长根
	汤云华	儿子	1969年2月6日	汉	母	汤阿妹
	汤会珍	儿媳	1968年8月18日	汉	弟	汤寿兴
	汤利成	孙子	1991年11月1日	汉		
家庭大事记	1976年平房移地建造平房5间。 1988年11月28日，平房原地翻建楼房3间。 2002年购置商品房。					

新江社区第九居民小组　自然村：罗盛里

		与户主关系	出生日期	民族	已故家属	
					称呼	姓名
现有家庭成员	陆云男	户主	1956年8月28日	汉	曾祖父	陆根大
	潘全妹	妻子	1955年3月6日	汉	曾祖母	陆云妹
	陆桂英	母亲	1936年1月2日	汉	祖父	陆根宝
	陆建红	儿子	1981年12月31日	汉	祖母	陆根林
	张华娟	儿媳	1981年10月23日	汉	父	陆会金
	陆子涵	长孙子	2004年8月31日	汉		
	陆子沁	次孙子	2008年4月9日	汉		
家庭大事记	1988年11月21日，平房原地翻建楼房3间。 2013年购置商品房。					

新江社区第九居民小组　自然村：罗盛里

		与户主关系	出生日期	民族	已故家属	
					称呼	姓名
现有家庭成员	徐玉娥	妻子	1964年5月29日	汉	祖母	汤大妹
	汤水英	母亲	1941年3月27日	汉	后祖父	陆根福
	汤兴兴	儿子	1987年11月15日	汉	外祖母	徐寿金
	*欧荣文	儿媳	1987年7月21日	汉	父	汤根男
	汤思琦	孙女	2012年8月1日	汉		
家庭大事记	1986年平房移地建造楼房2间。 2001年3月27日，原地楼房翻建楼房3间。 2006年6月购置商品房。					

新江社区第九居民小组　自然村：罗盛里

		与户主关系	出生日期	民族	已故家属	
					称呼	姓名
现有家庭成员	汤建林	户主	1961年12月4日	汉	祖父	汤水根
	马金英	妻子	1964年6月6日	汉	祖母	汤大妹
	汤水英	母亲	1941年3月27日	汉	后祖父	陆根福
	汤玉兰	女儿	1985年8月9日	汉	外祖母	徐寿金
	*王志刚	女婿	1982年5月15日	汉	父	汤根男
	王嘉维	长孙	2007年6月20日	汉		
	汤高维	次孙	2010年12月11日	汉		
家庭大事记	1994年12月，平房原地翻建楼3间。 2006年6月购置商品房。					

新江社区第九居民小组　自然村：罗盛里

		与户主关系	出生日期	民族	已故家属	
					称呼	姓名
现有家庭成员	汤雪元	户主	1963年9月17日	汉	祖父	汤长生
	钱龙仙	妻子	1965年11月9日	汉	祖母	汤招娣
	汤庆虹	儿子	1986年11月24日	汉	后祖父	汤小毛
	*查静燕	儿媳	1986年12月12日	汉	父	汤根和
					母	汤云金
					前母	汤长妹
家庭大事记	1980年平房移地建造平房3间。 1992年平房原地翻建楼房3间。 2006年6月购置商品房。					

新江社区第九居民小组　自然村：罗盛里

		与户主关系	出生日期	民族	已故家属	
					称呼	姓名
现有家庭成员	顾水金	户主	1949年7月3日	汉	父	顾全金
	顾文英	妻子	1953年3月4日	汉	母	顾福珠
	顾锦良	儿子	1972年11月27日	汉		
	徐素芳	儿媳	1973年9月27日	汉		
	顾晓彬	孙子	1995年12月18日	汉		
家庭大事记	1974年草屋原地翻建平房1间。 1978年平房移地建造平房3间。 1988年平房原地翻建楼房3间。 2005年购置商品房。					

新江社区第九居民小组　自然村：罗盛里

		与户主关系	出生日期	民族	已故家属	
					称呼	姓名
现有家庭成员	徐祥男	户主	1959年8月30日	汉	祖父	徐长生
	江美玲	妻子	1959年6月6日	汉	祖母	徐妹林
	徐林芳	女儿	1982年6月29日	汉	父	徐四福
	钟　明	女婿	1975年4月1日	汉	母	徐小宝保
	徐心依	长孙女	2003年9月17日	汉		
	徐心恬	次孙女	2010年8月8日	汉		
家庭大事记	1992年平房原地翻建楼房3间。 2006年6月购置商品房。					

新江社区第九居民小组　自然村：罗盛里

		与户主关系	出生日期	民族	已故家属	
					称呼	姓名
现有家庭成员	徐炳珍	户主	1970年2月10日	汉	曾祖父	徐保生
	洪　磊	儿子	1990年7月16日	汉	祖父	徐连全
					祖母	徐香林
					父	徐长金
					母	徐根英
家庭大事记	1992年罗盛里批建平房2间。 2001年平房原地翻建楼房2间批建1间。 洪磊2011年—2013年12月服役。 2015年12月购置商品房。					

新江社区第九居民小组　自然村：罗盛里

		与户主关系	出生日期	民族	已故家属	
					称呼	姓名
现有家庭成员	徐官根	户主	1955年12月27日	汉	曾祖父	徐保生
	许龙珠	妻子	1955年11月29日	汉	祖父	徐根全
	徐连保	母亲	1922年11月8日	汉	父	徐木根
	徐琴	女儿	1981年9月5日	汉	前母	徐长妹
	高俊	女婿	1979年9月12日	汉		
	徐高远	长孙子	2004年7月12日	汉		
	高驰翔	次孙子	2009年10月2日	汉		
家庭大事记	1975年平房移地建造平房2间。 1988年11月平房移地建造楼房3间。 2004年9月购置商品房。					

新江社区第九居民小组　自然村：罗盛里

		与户主关系	出生日期	民族	已故家属	
					称呼	姓名
现有家庭成员	顾云弟	户主	1967年8月12日	汉	曾祖父	顾水大
	沈菊芳	妻子	1969年1月22日	汉	曾祖母	顾爱金
	顾长法	父亲	1937年8月22日	汉	后曾祖父	顾金火
	顾金妹	母亲	1944年4月2日	汉	祖父	顾根土
	顾忠琪	儿子	1992年1月7日	汉	祖母	顾阿三
	*徐婷婷	儿媳	1992年6月27日	汉		
家庭大事记	1989年平房原地翻建楼房3间。 顾云弟1986年1月—1990年3月服役。					

新江社区第九居民小组　自然村：罗盛里

		与户主关系	出生日期	民族	已故家属	
					称呼	姓名
现有家庭成员	汤龙元	户主	1950年12月24日	汉	祖父	汤长生
	汤六妹	妻子	1953年8月21日	汉	祖母	汤招娣
	汤丽平	长女	1976年5月22日	汉	后祖父	汤小毛
	吴兆荣	长女婿	1979年10月9日	汉	父	汤根和
	汤华平	次女	1980年8月27日	汉	母	汤云金
	*祝瑞华	次女婿	1971年10月7日	汉	前母	汤长妹
	汤依恬	长孙女	1998年7月9日	汉		
	汤若茜	次孙女	2005年10月17日	汉		
	*祝铬	外孙	2009年6月9日	汉		
家庭大事记	1988年平房原地翻建楼房4间。 汤龙元1970年12月—1975年3月服役。 2007年9月购置商品房。					

新江社区第九居民小组　自然村：罗盛里

		与户主关系	出生日期	民族	已故家属	
					称呼	姓名
现有家庭成员	顾建男	户主	1982年10月29日	汉	曾祖父	顾银和
	*尤后香	妻	1985年2月8日	汉	曾祖母	顾壮妹
	孙林仙	母亲	1957年12月14日	汉	祖父	顾好妹
	顾子轩	儿子	2009年6月25日	汉	祖母	顾小妹
					父	顾才明
家庭大事记	1991年平房原地翻建楼房3间。 2009年2月购置商品房。 顾才明1972—1976年服役。					

新江社区第九居民小组　自然村：罗盛里

		与户主关系	出生日期	民族	已故家属	
					称呼	姓名
现有家庭成员	陆建妹	户主	1963年3月27日	汉	曾祖父	汤长生
	汤恒元	父亲	1943年8月18日	汉	曾祖母	汤招娣
	徐丽文	母亲	1943年3月5日	汉	后曾祖父	汤小毛
	汤晓玲	女儿	1985年11月12日	汉	祖父	汤根和
	钮建伟	女婿	1983年9月10日	汉	祖母	汤云金
	钮汤轩	孙子	2013年11月19日	汉	前祖母	汤长妹
					夫	汤金昌
家庭大事记	1992年平房原地翻建楼房3间。 2009年购置商品房。					

新江社区第九居民小组　自然村：罗盛里

		与户主关系	出生日期	民族	已故家属	
					称呼	姓名
现有家庭成员	汤金华	户主	1970年8月11日	汉	曾祖父	汤长生
	周建悟	妻子	1970年5月3日	汉	曾祖母	汤招娣
	汤恒元	父亲	1943年8月18日	汉	后曾祖父	汤小毛
	徐丽文	母亲	1943年3月5日	汉	祖父	汤根和
	汤晓峰	儿子	1993年9月17日	汉	祖母	汤云金
				汉	前祖母	汤长妹
家庭大事记	1990年平房原地翻建楼房3间。 2007年8月购置商品房。					

新江社区第九居民小组　自然村：罗盛里

		与户主关系	出生日期	民族	已故家属	
					称呼	姓名
现有家庭成员	汤建龙	户主	1957年8月5日	汉	祖父	汤水根
	胡福姐	妻子	1959年11月11日	汉	祖母	汤大妹
	汤水英	母亲	1941年3月27日	汉	后祖父	陆根福
	汤海珍	女儿	1983年2月4日	汉	外祖母	徐寿金
	*蒋允东	女婿	1982年9月7日	汉	父	汤根男
	蒋超逸	孙子	2007年10月27日	汉		
家庭大事记	1995年7月平房原地翻建楼房2间。 2012年购置商品房。					

新江社区第九居民小组　自然村：罗盛里

		与户主关系	出生日期	民族	已故家属	
					称呼	姓名
现有家庭成员	汤连元	户主	1949年7月11日	汉	祖父	汤金大
	汤火英	妻子	1950年11月23日	汉	父	汤福根
	汤林芳	长女	1971年1月10日	汉	母	汤大丫同
	徐先弟	女婿	1970年7月7日	汉		
	汤姁琪	孙女	1995年7月23日	汉		
家庭大事记	1981年平房移地建造平房3间。 1987年平房移地建造楼房2间。 1991年平房移地建造楼房2间。 2004年购置商品房。					

新江社区第九居民小组　自然村：罗盛里

		与户主关系	出生日期	民族	已故家属	
					称呼	姓名
现有家庭成员	汤毛毛	户主	1952年12月2日	汉	祖父	汤金大
	汝妹英	妻子	1954年4月21日	汉	父	汤福根
	汤振法	弟弟	1960年5月19日	汉	母	汤大丫同
	汤春华	儿子	1979年5月21日	汉		
	俞晓萍	儿媳	1978年12月3日	汉		
	汤昊文	孙子	2007年11月20日	汉		
家庭大事记	1987年平房原地翻建楼房3间。 1997年平房原地翻建楼房2间。 2004年购置商品房。					

新江社区第九居民小组　自然村：罗盛里

		与户主关系	出生日期	民族	已故家属	
					称呼	姓名
现有家庭成员	徐纪根	户主	1955年8月3日	汉	祖父	徐长生
	顾招妹	妻子	1955年3月23日	汉	祖母	徐妹林
	徐水林	母亲	1930年10月11日	汉	父	徐根水
	徐春芳	长女	1981年6月4日	汉		
	顾小华	女婿	1981年10月22日	汉		
	徐君怡	孙女	2004年5月25日	汉		
	徐亦成	孙子	2010年9月8日	汉		
家庭大事记	1988年8月平房原地翻建楼房2间。 2006年购置商品房。					

第十三章 居民家庭记载

新江社区第九居民小组　自然村：罗盛里

		与户主关系	出生日期	民族	已故家属	
					称呼	姓名
现有家庭成员	徐纪男	户主	1955年6月7日	汉	祖父	徐长生
	钱玉媛	妻子	1957年6月9日	汉	祖母	徐妹林
	徐　华	儿子	1981年6月13日	汉	父	徐四福
	*郁　红	儿媳	1981年9月28日	汉	母	徐小保
	徐佳敏	孙女	2005年11月14日	汉		
	徐敏昊	孙子	2015年9月4日	汉		
家庭大事记	1988年5月平房原地翻建楼房2间。					

新江社区第九居民小组　自然村：罗盛里

		与户主关系	出生日期	民族	已故家属	
					称呼	姓名
现有家庭成员	朱福男	户主	1953年3月22日	汉	曾祖父	朱阿全
	徐云金	妻	1953年12月30日	汉	曾祖母	朱巧玲
	朱杏妹	母亲	1927年9月20日	汉	祖父	朱长夫
	朱良芳	女儿	1979年4月27日	汉	祖母	朱大妹
	*仇海强	女婿	1978年1月16日	汉	父	朱进才
	朱宇凡	长孙	2001年2月20日	汉		
	*仇震宇	次孙	2007年10月4日	汉		
家庭大事记	1959年买房1间。 1972年草屋原地翻建平房3间。 1991年平房原地翻建楼房3间。					

编后记

《新江社区志》编修始于 2015 年 8 月 8 日。在新江社区党总支和社区居委会的领导下，成立《新江社区志》编纂委员会和编纂办公室，由钱毛男担任主编，金根男、赵福根、汤恒元、潘银泉协助。

之后，开始收集资料，查阅有关档案，专访社区老领导及上级有关领导，上门走访有关长者，同时邀请社会有识之士召开座谈会。几经调查、询访，逐步掌握了第一手资料，尔后着手编写。历经一年有余，数易其稿，于 2016 年 9 月，初稿基本完成。

编写"社区志"，是新江历史上第一次，是对新江沉淀的历史进行一次全面、彻底的梳理和总结。但由于编修人员都是外行受命，遇到的难题始料未及。时代久远，世事更迭，资料散乱，档案残缺。面对困难，修志人员本着对得起先辈，不愧于后人的要求，甘于寂寞，力诫浮躁，涉暑熬寒，潜心笔耕。对形成的初稿反复考订、多次修改，对章节、内容几经调整和补充。2018 年 6 月完成送审稿交吴中区地方志编纂委员会办公室审定。7 月 25 日在新江社区会议室召开《新江社区志》终审会，会上评审专家肯定了志稿，同时也对志稿篇目设计、内容选择、行文规范及照片甄选提出建议。评审会后，编纂组认真梳理专家意见，修改志稿。2019 年 4 月，完成验收稿，交付出版。

志非亲修不知难，由于我们经验缺乏，学识有限，加上材料残缺，在编写过程中，虽尽心竭力，仍定有疏漏和错误之处，敬请领导、专家、同仁和读者批评指教，并期待后人续修时予以补正。

《新江社区志》编纂委员会办公室

2018 年 11 月